政府虚拟社会管理能力建设丛书

政务微博：使用与管理

高宏存　主编

中国人事出版社

图书在版编目（CIP）数据

政务微博：使用与管理/高宏存主编．—北京：中国人事出版社，2013
（政府虚拟社会管理能力建设丛书）
ISBN 978-7-5129-0602-0

Ⅰ.①政… Ⅱ.①高… Ⅲ.①电子政务-研究-中国 Ⅳ.①D630.1－39

中国版本图书馆 CIP 数据核字（2013）第 219239 号

中国人事出版社出版发行
（北京市惠新东街 1 号　邮政编码：100029）
*
北京世知印务有限公司印刷装订　　新华书店经销
787 毫米×960 毫米　16 开本　15.25 印张　229 千字
2013 年 10 月第 1 版　　2013 年 10 月第 1 次印刷
定价：38.00 元

读者服务部电话：（010）64929211/64921644/84643933
发行部电话：（010）64961894
出版社网址：http://www.class.com.cn

编 委 会

目　录

导 言

微博时代政府管理面临的机遇与挑战

媒介理论家马歇尔·麦克卢汉（Marshall McLuhan）在《理解媒介》一书中指出：“媒介是社会发展的基本动力，也是区分不同社会形态的标准，每一种新媒介的产生与运用，都宣告我们进入了一个新时代。”① 确实，互联网的快速发展和广泛应用，不但给民众的工作和生活带来了便利，也为主流意识形态的发展传播以及政府形象的塑造提供了机遇，但同时也对我国意识形态建设、文化安全和政府管理提出了更严峻的挑战，而微博的出现，使得这种机遇与挑战并存的局面空前彰显。如何抓住这其中的机遇因势利导，更好地践行服务型政府的理念，如何应对其中潜藏的挑战，处理好社会转型期的种种管理难题，是政府管理者必须面对的问题。

一、微博给政府管理带来的机遇

（一）微博是政府信息公开及提高效率的新通道

2007 年，我国正式出台了《中华人民共和国政府信息公开条例》，一些地方政府信息公开制度也不断出台，中国政府信息公开进入一个全新的发展阶段。信息公开是政府提供公共服务的核心内容之一，尤其是在网络时代，信息公开格外重要，而微博是继网站之后政府信息公开的又一新通道。在信息时代，能够及时准确地获取信息成为民众的普遍需求，而微博能够以其特有的时效性与实效性为政府信息公开助力，为政府提高工作效率创造良好的条件。例如，政府在发布新的政策、法规的时候，可以通过

---

① 麦克卢汉. 理解媒介［M］. 北京：商务印书馆，2000：19－20.

微博公告的形式让民众最快知晓，并通过链接去具体浏览了解；政府可以通过微博发布一些日常工作信息或与民生密切相关事项的执行情况，让民众及时知晓政府的工作运转情况，有效推动政务公开；政府也可以通过微博让民众更多地了解政府部门职能、职责的调整等变动，消除隔阂，拉近彼此的距离。

此外，微博可以做到点对点的直接沟通，也是提高政府工作效率的好帮手。微博突破互联网的局限，能够借力移动网络，结合二者的优势，可以为各级政府和民众构建一个多向的、错综复杂的、扁平的网状联络平台，通过这个平台不仅能够提高政府提供服务的效率，也可以提高政府服务的质量，更好地贯彻以人为本的原则，实现一对一的个性化服务，使民众能够享受到更方便、快捷、贴心的公共服务。

（二）微博是服务型政府了解民意、与民众及时互动的新窗口

政府职能从管理向服务的转变是世界发展大趋势，在我国，建立服务型政府已成为人们的共识。党的十八大报告提出，要建设职能科学、结构优化、廉洁高效、人民满意的服务型政府。这就要求政府必须牢固树立为人民服务的理念，做到聆听民声、了解民情、温暖民心。作为一种具有极强互动功能的媒介，微博为政府与民众的互动以及民众参与政府管理打开了一扇全新的窗口。微博可以帮助政府问需于民、问计于民、问政于民，为构建服务型政府提供了一个极好的契机。

政府开通的政务微博，在发布消息的同时，也能够广集民意，不仅可以快速搜集民众对政府相关政策及服务的建议意见，满足民众微博问政的需求，而且可以及时与民众就相关问题互动沟通。政府可以充分运用微博这扇通往民众的新窗口，借助微博“一对一”“一对多”“多对一”和“多对多”的强大互动功能，提高政府与广大民众的沟通交流效率，对民众提出的建议、意见、诉求做到及时回应，有问必答，并建立相应的反馈处理机制。各级政府如果能够做到认真对待民众在政务微博上反馈的各类诉求，不仅对于献言献策的言论充分重视，而且对于一些批评的声音同样能够坦诚面对，有则改之无则加勉，那么微博就能够真正成为政府了解民情、汇聚民智的一扇窗，助力服务型政府建设。

（三）微博是政府提升危机管理的新阵地

处于转型期的中国社会处于各类突发性事件多发期，对于政府危机管

理及应对提出了新的要求。2007 年施行的《中华人民共和国突发事件应对法》要求政府部门准确及时地向社会发布有关突发事件的信息和建议，微博方便、迅捷的传播能力为政府危机应对带来了前所未有的便利。虽然一般而言突发事件具有不可预知性，但是一些社会性群体事件在爆发前往往有蛛丝马迹的预兆，而政府通过监测微博舆情，分析一些潜在的危机，可以做到防患于未然，从而提高危机预警能力。一旦突发事件发生，通过传统媒体发声往往需要一定的时间准备，而通过微博，政府管理部门可以在最短时间内做出反应，第一时间发布权威信息和相关处置对策，掌握危机事件中的主动权，并快速调动各方力量参与危机应对，及时回复民众疑问，有效遏制谣言滋生。

近两年，随着微博在应对危机事件中巨大作用的逐步显现，各级政府都高度重视在处理各类突发事件时充分利用微博的优势，做到信息公开、透明，让民众通过官方微博了解事态的进展，搜集各方的意见反馈，同时还可以争取一些在微博领域具有号召力的“意见领袖”的支持，通过他们转发相关微博，使得政府在危机应对中的作为可以广为传播，同时扩大相关部门在民众中的影响。此外，政府及管理者如果能够在危机事件应对过程中处理得当，尤其是相关部门领导，能够充分发挥微博的影响力，赢得民众的广泛认可，不仅可以提升政府的公信力、赢得民心，也是政府及其相关管理者建立权威、甚至成为微博意见领袖的极佳途径。

（四）微博是政府塑造形象、提升公信力的新平台

政府形象既是政府在运行过程中客观表现的反映，也是社会公众对政府的总体印象和评价。政府形象与政府公信力密切关联，要提升政府公信力，就必须塑造良好的政府形象。微博作为电子政府时代特殊的传播媒介，是树立政府形象、增强政府公信力的全新平台。一方面，通过政府官方微博和一些党政干部微博，政府可以加强正面形象塑造，实现 24 小时全天候式的宣传，将政府执政为民、高效务实、民主开放、权威公正、清正廉洁、依法执政等正面信息有效传递给民众，增强民众对政府及其管理者的认同感。另一方面，通过微博这一实时性的传播媒介，政府可以消除一些业已产生的不良影响，例如，因为在某些突发事件中处置不当或没有及时回应引发质疑与批评后，可以尽快通过微博进行补救，对于决策失误公开解释致歉，对于中肯批评表示虚心接纳，并总结经验教训，及时通报事

件后续进展。

此外，微博人性化的互动方式，可以拉近政府与民众、管理者与民众之间的距离，增加彼此的信任，进而为政府形象塑造加分。过去，政府及管理者给民众的印象是深藏于高墙、岗哨后面的疏远与神秘，似乎“遥不可及”，而政务微博为政府、各级管理者与广大民众搭建了一个平等的、“面对面”的沟通交流平台，不仅有利于改变民众对政府形象固有的一些刻板印象，充分体现政府的亲和力以及服务型政府的新形象，而且能够通过互动增进民众与政府及管理人员之间的相互了解，提供民众对政府进行监督的渠道，为二者之间建立友好的关系奠定基础，进而提升政府公信力。

二、微博给政府管理带来的挑战

（一）微博的开放性对传统媒体管理理念的挑战

在我国，新闻媒体在很长一段时间内被认为是宣传的“喉舌”，因此，“喉舌”论成为具有独特地位的社会主义新闻理论，尽管随着社会大环境的变化以及中国媒体的快速发展，中国的媒体管理理念也在不断嬗变中，但是一些固有的观念仍然存在，这就与网络时代，尤其是微博时代的媒体发展不相适应。某种程度上，微博的出现对传统媒体管理理念形成了极大的挑战。

传统的媒体管理理念更为注重的是“监管”，是一种高高在上的管理方式，而微博是依托网络、具有极强开放性的媒体，任何人都可以在上面自由、即时、充分地表达自己的观点，如果依然沿袭过去的管理理念去管理微博，不仅会引发民众的不满与逆反心理，甚至可能导致更严重的后果。如何能够做到既充分尊重民众自由表达的权利，又能够维持微博世界的井然秩序，有效管理微博上出现的不良违法内容，为人们营造一个自由、安全、和谐的微博世界，这就要求政府管理者及时调整管理理念，从单一的“监管”理念向多元的“治理”理念转变，也就是接受多主体共同治理的管理模式，充分调动政府、运营商、民众的治理积极性，健全相关的法律法规，依法管理，直面问题，以人为本，形成自觉、自主、自治的良好局面。政府不仅要用好微博，也要会管、管好微博，微博是政府的“喉舌”，更是民众的“喉舌”。

（二）微博舆论的多元化对政府舆论引导及社会管理提出挑战

微博的开放性使得每个人都可以拥有记者和媒体的双重身份，可以自由发布信息并且进行评论，传统媒体的把关人角色在微博中不复存在，而便捷的转发功能使微博具有超强的传播力，产生核裂变式的传播效果，传播的内容可能在极短时间内就造成巨大的社会影响，导致全社会的参与，可能引发各种各样的社会问题。尤其当前处于社会转型期，是各种社会矛盾和问题的多发期，微博舆论的多元化给政府舆论引导及社会管理都提出了新的挑战。

孟德斯鸠曾经说过，自由不是无限制的自由，自由是一种能做法律许可的任何事的权利。西奥多·罗斯福也说过，没有自由的秩序和没有秩序的自由，同样具有破坏性。随着微博影响的不断扩大，越来越多的民众将微博作为发表言论和曝光事件的首选平台，于是几乎所有社会热点事件都首先在微博上发酵，并在微博上迅速、广泛传播，中国社科院出版的《社会蓝皮书》曾经把微博评价为“杀伤力最强的舆论载体”。这样一种局面使得政府一贯持有的强势主流舆论面临失控。尽管大家都明白，微博世界的自由同样是相对的，在微博上发布的所有言论必须是在法律法规允许范围内的。但事实是，总有人滥用微博的话语权铤而走险，有些时候网民还会被某些别有用心的商业、政治利益集团利用，造成虚假信息、不实谣言、坑蒙诈骗等信息在微博上滋生，不仅给广大民众造成损失，有些时候甚至可能引发社会问题。所以，政府如何加强对微博世界的舆论监测和舆论引导，对促进和谐社会建设、提升政府形象具有重要意义。这也是世界各国政府共同面对的难题。

微博的传播方式使其具有超强的号召力，这就使得微博成为一些突发社会事件酝酿、爆发的温床，为政府社会管理增加了难度。微博已形成一个独特的公共领域和社会舆论场，其具有的强大自组织能力，将看似毫无联系、一盘散沙的民众通过“粉丝—关注”的链接紧密联系起来，组成一个具有某种共同诉求的人脉圈子，这就为一些匿名化的社会运动创造了条件。这些圈子的人再利用微博核裂变式的传播扩散能力，就可以在最短时间内号召更多的人参与其中，这就给政府应对突发危机造成了极大的压力。政府应抓紧时间着手建立完善微博的管理规范、预警反应机制，能够快速处理各类网上突发事件，同时调动各个领域微博意见领袖的号召力，有效防范、化解微博上有害舆论的误导，并着力培养政府自己的微博意见领袖，成为主流舆论的引导者，营造一个自由、健康、有序的微博世界。

根据国家行政学院电子政务研究中心2013年最新发布的政务微博客评估报告显示：截至2012年12月20日，新浪网、腾讯网、人民网、新华网四家微博网站共有政务微博账号176 714个，共有党政干部微博账号63 332个。但是开通了微博，并不等于能管好、用好微博，政务微博数量的增加也不一定意味着电子政府建设的绝对进步，政府在当前的微博管理和使用中仍然存在诸多问题，政务微博运行的相关体制机制还没有建立健全，许多具体的细则还没有出台，例如，该发布哪些范围的信息、该如何回复民众的疑问等还没有明确的制度性规范。另外，一些政务微博在具体操作方面还有待进一步提高，例如，一些政务微博存在打官腔的现象，没能充分利用微博平等、真诚的对话平台为政府赢得亲和力，还有一些政务微博只是单纯作为发布消息的平台，忽略了微博的互动功能等。所以，目前政府亟须调整媒体管理的理念，深入研究政务微博的建设、运营、使用，做好微博时代的舆论引导工作等。

总体看来，微博时代政府面临的机遇大于挑战。微博是一个飞速发展的新媒体，也是政府管理面临的一个新领域。政府要充分抓住微博这一新型媒体带来的各种机遇，群策群力，广聚民意，提高为民办事的效率，塑造良好的政府形象，提升政府公信力，智慧地转化潜在的一些挑战，争取使微博成为建设人民满意的服务型政府的好帮手。

第一章 微博时代的电子政府建设

【内容提要】微博只有140个字，但是它给电子政府建设带来了前所未有的冲击和影响。它以独特的魅力推动政务公开，提高政府决策的民主性和科学性，推进民众政治参与。同时“微力量”考验政府的执行力。

【关键词】微博　电子政府　民主参与

第一节　微博与24小时政务办公

微博是一项伟大的发明，是人类有史以来最快捷的一种信息传播渠道。虽然它在篇幅上只有140个字，但是它所带来的前所未有的冲击力、影响力和传播力，远远不是140个字所能限制的。由于微博的存在，一个社会的串联能力和鼓动的力量也是成倍增长。微博已经证明了它在社会变革中所起到的伟大力量。以新浪政务微博为代表，经过两年发展至今已成为全国最大的政务微博平台，它不断促进政府部门管理理念变革，形成颇具特色的政务微博生态系统。政务微博在社会管理创新、政府信息公开、舆论引导、群众政治参与等方面发挥了积极的作用。

一、政务微博风起云涌

微博（Micro-blog）的概念肇始于2006年。当时美国人埃文·威廉姆斯率先推出Twitter服务。它是一个集有线网络、无线网络、即时通信为一体的交流平台，用户可以通过网页、手机短信、即时通信软件和上百种API应用向其追随者（followers）发送不超过140字的信息，从而分享自己的所见所得。据统计，截至2012年7月1日，Twitter的用户数已经突破5亿，达到5.17亿。2009年8月中国最大的门户网站新浪网推出“新浪微博”内测版，成为门户网站中第一家提供微博服务的网站，微博正式进入中文上网主流人群视野。不久后，腾讯、搜狐、网易、人民网随之推出了各自的门户微博网站。跟随综合门户网站的脚步，垂直门户、传媒集团、SNS社区、独立微博网站纷纷成立，电视台和电信运营商甚至也开始关注微博业务，中国真正进入了微博时代。

政务微博即政府部门及其党政干部开设的主要用于倾听人民心声、诉求，排解与政府管理有关的实际问题，传达党和政府的声音，及时公布相关数据和事件，从而进行网上知晓、网下解决问题的相关微博。我国政务微博出现于2009年11月21日，云南省昆明市螺蛳湾批发市场发生群体性事件，云南省政府新闻办在新浪微博开设了“微博云南”账号，第一时间对“螺蛳湾事件”作出说明，因此也成为国内第一个“政务微博”。2010年9月27日14时37分，上海地铁10号线两列地铁发生追尾，上海地铁官方微博“上海地铁shmetro”在事发后的15时17分即在微博上通告事故状态，随后直播救援情况，及时传播信息。2011年11月17日，北京市新闻办官方微博“北京微博发布厅”正式上线。该官方微博联合了北京市发改委、北京市公安局、北京市环保局等百个北京市政府部门微博账号，发布新闻内容和发起活动，成为国内首个城市政务微博群。随后，上海市政府新闻办发起的“上海发布”、广州市委宣传部及20多个政府部门联合的广州政务微博群相继正式上线，成为国内第一批城市政务微博群和政府机构形象展示平台。截至2012年年底，仅新浪微博认证的媒体微博总数突破11万个，包括17 221个媒体官方微博和92 945个媒体从业者微博。

2012年1月前根据国家行政学院电子政务研究中心2013年最新发布的政务微博评估报告显示：截至2012年12月20日，在新浪网、腾讯网、人民网、新华网四家微博网站上认证的政务微博账号总数为176 714个，其中党政机构微博账号113 382个；党政干部微博账号63 332个。在新浪网认证的党政机构微博账号37 508个，党政干部微博账号27 873个；在腾讯网认证的党政机构微博账号56 585个，党政干部微博账号25 283个；在人民网认证的党政机构微博账号 6 992 个，党政干部微博账号4 985 个；在新华网认证的党政机构微博账号 12 297 个，党政干部微博账号 5 191 个。2012 年共新增政务微博账号 126 153 个，增长率为 249.51%。

微博在我国各级部门广泛开设，党政干部开微博也成为一种时尚。我国开设微博的党政机构中，地市级机关及所属机构所占比重最高，为 66%，如图 1.1 所示；开设微博的党政干部行政级别呈金字塔式分布，其中处级以下干部所占比重最高，为 66%，如图 1.2 所示。浙江、广东、北

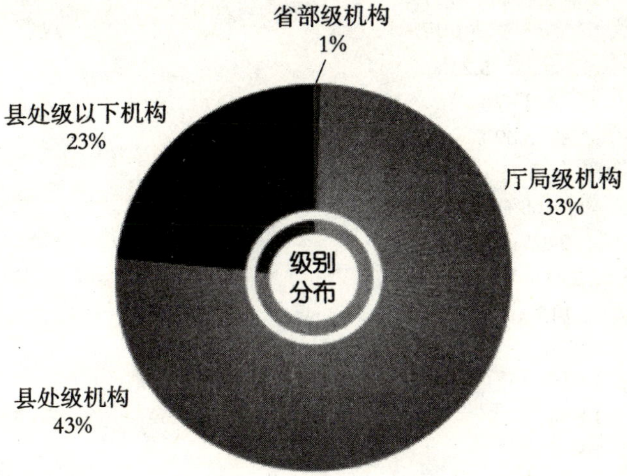

图 1.1　开设微博的党政机构级别分布

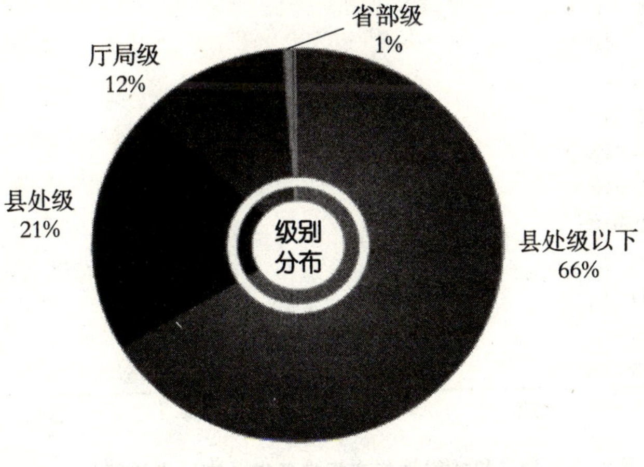

图 1.2　开设微博的党政干部级别分布

京三省（市）的党政机构微博数量居前三位（见图 1.3），这三个省认证党政机构微博数占总量的 40.62%。浙江、北京、山东三省（市）认证党政干部微博数量居前三位，这三个省（市）认证党政干部微博数占总量的 32.18%（见图 1.4）。党政机构微博行业分布如图 1.5 所示。

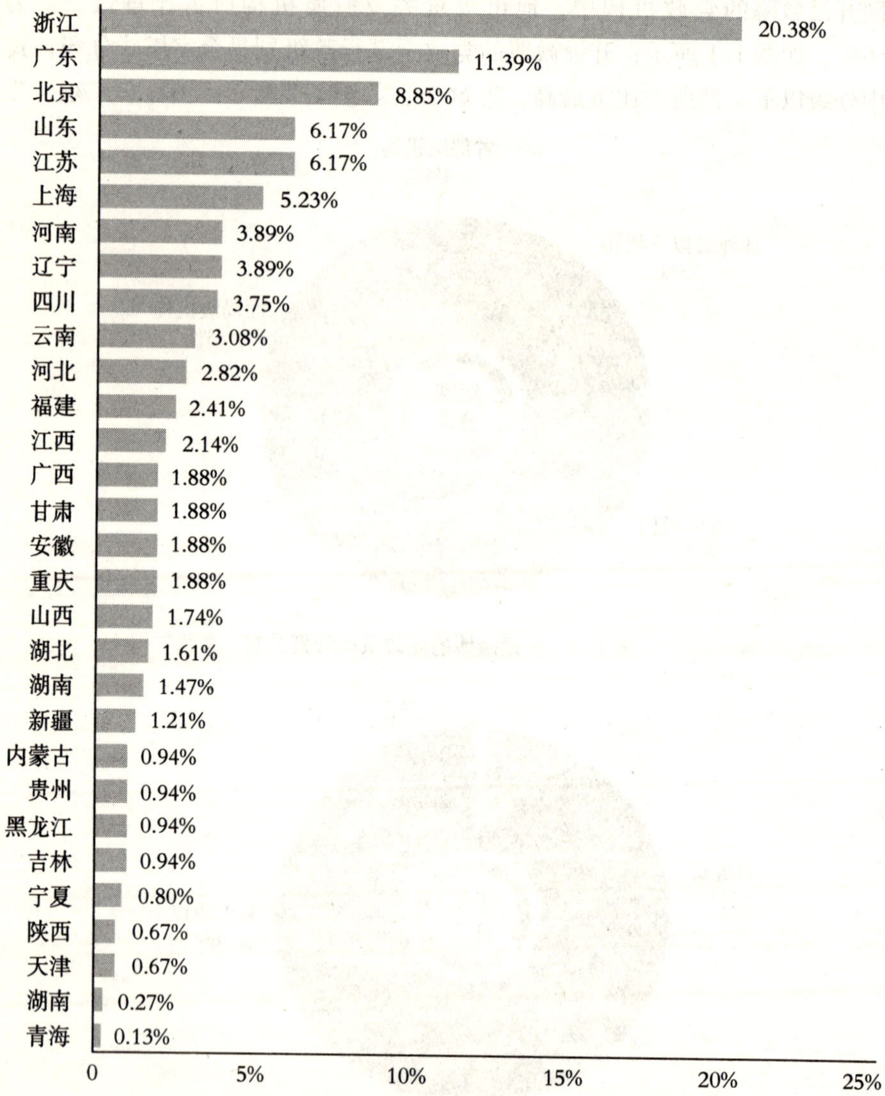

图 1.3　党政机构微博样本库中各省（市、自治区）占比

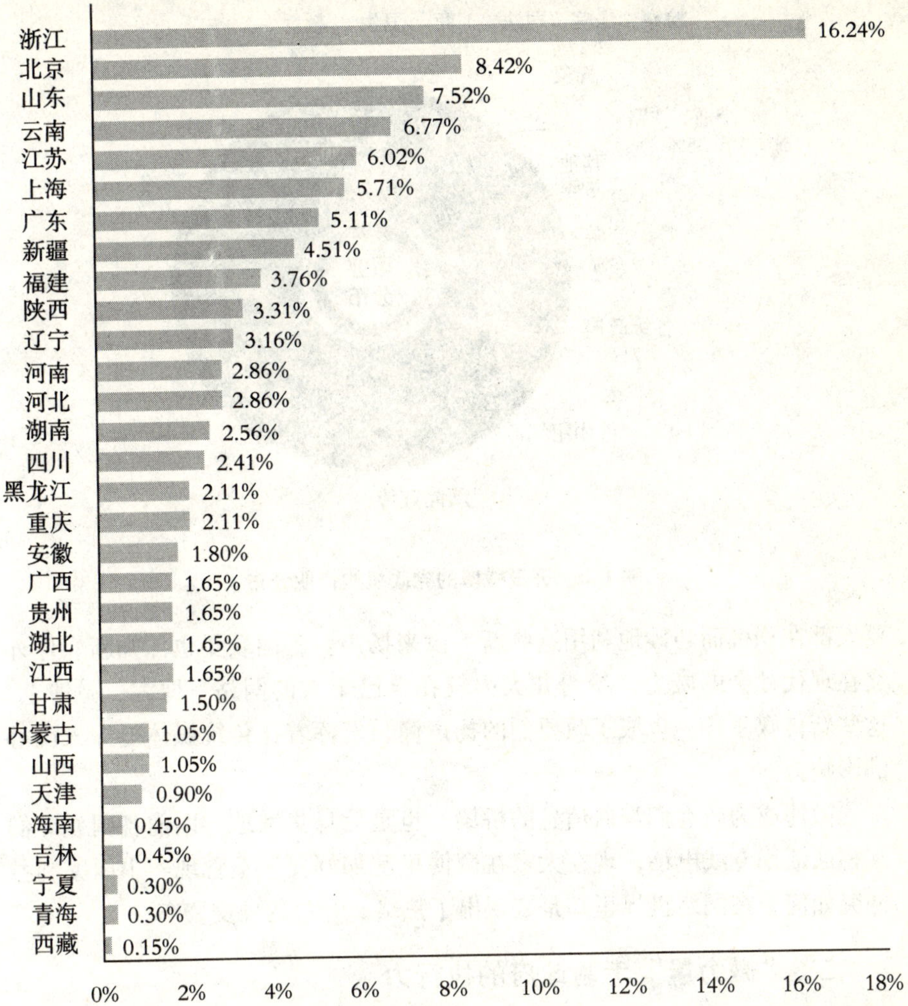

图 1.4　党政干部微博样本库中各省（市、自治区）占比

冷战结束后，互联网迅速成为继报刊、电台、电视之后影响世界的“第四媒体”。通过网络，每个人都可以用博客、视频、微博等新方式进行传播。鲜活的网站、博客、微博等“第四媒体”也如同其他传统媒体一样，成为政要们包装自己，宣扬党派理念、国家外交政策和方针的扬声器。而且，相比传统媒体，“第四媒体”的传播方式更容易拉近与网友们的距离。美国总统奥巴马、委内瑞拉总统查韦斯、德国总理默克尔等政界

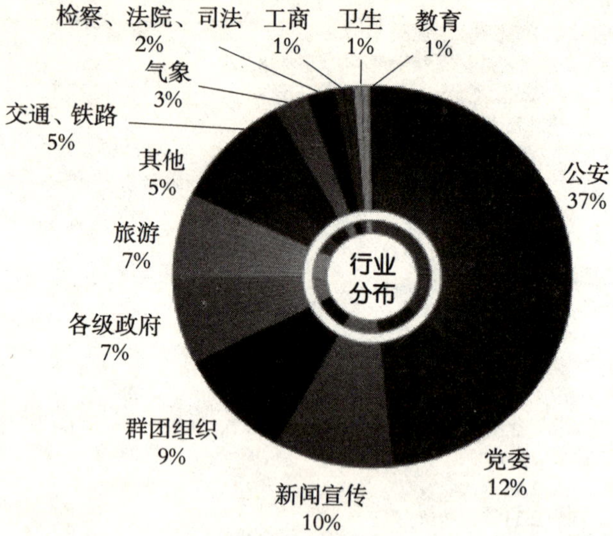

图 1.5　开设微博的党政机构行业分布

要人都在积极而巧妙地利用这些新手段来扬声。各国政要也深知新媒体外交在现代社会的魔力，纷纷花大力气在自己个人的网站、博客、微博上。这些新传媒手段，也成了政要们的扬声筒，发挥着比传统媒体更深入民心的影响力。①

微博成为政客们沟通信息的桥梁，也是信息集散地。以前各国领导们互相通话用专线电话，现在大家在微博里互加好友，不管现实中国家利益冲突如何，在网络世界里却是表现出了热络、开放的外交姿态。

二、“微力量”考验政府的执行力

微博已经改变了政府与民众的对话方式。过去政府与民众可以以“发号施令”的方式说话，民众能够表达观点的渠道也很少。现在微博虽然还处于初始阶段，但行政方式却发生了很大的转变。政府和党政干部需要顺应网络发展的形势，主动倾听网民的意见，与网民互动。随着政务微博的不断发展，必须从初级阶段的“粉丝崇拜”走出来，转向促进解决民众实

① 各国政要爱上微博彼此成粉丝：查韦斯更新最勤快 http：//tech. sina. com. cn/i/2010 - 12 - 25/03275026467. shtml.

际利益问题的体制机制的建立和健全。如果能通过政务微博理顺民众的利益表达、诉求机制，理顺解决社会矛盾的通道，则政务微博的意义更大。一种仅仅140字的互联网文字应用，正悄然改变着官方的社会管理创新进程。

【案例1】

2012年11月20日，有网站发表文章、图片及视频链接，称“C市B区区委书记包养情妇并与之淫乱”，被转发后迅速成为微博热点话题。次日该市纪委即表示跟进调查，22日宣布初步确定不雅视频非PS，23日则公告称：经调查核实，不雅视频中的男性确定就是B区区委书记雷某。同时C市市委研究决定，免去雷某的区委书记职务，并对其立案调查。

2012年11月20日以来，C市纪委在对雷某违纪违法问题的深入调查中，发现一个敲诈勒索犯罪团伙的线索：2008—2009年，肖某等人采取勾引、秘拍不雅视频等手段，敲诈数名党政干部和国企负责人。24日C市市委已对被敲诈违纪人员予以免职。据媒体了解，被拍下不雅视频的除雷某外，还包括其余9位厅级干部。

“不雅视频门”事件深刻揭示了网络监督的不断成熟，网民们并没有停留在口水战的快感之中，而是从技术、经验等角度分析，论证不雅视频并非PS，对打造干部清正、政府清廉、政治清明的境界寄予积极期待。C市官方对待网络监督的态度是在第一时间介入调查，快速作出反应，以极其负责的态度，实事求是地回应网民；同时没有被某些人抛出的烟幕弹迷惑，不轻信雷某关于视频是“移花接木、别有用心者PS”的谎言，对舆论质疑不搪塞、不逃避，使得这一事件没有在网络海量信息中沉没。阳光是最好的杀毒剂，微博同样能够成为权力监督的利器。“不雅视频门”是“微时代”凸显的微力量的强大。亿万个微博、亿万条发言，如果都能合法理性地表达诉求，成为亿万双监督的眼睛、亿万声监督的警报音，公权力的运行就不容易脱轨。

微博对官场生态产生了巨大的压力。一些原本弱小的声音，在口口相传中被放大，持续的声援让众人的观点立场迅速集结。在“滚雪球”过程中，个体的价值得到尊重，不断积聚的力量能撼动事件本身走向及未来发展趋势。这是因为微博独特的信息技术。

（一）多样性：图文影音融为一体

微博的特性消解了言论自由、出版自由和新闻自由的边界，使公民表达自由成为现实。现在，手机的文字、图片、录音、录像等功能和随时登录微博的便捷手段让民众做到了随时拍、随时发、随时传播。微博时代，每个公民都可以变成信息的传播者。也正是由于微博的这种特点，使言论自由、出版自由和新闻自由的边界被消解，并被表达自由所涵盖和融合。

（二）对等性：草根和精英同等对待

在微博上，140 字的限制将草根和精英拉到了同一水平线上，这一点导致大量原创内容爆发性地被生产出来。微博的出现具有划时代的意义，真正标志着个人互联网时代的到来。博客的出现，已经将互联网上的社会化媒体推进了一大步，公众人物纷纷开始建立自己的网上形象。然而，博客上的形象仍然是化妆后的表演，博文的创作需要考虑完整的逻辑，这样大的工作量对于博客作者是很重的负担。草根网民在微博上则找到了展示自己的舞台。

（三）隐秘性：交互方式创新

与博客上面对面的表演不同，微博上是背对脸的交流，就好比玩家在计算机前打游戏，路过的人从玩家背后看着玩家怎么玩，而玩家并不需要主动和背后的人交流。这种交互方式可以一点对多点，也可以点对点。移动终端提供的便利性和多媒体化，使得微博用户体验的黏性越来越强。

（四）原创性：真实的还原

微博网站的即时通信功能非常强大，可通过 QQ 和 MSN 直接书写微博，在没有网络的地方，只要有手机也可即时更新微博的内容。如果偶遇一些大的突发事件，马上就能利用各种手段在微博上发表出来，其实时性、现场感、快捷性甚至超过所有媒体。

三、“微政务”任重而道远

政务微博正在公共生活中发挥着越来越重要的作用，新浪网发布的《2012 年第三季度政务微博报告》显示，截至 2012 年 9 月底，新浪认证的政务微博已达 50 947 个，认证数量稳定增长。该报告还认为，政务微博已进入“平稳发展、成熟应用”阶段，“自媒体意识显著增强，成为突发事件应对首选”。但是，也要看到，政务微博仍存在三大问题。

（一）亲和力和权威性的矛盾

微博被称为自媒体，突出的是用户的“自”，和官方宣传的主流几乎存在着天然的距离。当前，微博被看成是草根舆论的集散地。在这个背景下，拥有官方背景的政务微博（“官微”是网民对政务微博的另一种说法）的出现，一开始就带有“迎合”民意的姿态。

最近，“重庆网警”的“元芳体”微博（见图 1.6），不但受到粉丝、网民的热捧，也引发了其他官微的效仿。该现象经媒体报道后，上百家网站转载，有的电视台还予以深度报道。人民网的一项调查显示，超过 90% 的网民对此表示肯定。与此类似，“平安北京”就电信诈骗一事发布了提示网友加强警惕、避免上当受骗的“元芳体”微博，同样受到网民热捧，如图 1.7 所示：

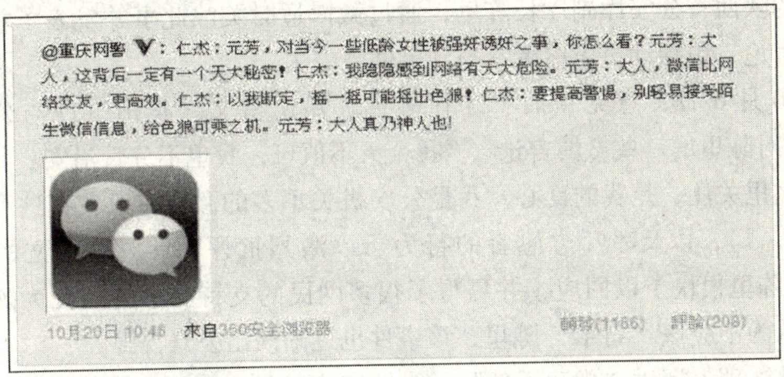

图 1.6　“重庆网警”的“元芳体”微博（截图来自新华网）

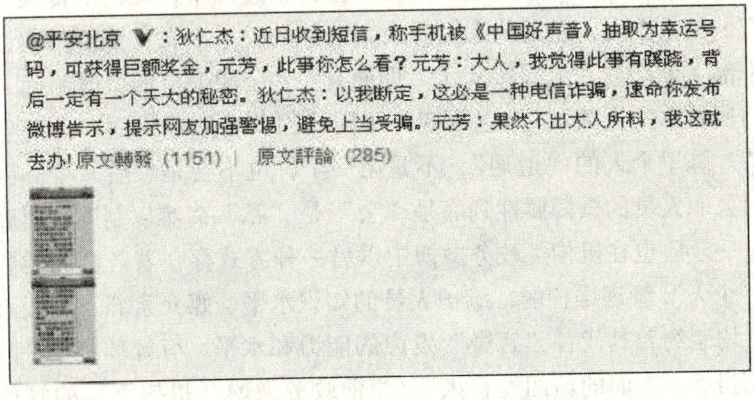

图 1.7　“平安北京”的“元芳体”微博（截图来自新华网）

为了摆脱“官话”的风气，亲民的形式（微博）理应配以亲民的内容，这样才有亲和力，才能与网民平等互动。但与网民互动并不是把自己变成一个普通网民，政务微博毕竟是“政务”微博，具有不可推卸的“公共”职能，使用网络语言也要防止走向极端。有些政务微博“过度”使用网络语言，反而显得“油腔滑调”。

（二）公众人物和私人双重身份的矛盾

实名认证公职人员的个人微博是政务微博的一个重要组成部分，也是公众人物和私人身份的矛盾表现最为突出的。公职人员的个人微博，既具有“公众人物”的一面，同时又具有“私人身份”的一面。这种矛盾，以陕西省公安厅副厅长陈里（微博账号“陈里”）最具代表性。

2012 年 10 月 2 日，华山发生万余游客滞留山顶的事件。在微博颇有人气的陕西省公安厅副厅长陈里，通过微博适时关注此事并发表了相关看法和言论，包括动员志愿者参与到事件当中去。

10 月 6 日，意见领袖“才让多吉”贴出博文《华山事件与公权谎言》，对陈里的一些微博言论（“我今天不值班，我也不分管治安。我之所以在这里关注，是我的良心。我是公安机关不多的微博主，我有这个责任和良心。”），以及呼吁志愿者的行为予以激烈批评。针对该博文的“质疑”，陈里很快予以回应，并赢得了很多网民的支持。不少网民为陈里叫屈，认为不应该“苛求”陈里，该事件也逐渐淡出公众视野。

从法理上探讨“党政干部”的微博究竟是私人空间还是政务空间，现在只能算是刚刚破题。在价值多元的社会转型过程中，无论从传统子民和父母官的关系出发，还是从人民群众和公仆的关系出发，当下的舆论场中党政干部义务都被“无限”化了。即便有一些公职人员的微博明确“个人发声与所在单位无关”，但也改变不了网民因其公职身份而对他产生的无限期待。陈里个人的“遭遇”，不是第一个，也不会是最后一个。因为在当前对公职人员的微博属性到底是“公”是“私”尚难以制度性明确。

这一矛盾也在机构类政务微博中以另一种方式存在着。机构类微博也是由“个人”管理维护的，维护人员的知识水平、媒介素养、责任心、阅历等，均制约着其代替“官微”发声的能力和水平。有媒体称，“微博管理者相当于不露面的新闻发言人”。当前政务微博（机构类）的管理者是否具备了新闻发言人的素质，机构类政务微博的管理者在“准确”传达机构声音的同时，是否有自己作为的空间以及有多少空间，这些问题都值得探讨。

（三）线上线下双方对接的矛盾

有网民认为有些政务微博的开通原因是“领导说了，别人开了我们也要开，开完就忘记了”。这种状况不在少数。那些粉丝数少、微博更新慢（甚至不更新）的政务微博，大都是这种状况。也有网民认为，有些政务微博患上了“痴呆症”，既“盲”又“聋”，不能及时更新发布信息，也不能及时有效地回应民众的诉求，面临舆情热点事件时又采取缄默或者干脆“关闭评论”的态度。某些机构不过是把传统的管理手段机械地搬到微博上而已，微博的互动性丝毫没有体现，微博的价值自然也没有被发掘出来。

微博不是孤立存在的，而是和整个线下的现实发生着千丝万缕的联系。微博舆论场的动荡起伏，反映着现实的磕磕绊绊。政务微博以“亲民”的姿态参与到微博舆论场中，固然要为机构发声，第一时间引导舆论，但也要倾听民意，为线下工作提供思想资源和智力支持。这都是政务微博之“政务”的题中之意。因为“政务微博充其量只是现实问政的一个补充，只有帮助群众解决实际问题、经得起民意的历练，才有存在的客观价值”①。

作为一种政务活动，政务微博是政府履职实施政府管理和政府服务的一部分。因此，“政务微博的信息内容代表着政府的价值立场和政策要求”“政务微博的诚信折射的是政府的诚信”。这意味着，政务微博所承载的内容，不是单在互联网上公示一下就算完成，必须有线下的实际行动为支撑。微博问政是新时期群众路线的重要表现形式，不少地方政府已付诸行动，并且可圈可点。例如，在“7·21”北京暴雨事件中，“北京发布”联合北京微博发布厅各区县及相关职能单位官方微博，利用微博“与广大市民携手应对灾害性天气”。政府（包括公职人员）的形象，不仅存在于微博上，更存在于现实中。线上线下接力给力，才是真给力。

① 新华网：政务微博面临三大难题 http：//wen. nfdaily. cn/content/2012 - 11/10/content_57913998. htm.

第二节 微博与网络参与式民主

一、微博的沟通形式催生了民主的愿景

微博大大降低了一般民众的表达门槛。随着微博的流行，每个人都有一个麦克风，话语权分流趋势将越来越明显，原本单纯的受众转身就变成了传播者。

（一）现代社会公民的参与有了技术基础

现代社会公民的参与通常有三项要素：一是公民个人自觉自愿地亲自参与，而不是强迫或由别人替代，因此，应当鼓励人们参与到活动中来的，每个人的参与都为其他人创造了有益的"外部氛围"。二是参与者相互之间应当有对话或辩论，尽可能在某种程度上让人们表达各自的需求，而且要彼此交换想法，讨论大家关注的共同话题。三是人们之间的讨论可以优化决策。那些发表的意见最终没有被选择的参与者会感到遗憾，但是他们的意见得到了人们的倾听，在讨论中，他们的意见得到了被驳回的理由。他们会因为感到决策过程的公平性，最终会倾向于支持集体决定的结果。改变他人的思想和行为不是通过操纵、灌输、欺骗或威胁，而是非强迫性的协商讨论。这是相互尊重、促进公民友谊的民主形式。民主给予公民的不应只是普遍参与投票这样的机会，以投票为中心的民主只是提供了确定输赢的机制，它无法为公民提供基于自己的理由进行讨论和辩论的机会，缺乏在发展共识、塑造舆论、形成妥协方面的机制。深度民主应当是以协商对话为中心的民主形态。现代传播技术为以协商对话为中心的民主形态的形成提供了技术支持。

现代传播技术是一种社会化的技术。人们通过互联网不仅需要得到信息，还希望能够聚合、沟通并获得观念、情感、思想方面的支持与认同。互联网技术对于所有公众都是开放的，人数的增长在网络空间不会受到阻碍，可以为所有的人（公民或民意代表们）在一起进行对话和协商提供更为便捷的服务。人们之间的协商对话不仅不受时间和空间的限制，而且任

何身份、地位、职业、权力、财富等方面的因素在网络世界中都不会干扰人们之间的交流。政务微博为人们就公共事务的讨论与协商提供了可能性。微博用户可以通过搜索发言功能在政务微博上找到感兴趣的话题或信息，在浏览并思考了其他用户的评论发言之后，发表自己的见解。通常，在政务微博上会设立友情链接，用户可以根据自己的需要通过浏览其他政务微博获得由浅入深、具有差异性的官方权威信息，这有助于提高用户就相关话题发言的质量与水平。

（二）微博影响着公民参与意识的形成

公民参与意识是公民以一种主人翁的心态，有序地参与管理国家事务和社会公共事务的意识。微博的出现，使得公民能够方便快捷地参与公共事务，不论自己身在何处，都可以借助计算机或手机登录微博，关注任何自己有兴趣或与自己有关的公共事务，参与发帖，充分表达自己对社会事务的关注与关心。这些行为不仅有助于调动公民参与公共事务的积极性，也在一定程度上历练和展示着公民的参与意识。

微博唤醒着公民的权利意识。公民权利意识是公民对自身权利的认识和态度。权利意识体现了个体人格的独立意识和人格尊严感。公民对自己的政治、人身自由、财产等权利的维护，从本质上就是维护自己人格的独立性和人格尊严不受侵犯。2011 年 6 月在新浪微博爆发的“郭美美炫富事件”引起了全社会对于红十字会的舆论关注。2011 年的“7・23”甬温线动车事故发生后，广大微博用户先于传统媒体对事故展开质疑和舆论声讨，这次事件使微博被誉为“网络的人民大会堂”。2011 年“3・15”期间，央视与搜狐微博联合打造的“微博维权平台”，集合各类有关消费者维权内容的微博信息，将维权运动推向了一个小高潮。这些都说明，微博是公民维护自身权利的一个有效的平台，影响着公民权利意识的形成。

微博影响着公民责任意识的形成。公民责任意识反映了公民对自己在国家和社会生活中的地位、权利和责任的一种自觉认识，是公民对他人、集体、社会、国家乃至对整个人类承担责任和履行义务的自觉态度。责任意识体现了社会成员对自己基本社会身份的认同，是公民支配自己社会行为的基本价值观念。微博影响着公民的责任意识，还体现着公民的社会责任意识。社会责任意识是公民对国家安全、社会发展及他人身心健康承担的社会责任和义务的自觉意识。微博的发展，为公民提供了一种表达社会责任的平台，使公民表达社会责任的途径更有效。运用微博，公民不仅可以对一些社会共同关注的话题进行转载，使其广为传播，为更多的人所知，尽自己作为一个社会公民所应尽的责任，伸张社会正义；同时，公民在微博平台中，还可以对自身感兴趣的话题充分发表自己的观点和看法，提高对社会问题的分析能力，促使自己更好地承担社会责任。

二、微博架起公众无障碍参与社会公共话题的桥梁

微博等新兴信息传播渠道的出现影响了网民对于传统网络新闻渠道的使用。通过微博发布政府信息也成为我国政务公开的一个平台。

（一）微博成为我国政务公开的一个平台

民主是建立在一定信息基础上的。公民对公共事务的积极思考、决策和参与，都离不开信息的支持。2011 年 6 月 27 日，南京市出台了《关于进一步加强政务微博建设的意见》，其中强调，对于灾害性、突发性事件，发生后的一小时内或获得信息的第一时间进行微博发布。与政府门户网站发布综合性的政府信息方式不同，政务微博的部门性质清晰，公开的信息专业性较强。由于目前在政务微博上公开的政府信息大都是部门信息，属于一种选择性公开，微博用户可以根据自身的兴趣与需要有选择地关注某类政务信息，而不必登录政府综合性门户网站到冗杂的政务信息中去寻找。此外，政府网站上的相关信息通常不具有信息推送功能，人们只有上了政府网站才能获知，而微博用户通过计算机桌面客户端或手机终端就可以得到新信息实时提醒，而不必通过浏览器登录微博查看信息，为用户及时了解政务信息提供了便利。新浪微博提供的微数据分析功能弥补了以往政府通过门户网站发送信息无法直接获知受众状况的缺陷，它可以帮助新浪微博上的政务微博进行信息影响力分析：一是覆盖面分析，涉及活跃粉丝数的统计、每天粉丝数的增长或下降趋势；二是传播力分析，涉及被转发、被评论的有效条数和人数。这样便于政府及时掌握所发布信息的实际影响力。微博以 140 字的容量提升了信息的内容和质量，发送没有障碍，同时图片与视频也可以在微博上完整呈现，还可以链接其他网页信息。因此，政府部门在微博上可以通过依托于微博的微直播平台汇集来自各方面的实时信息。政务微博不仅满足了公众对专业性政府信息以及实时送达的

需求，而且使政府部门在不降低政府信息公开质量与效果的前提下，能够及时掌握政府信息对受众的影响。

（二）微博使公民表达自由成为现实

新型媒介技术使微博成为自由表达的有效工具。技术的进步与发展在人类发展的历史中一直扮演着重要的角色。跨入21世纪后，网络崛起，微博作为对现实社会的管窥，比报刊更进一步融入人们的生活中，成为民众实现表达权的新方式。微博首先体现出来的是其极强的直接性，在空前广阔的范围内实现了直接的社会表达。

（三）微博的直接表达创新了公民政治参与的途径

微博公民政治参与表达方式不同于以往按照逐级设立的机构和程序进行——无论是人民代表大会这样的民意代表机关，还是“人民政府信访办公室”这样的政府信息部门。在我国，人民代表大会制度保障了人民当家做主的权利。人民通过民主选举产生自己的代表，组成各级人民代表大会，各级人民代表大会都对人民负责、受人民监督，有力地保证了全国各族人民当家做主，享有宪法和法律规定的广泛的民主权利自由。定期召开的全国人大会虽能集中对国家事务进行讨论，对地方民情进行整合上报，并且其组成人员在各领域具有广泛代表性，但始终属于间接表达的范畴，且从反映到反馈的周期较长。而利用微博进行民意表达则不同，不仅其发布者来自各个行业各个阶层，而且可以做到随时发布，随时更新，这使得微博作为直接表达民意的工具而翻开了历史的新篇章。

【案例2】

2012年“两会”期间，网友通过微博了解两会，和两会代表互动已经成为一种风尚。全国人大代表、浙江省委常委、组织部长蔡奇的微博就一度“塞车”，短短12天就有转发和评论12 000多条，堪称民意的“扩音器”。蔡奇最终“海选”出其中具有普遍性和代表性的意见50条，拟作为议案11件，建议23件，发言16件。

微博具有高速的传播机制，一方面让广大网民在第一时间获取两会的进展和各种细节，吸收了大量的信息；另一方面，两会代表通过微博获取民意、晒提案，网民也可以便捷地表达自己的意见和建议。微博承载了大量的民意表达。在一个相互联系的系统中，一个很小的初始能量就可能产生一连串的连锁反应。与此类似，微博上的一次小聚居所形成的观点，极有可能在经过不断酝酿后，迅速呈网状散开。每一个信息的接受者同时联系着大量的次接受者。这种网状的传播方式决定了微博具有其他媒体、机构所不具备的高速传播方式，更使得网络世界里的“围观”不仅具备，更是大大超越了现实社会中的“围观”现象。这种网络围观聚焦之快、跟踪之快、传播之快，超乎人们的想象。

正是微博的出现和其广泛的使用使得受众迎来了一个自媒体时代。以微博这种新兴传播工具为平台，言论自由、出版自由和新闻自由之间的边界消融，三者相互结合形成表达自由。微博让民主参与变得直接和便捷。

三、微博为网络参与添的堵

微博是以“能够提供给每个人发声空间”的身份得到人们的认可的，由此它才成为公众网络的栖息地，特别是草根的狂欢之地。然而在微博中，到底谁拥有话语权?

（一）微博民主的精英掌控

有人研究了新浪微博的“风云人气榜”中排行前100名的博主（截至2012年4月4日），这些博主分属11个类别。其中75%是演艺、体育及媒体界的明星，这其中尤以演艺界为主，演员和歌星占据了较大比例。以前10位排名为例，除了排名第9的是NBA官方微博外，其余全是演艺界明星的微博。微博的火热是因为它给了草根们畅所欲言的渠道。但从数据中发现，在微博人气排行榜中前100位中草根微博只有5个。在媒介技术平等的背后显示出了话语权的不平等，尽管每个人都成为了“媒体”，但是他们中大部分发出的声音是微弱和渺小的，能够在如此巨大的信息场中产生影响的可能性微乎其微。现实世界和虚拟世界是无法分割的，这些知名人士将自己在现实社会中的影响力延伸扩展到虚拟世界中，他们在现实世界中培养的粉丝成为其在虚拟世界中最有力的传播者，可以加倍提升自己的被关注度。而草根在这样的平台下，并不会发出强有力的声音，“马太效应”在这里显得如此真实，有影响力的人愈加有影响力，无传播优势的草根更多地是“自娱自乐”。所以草根的力量体现在“转发”，并非把握话语权。话语权的不平等并非因微博而减弱，反而加强，在微博空间中真正拥有话语权的仍是少数群体。①

（二）微博成为传播网络虚假庸俗信息的助手

微博作为网络传播最快捷的信息工具之一，受到人们青睐的原因就是微博注册方式简单，认证门槛低。人们在享受微博带来的便捷的同时，也痛苦地接受着微博虚假庸俗信息的困扰。微博认证门槛低致使微博成了虚假庸俗信息泛滥的温床，没有认证过的信息在微博肆意传播，一些官方微博未加辨别的误传更加速了虚假庸俗信息的传播。

【案例3】　关于石家庄要求全市农民穿统一服装耕田的微博

2011年5月6日晚，中国股权经济和市场理论的著名学者韩教授发布了这样一条微博：

【荒诞剧又一幕：石家庄要求全市农民穿统一服装耕田】从古至今，从没听说农民穿统一服装，但这种荒诞剧竟在改革开放三十多年的中国上演。据《人民日报》报道，被评为中国最具幸福感的城市石家庄市要求全市农民穿统一服装种田。荒诞的时代，荒诞层出不穷！民众的自由越来越少，中国，你究竟怎么了？

除了文字之外，还附了一张两名穿着相似服装的男子赶牛耕地的照片。

由于发布时间较晚，该条微博发出后并未引起大量转发。然而就在第二天，随着在线用户数量的增加，该条微博被大规模转载、转发，高峰时期每5分钟大致就有300条原文转发。经过24小时的传播，截至5月7日23时，该条微博已被转发8 991次，评论3 399条。就在这24小时的时间里，一些针对该条微博真实性的质疑也开始出现。大致来说，疑点主要有三：（1）此事确有一定的事实基础，只是并不像微博中所说的石家庄全市，而仅仅是石家庄市下属的一个镇；（2）这一事件也并没有经过《人民日报》报道，而是5月3日刊登在《人民日报》上的一封署名“河北石家庄市张凤坡”的读者来信；（3）该配图非此新闻事件的新闻图片，而是一名叫“星星开火”的小女孩在博客上发表的《有趣的牛耕地》的图片，与该事件毫无相关。

① 贾宁．微博，狂欢背后的躁动——对微博传播问题的探讨［J］．新闻世界，2012（8）．

针对这些质疑，韩教授在5月7日23时22分发表了一条说明微博：

【说明】“石家庄市要求全市农民穿统一服装耕田”出自中国经济网、“NOW中文网”和《中国日报》网站，“石家庄市要求全市农民穿统一服装种田”“据《人民日报》报道，被评为中国最具幸福感的城市石家庄市要求全市农民穿统一服装种田”是NOW中文网原文。

对于这条声明，一直跟踪这条谣言的北京大学徐教授针对该条微博评论道：继续跟踪这条假新闻：中国经济网、“NOW中文网”和《中国日报》网是否犯了断章取义、以偏概全、再加上标题党的毛病？

两天后，5月9日13时43分，身处事件旋涡的韩教授通过微博发表公告称：

【公告】5月14日中午12时是我的微博开博一周年。一年来，我发表了2 200多篇原创作品，组织了六次大型微博研讨会，创建了“中国资本微博圈”和“精品回放”栏目。由于各种原因，经反复考虑，我决定在微博一周年时关闭微博，从5月14日开始将不再更新。对一年来网友的支持、信任和帮助表示衷心感谢!①

这条微博正文中，想象和评论部分占据了76.6%，另外“荒诞”二字在整条微博中出现了4次，并且使用感叹句、反问句来强调语气，也是一条带有强烈煽情色彩的谣言。在“石家庄市要求全市农民穿统一服装耕田”的谣言中，图片根本就是作者从别处找来的，而非该事件的图片。

微博的弊端便在其传播优势中展现出来，微博传播具有即时互动、传播速度快的特点，但微博使用门槛低和140个字的字数限制使得许多信息并未经过加工就开始在网络上飞快传播，从而影响信息传播的完整性。字数的限制加剧了人们表达的欲望，写作频繁，信息零碎状传播，缺乏完整性，加剧了信息失真的可能性，造成大量信息泛滥。微博乱象给网络健康环境带来不利的影响，要从纷乱的信息中提取有价值的信息，需要投入大量的人力、物力和时间，成本十分高昂，而这些正是政务微博面临的困难。

网络为谣言传播提供了便利条件，微博更成了谣言传播的首选工具。

① 石家庄要求全市农民穿统一服装耕田（2011年5月7日）http：//media. people. com. cn/GB/22114/150608/150617/17245865. html.

网络谣言肆虐必定对网络环境健康发展造成严重损害，也会误导人们，造成恐慌甚至影响社会的稳定。一些谣言利用微博核裂变式的传播在民众中掀起轩然大波，造成民众不必要的恐慌，影响了社会的稳定，在社会上造成极坏的影响。

（三）微博民主可能左右政治

借助于现代信息手段，公民直接的民主参与非常容易进行，这也是近年来兴起电子民主热的原因之一。然而，如果政府过多地依赖电子民主，在一切问题上都在民众中做电子民意测验，也会带来消极的后果：一是民众的利益和国家的利益并不总是一致的，当两者发生矛盾时，民众一般会倾向考虑自己的利益，即时的和过度的民意测验可能导致党政干部的决策仅仅根据可能对民众造成的影响进行，从而可能损害国家的整体利益。二是过多的民意测验可能造成党政干部过多地依赖他人的判断，削弱自己制定、思考、分析和执行的能力。面对浩瀚信息的狂轰滥炸，某些民众失去了对信息的识别判断能力，根本没有时间和精力去消化它们，而在这个过程中就会出现一些非理性的因素，影响民众去思考、分析、判断。另外还存在一些组织和个人出于不同的目的在微博中制造假新闻，妖言惑众，对这些失真的信息，民众的政治判断和评价就会发生很大偏差，而后便出现了非理性的政治参与。因此，情绪性民主很容易出现在微博问政的过程当中，形成虚伪的、肤浅的民主，从而阻断决策者的理性决策，影响社会的公平和行政效力。

与传统媒体相比，微博是全媒体，它既有报纸的性质也有电视的性质。在微博时代，每一个人都可以办一份“报纸”，而这份“报纸”影响力的大小将完全取决于读者的接受程度。从这个意义上说，微博是一个彻底民主的同时又是可操纵性很强的通信手段。说它是最彻底的民主是因为微博只需写寥寥几句话，只要知道怎么用微博，谁都能写，写得好坏也无所谓。说它可操纵性强，是因为微博中的声音不具有“一人一票”的性质。只要一个人掌握着大量的金钱或者某种技术，那个人就能通过雇用“水军”把自己的声音放大，于是就形成了虚假舆论。这里具有极大的可操纵的空间。

从微博公共空间的这些性质可以推出的结果是：微博平台一方面缺乏现实社会中的礼仪和权威关系的约束，而另一方面却特别容易在网络公司、金钱等的操纵下迅速形成虚假舆论和权威。在微博公共空间中，人们的表现有时会近似于“乌合之众”，他们一方面表现得特别不服从权威，另一方面又在操纵下特别容易对权威产生崇拜甚至盲从。在中国，微博可以无限制地被评论，显示很精确的转发数，还带有长微博功能。这些性质不但使得微博在中国有替代博客的趋势，而且加大了“水军”在中国微博中的重要性，使得中国的微博更容易形成强势意见领袖和网络红人，而网民也有了更大的被操纵的危险。因此，“微民主”需要防止权力和金钱操纵而导致的假民主。

四、探索微博民意表达的机制

网络表达在技术上趋向便利，微博组织和发动能力越来越强，微博曝光与监督成为常态，这表明中国微博网络环境趋向宽松，公民言论自由得到进一步保障，也折射了现实社会民主的进步。

（一）构建微博分析和预测机制

【案例4】　“7·21”北京特大暴雨舆情分析及应对

事件回顾

2012年7月21日，北京特大暴雨，上午9时30分，北京市气象台发布暴雨蓝色预警，启动四级应急响应；15时50分，北京市气象局将上午发布的暴雨蓝色预警升级为黄色预警，启动暴雨级应急响应；22时继续发布仅次于红色预警的暴雨橙色预警。

7月22日，媒体报道北京市公安局向阳路派出所所长李方洪21日在救助被困群众时，被一根落入水中的电线击倒，不幸牺牲；由于暴雨，首都机场滞留旅客八万人，微博网友自组车队义务接人；暴雨造成山洪、路面塌陷等次生灾害，致使多人死亡。

7月23日，北京暴雨损失近百亿元，190万人受灾，37人遇难，官方就暴雨灾害各方面表态回应。

网民舆论话题

2012年7月21日至7月23日，网民关于“北京7·21暴雨”的言论有4 750 373条，言论主要来自新浪微博。通过对这些信息进行关键词提取、主题聚类分析可知其倾向性如图1.8所示。①

---

① 北京7·21暴雨 http：//www. antvision. cn/browse/article/12/217. html.

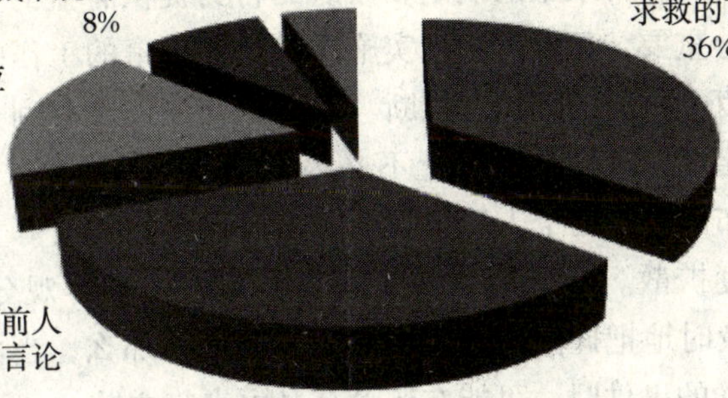

图 1.8　“北京 7·21 暴雨”网民话题分析

应对暴雨

7 月 23 日，腾讯网发文《北京暴雨致北京 37 人死 190 万人受灾　损失近百亿》《北京气象局回应手机预警：信息发送存技术障碍》《北京官方：暴雨停车罚单作废　当事协管员被调岗》《民政部：北京暴雨洪涝灾害已致 37 人死亡 7 人失踪》《北京防汛抗旱指挥部：排水设施标准仅为 3 年一遇》《北京市市委书记、市长郭金龙：当前要把工作重心转到救灾善后维稳上》。“北京 7·21 暴雨”媒体报道分析如图 1.9 所示。

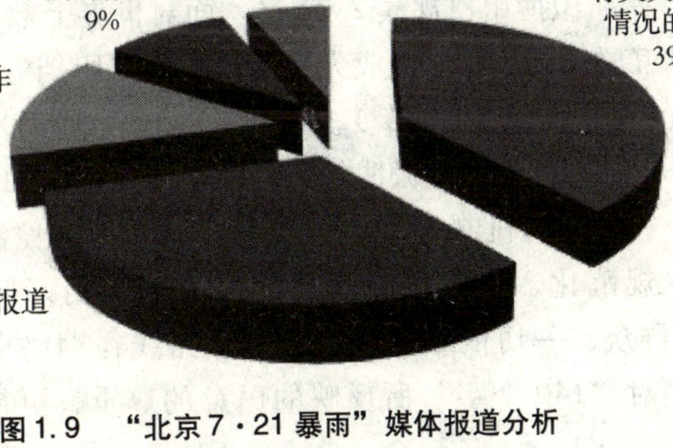

图 1.9　“北京 7·21 暴雨”媒体报道分析

对微舆论的应对，比传统的舆论引导难度更大。在信息辐射的过程中，不仅民意表达的愿望越来越强烈，事件本身被歪曲的可能性也极大，贸然的打压只会使事态走向恶性循环，使得本来简单的事件经过民众的猜测和联想后变得面目全非。应该构筑与微博这个新兴媒体相适应的分析和预测机制，为方针政策的制定和政府的行为提供有益的参考。预见性对政府管理十分重要，正确的管理实施需要对所从事的工作的进程及取得的效果，预先有个科学的评估和推断。微博的快速发展有利有弊，由于目前身份的不确定性，人们在微博上不必为自己的言论负责，既可以信口开河，也可以散布谣言，而个人思想观念的多样性也使得微博上不当言论可能以极快的速度扩散。如果有一个建立在对微博内容客观分析之上的预测机制，能够及时地把握微博世界中舆情的走向，那么，当面对“北京7·21暴雨”这样的事件时，可能在还没有暴雨来临之前，就可以从微博舆论中提取有价值的信息，对城市建设中的问题进行分析，及时采取恰当的应对措施，避免灾难的扩大。

（二）推进政务微博和信息公开程序规范化

可以说，政务微博使电子政务迈上了新台阶。2011年被称为“中国政务微博元年”。如今，政务微博已经成为政府与网民沟通的新渠道。根据《2012年CNNIC中国互联网络发展状况统计报告》显示，截至2012年12月底，我国网民规模达到5.64亿，全年共计新增网民5 090万人。互联网普及率为42.1%。与此同时，我国手机网民数量快速增长。数据显示，2012年我国手机网民数量为4.2亿。截至2012年12月底，我国微博用户规模为3.09亿，较2011年底增长了5 873万，网民中的微博用户比例达到54.7%。手机微博用户规模2.02亿。面对世界上数量规模最为庞大的网民群体，互联网的运用已经成为中国政坛不可阻挡的一股潮流，并在一定程度上促进了中国政风的转变。面对新媒体喷涌而来的民意表达浪潮，政府机构不仅需要强调政务微博的服务性功能，更要加强对微博民意的搜集和整理，完善应对机制的建设，增强对于微博的控制力度，将微博民意表达引入规范化、法制化。政府机构更要利用好微博这个载体，使“一切为了群众，一切依靠群众”的群众路线在网络虚拟世界中有新的发展。这是对“140个字”所反映的民意的尊重，更是对中国公民行使自身权利的鼓励。

（三）建立微博民意表达的应对机制

微博作为网络新生力量，已经成为网民参与公共事务的首选方式，但由于话语权下放过程中的分散化、网络立法的不完善、相关单位监管的不到位，微博民意表达存在失控的危险。一个社会中，不同的群体总会有不同的利益表达，习惯于从自己群体的角度出发去看待社会问题。国家和政府必然面临多样的利益群体表达，如果这些不同的利益表达逐步学会通过制度化的渠道进行，其政治效能将会有明显的提升。为了引导微博走上健康、有序的发展道路，有必要对微博中所反映的民意进行分门别类的搜集，形成由相关部门进行处理并及时反馈的网络问政链条，并进一步构建互联网上“收集民意，了解民情，汇聚民智”的长效机制。在加强对直接民意表达的搜集方面，网络实名制是一剂不可或缺的良药，它不仅将意见表达者置于阳光之下，促使其认真表达和提供负责任的信息，更重要的是它对于网络的管理和民意的整合具有重要意义，可以使政府对微博中的民意表达群体进行有效的区分，并借此完善利益表达的机制。微博实际上适应了市场经济的发展，市场推动利益多元，利益多元推动利益表达，利益表达进一步上升为政治参与，使市场唤醒的主体意识在微博中获得生存空间。如果现有政治体系不能利用好这一空间，提供相应的参与渠道，他们便无法真正维护其利益，而只有采取非正常的途径来表达自身的要求。在此情形下，失控的表达就会危害社会稳定，乃至造成灾难。有序的微博表达可以发挥积极的、独特的作用：一方面，它能为方方面面的利益群体提供一个表达和宣泄的渠道，让各种声音通过合法的渠道得到表达，从而避免表达脱轨失控；另一方面，它能通过搜集民意，向政府部门发送信号，督促政府倾听来自社会各个群体的声音，包括公众不满的声音，从民意表达中发现社会矛盾，解决问题，以缓和社会矛盾。

（四）建立常态化的制度保障

微博与之前的博客相比，在传播效果上有了更大的提高，但更应看到的是这只是技术上的进步，最重要的改变还在于当前我国社会日益宽松自由的民主氛围，为“微博问政”奠定了坚实的基础。因此，在民众微博问政的热潮来临时，如何进一步促进公民的参政议政、网民与党和政府之间的交流互动，建立常态化的制度保障，是构建社会主义和谐社会的基本保证。

在微博问政两会骤热之后，很多微博已经处于休眠状态，或者谈论的话题已与问政无关，怎样促进微博问政常态化成为一个关键问题。首先，领导干部上微博应该经常化。微博中集聚了社会的各大思潮、各种利益诉求，处在这个网络时代的领导也应该跟上时代的潮流，经常上上微博，充分利用便利的网络资源为民服务。做到既要自觉上微博，又要监督鼓励其他干部开通微博广纳民意。其次，解决问题要常态化。领导干部要经常体恤体察微博中的民生民意，对出现的问题要做到“上网访”“下网解”，把出现的问题转移到现实的工作中来加以解决。保证对相关部门的经常性督促，对人民群众最关心、最亟待解决的问题，作出及时快速的反应。

第三节　互动中的电子政务建设

当前我国电子政务建设正处在新的发展阶段，政府面临着技术平台建设、管理体制的改革创新和公众民主参与等重大问题。作为社会化媒体的重要类型，微博已然成为继新闻门户、BBS 论坛和博客之后网络舆论生成的又一重要载体，它正在对建设创新电子政务与提升网络民主和监督发挥着前所未有的特殊作用。从现实状况来看，“微博问政”和“政务微博”已经成为推进政民网络互动的重要渠道和平台，为创新电子政务建设助力。微博在打造创新型电子政务过程中正在产生巨大的作用和影响，它以独特的方式促进政府和民众在网络上的沟通，推进了创新电子政务建设的进程。2012 年政务微博更加凸显贴民生、务实事、重应用的特点，政务机构、公务人员微博和网民相互呼应、联动的效果十分显著，公众对政务微博的认可度也不断提升。政务微博实现了由“宣传发布”到“服务民生”的转变，从倾听社情民意的问政平台成长为常规化、制度化的网络“办公平台”。

一、裂变：微博信息传播手段

微博为人们在互联网的虚拟空间中构建了交流平台，它打破了地理空间对于公共领域的限制，保障了人们公共生活所必需的空间，它所提供的空间在形态上远远超越了实体的公共交流场所。在微博上，用户都拥有自己的个人主页，每个人都可以自发随意地对事件发表自己的观点，还可以通过文字、图像、视频等多种方式来表达和传播，将个人观点置于公共领域进行交流和讨论。

【案例5】 **“表哥事件”**

2012年8月26日16时35分，网友“JadeCong”在翻看“8·26”陕西延安特大交通事故的现场图片时被一名党政干部的笑容激怒，发出了一条微博，并附上了相关截图。该微博被广泛转发后，36人死亡的惨剧与党政干部的微笑形成鲜明对比。人肉搜索的大幕随即开启。当日19时53分，网友“百姓大于天”在其微博爆料称，涉事党政干部为时任陕西省安监局局长杨某，微博网友陆续发布了杨某在不同场合佩戴有5块不同款式手表的照片。次日某奢侈品网首席运营官在其微博中称5块表市值估计近40万元。这条微博被转发14 531次，引发评论5 350条。杨某微笑照片被曝光后，《法制日报》等传统媒体纷纷对关于此事在微博上的言论进行摘编报道。其中，《钱江晚报》的报道《车祸现场官员傻笑　网友质问你笑啥》被各大媒体转载超过140余次，被凤凰网转载后，点击量超过16万人次。9月17日，《钱江晚报》刊文《局长天天在正常上班》，使得一度趋于平静的舆情再次掀起高潮。该消息被凤凰网转载后，点击量高达33 913人次。8月30日，杨某的各种“戴表照”在网上曝光后，陕西省纪委即回应称，将本着实事求是的态度，对事件所涉及的问题进行认真深入的调查，如确有违纪或腐败问题，将依照有关规定严肃处理。9月21日，陕西省纪委在其官方网站发布了杨某因存在严重违纪问题被撤职的消息。

“表哥事件”微博传播日变化趋势如图1.10所示，媒体报道日变化趋势如图1.11所示。

与传统媒体相比，微博作为自媒体集合了所有行业的所有人的智慧和力量，同时与传统大众传媒无缝对接，能够形成强大的社会舆论场，对政府启动内部检查制度起到重要作用。政务微博主要通过以下这几种手段来传播信息：

（一）“关注”和“粉丝”

微博最基本的两个机制是“关注”和“粉丝”。“关注”是指用户注

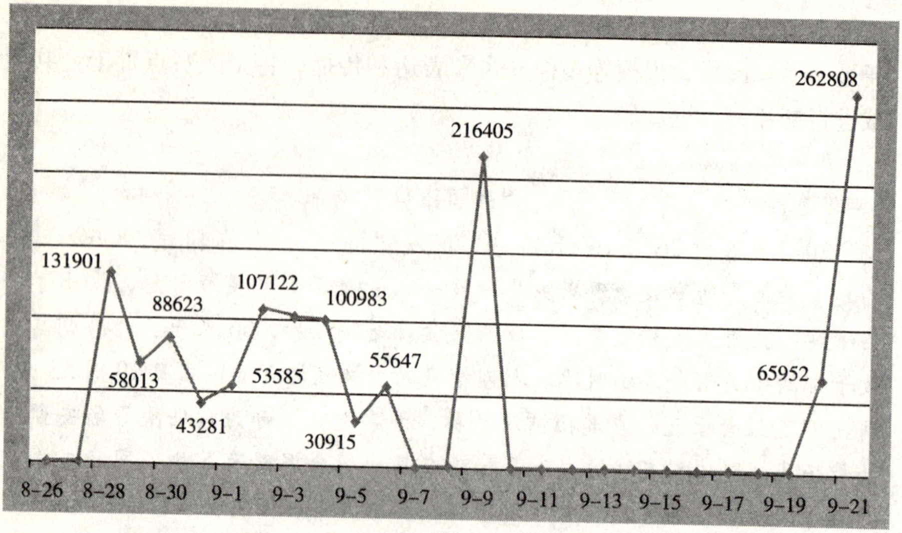

图 1. 10　“表哥事件”微博传播日变化趋势（来源：新浪微博）

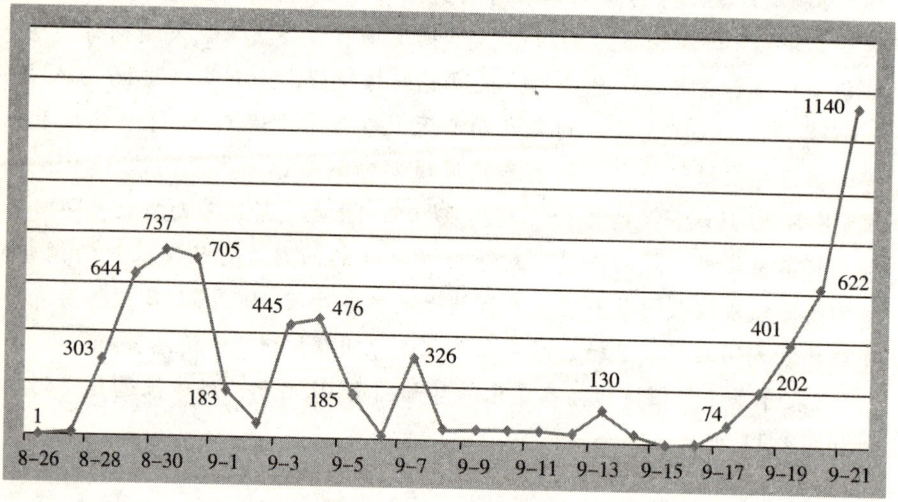

图 1. 11　“表哥事件”媒体报道日变化趋势图（来源：正义网舆情监测系统）

册后选择要订阅哪些人的微博，关注之后，这个人所发布的所有信息都会自动呈现在自己的时间线上。“粉丝”是被关注，即哪些人订阅了“我”的微博。“关注”和“粉丝”可以是双向的，即两个用户之间可以互相关注、互为粉丝。粉丝越多，信息的覆盖范围也就越广，传播速度也就越快。在发生突发性事件的情况下，微博的传播速度会呈几何级模式增长。“表哥事件”中，奢侈品网首席运营官拥有粉丝数10万，当他在其微博中称5块表市值估计近40万元时，这条微博被转发14 531次，引发评论5 350条，对整个事件的发展起了巨大的推波助澜的作用。

（二）“评论”和“转发”

用户发布微博后，粉丝实时接收信息，可进行评论或转发。“评论”功能类似于传统媒体的线性传播“One to One”，发微博者也可通过回复功能与之互动。由于用户将信息发布在微博这个公共空间内，其评论内容是对所有微博用户可见的，因此“One to One”的传播实际上是“One to One to N”，即所有人都可以看到整个传播过程。“转发”功能则类似于网络传播的“One to N”，也就是说，粉丝转发后原微博即同步到粉丝的微博里，然后以此类推，演变成一种“One to N to N”的极速传播。这样的传播数量是几何级增长的，远远快于之前任何一种媒介产品的传播速度。“评论”和“转发”直接显示了用户对某条微博参与度的高低，也在一定程度上体现着每条微博的影响力和传播力。一条有价值的、有趣的信息往往被转发上万次，甚至十万次。

（三）信息转帖与分享

微博还有“One to One”的“私信”、将网页一键“分享至微博”、一般的搜索引擎无法做到的“实时搜索”等功能，这些功能为用户多方式信息交互提供了保证。用户还可以在“广场”浏览名人堂、风云榜、同城微博，以及热门话题榜、每日转发榜、每日评论榜等栏目，从中发现值得关注的微博用户、信息及线上活动。

政务微博正在改变信息传播方式。长久以来，公众都是通过传统媒体“聆听”来自政府的信息。这种传统的“一对多”的大众媒体传播模式使得公众处于被动的“聆听”的角色，公众与政府部门及公务人员之间没有对话和互动的渠道。而政务微博提供了让公众直接对话政府的机会，实现了“点对点”和“多对多”的传播模式。

二、聚集：政务微博组织发展模式

新浪微博在政务微博发展各阶段不断创新模式、突破格局，时刻引领中国政务微博发展潮流，为中国政务微博发展作出卓越贡献。同时，随着中国政务微博的发展与逐渐成熟，新浪微博率先聚合成功运营的政务微博，中国政务微博发展模式正在形成。

（一）组织多元模式

多元模式以公安微博为代表，包括以地市级公安政务微博为主并整合为微博群的“广东模式”、以省级公安政务微博建设为主的“北京模式”、以基层派出所和公安民警个人工作微博为主的“厦门模式”、突发事件应对中发挥重大作用的“济南模式”，这些公安微博不断丰富政务微博发展模式，共同打造出公安微博在政务微博中的领先地位。

（二）综合事务模式

综合事务模式以政务微博发布厅为代表。北京微博发布厅将城市重要职能部门聚合一起；“成都发布”集美食、旅游等资讯为一体，趣味性十足；“南京发布”对重大活动、突发事件的“微直播”渐成品牌；“上海发布”关注“菜价”等民生话题，颇具亲民性。各城市通过新浪官方微博打造出鲜明的城市形象。

（三）专项事务模式

“问政银川”督促督办、受理市民的一般性事务性投诉、重要事项。它通过把事项转给对口部门微博的方式，加快了其微博的办事效率，有效分解积压压力，而对于网民来讲，也缩短了线下申请提交的流程时间，创立了一种地方政府微博群带动的新模式。

（四）党政干部个人开博推动模式

互联网的普及和信息技术的演进，使领导干部、党政机关与网民互动的门槛越来越低。“党政干部开博”蔚然成风，其中不乏拥有大量粉丝的“明星党政干部”。新浪微博“巴松狼王”的开设者杜少中曾担任北京市环保局副局长、新闻发言人。他的微博带动了北京市公众对 PM2. 5 的大规模讨论。

微博的迅猛发展不仅深刻地改变着传媒生态，而且正在重塑政府的执政与公共关系传播方式。全国各地的政府机构、党政干部积极利用先进技术提升社会服务水平，尝试通过新媒体不断探索社会化管理新模式。微博作为一种集信息公开、即时互动、流程透明于一体的新媒体，已为传统执政方式找到新的突破口。

三、魅力：对话、服务与监督

2013 年 5 月 6 日，新浪发布《2013 年第一季度新浪政务微博报告》（以下简称“报告”）。报告显示，新浪认证的政务微博数已经达到 7 万余个，发博总数超过 4 000 万条，被网友转评超 2.1 亿次。开通实名微博的省部级党政干部人数为 33 人。微博的爆发性增长考验着政府的执行力。

（一）建立平等关系的官民对话的形式

2012 年 7 月 13 日，人民网舆情监测室联合新浪微博共同发布《2012 年上半年新浪政务微博报告》统计，海宁市司法局局长金中一的个人微博（微博账号“中一在线”），公安部打拐办主任陈士渠（微博账号“陈士渠”），云南省红河州州委常委、宣传部长伍皓（微博账号“伍皓红河微语”），全国人大常委、民进中央副主席、中国教育学会副会长朱永新（微博账号“朱永新”），甘肃省卫生厅厅长刘维忠（微博账号“甘肃刘维忠”），陕西省公安厅副厅长陈里（微博账号“陈里”）等微博，被评为 2012 年上半年十大党政干部微博。报告指出，目前，“中一在线”拥有粉丝 77.5 万，被媒体誉为浙江政务微博第一人。在他的努力下，2009 年年底，“海宁司法”成为全国司法行政系统内首个官方微博；2010 年，海宁市司法局内设科室和各司法所相继在新浪开设了官方微博，与司法系统个人微博形成了两个相互补充的微博群；2011 年 4 月 1 日海宁市司法局正式启用微博公文，成为国内第一条用微博形式发布的政府公文，被誉为“2.0 时代的电子政务”，《人民日报》等媒体先后报道。探索、拓宽政务微博服务领域，先后建立律师微博军团、人民调解员微博群等专业法律服务后援团，开展微博调解，努力打造网上调解品牌，司法行政系统“微博集团军”日益壮大。

党政干部微博谈政务也成为热点。具有官方色彩的微博更加引人注目。朱永新是中国教育学会副会长、苏州大学教授，于 2010 年 2 月 23 日注册成为新浪微博用户，在 2011 年公务人员微博排名中名列第二。截至 2011 年 12 月 23 日，他一共发布了 3 334 条微博，拥有 1 163 869 名粉丝。他熟练地使用“#”标签对微博内容进行分类，如“#我的晨咏#”“#建言献策#”“#推荐阅读#”“#教育闲思#”“#人物印象#”等。在 12 月第一周，他一共发布 54 条微博，获得 2 313 条转发和 803 条评论，平均每条微博获得 14.87 条评论，互动率为 24.07%。一周内，朱永新个人微博的主要内容分布为：发布工作信息；发布个人对教育的看法；推荐少儿读物；分享每天早读的内容；回答网友提问及评论；发布个人对他人印象；发起问题调查，了解公众对教育热点问题的看法等。其中朱永新发布的对教育的个人看法获得更多的关注，其余内容相对关注度较低。

（二）政务微博提供公共领域的服务

2012 年我国基层政务微博也迎来蓬勃发展期，大量政务微博深入民间、扎根群众、服务百姓、与民互动、为民办事，成为政务微博的发展新动向。从“粉丝”崇拜到注重互动效果，从信息发布到公共服务与应用，全国各地政务微博打出了“民生服务日”“微博办事厅”的品牌。政务微博架起了从“问政”到“施政”的桥梁，是网络时代政府部门通过新媒体听民意、聚民智、办民事的创新管理方式，更是增强政务微博政策宣讲、公共服务和社会管理价值的重要举措。

（三）微博问政：强化对公权的监督

官民互动究竟是形式重于内容，还是内容重于形式，关键在于政府能否解决网民的问题，能否实现互动的制度化、规范性和常态化。在各地政府竞相采取网络交流的互动形式时，一些地方政府率先升级到网络问政。网络问政是一种走向成熟的主动型回应，主要体现在以下几个方面：一是政府开启网络问政的目的是改善治理效果。在网络问政的模式中，政府把公民作为社会治理的合作伙伴，重视公民参与公共决策的作用，以解决民众关心的问题和改善治理效果为目的。二是让网络问政制度化、常态化。任何一种成熟的治理方式都应该是制度化、规范化和常态化的，网络问政不满足于一时一事，尝试通过一系列的体制机制作保障，把网络问政作为一种常态化的运用模式。三是不断提高网络问政的认同度。网络问政逐步取得上级政府和普通公民的认同，肯定这种官民互动的形式和效果。

在电子政务的实践中，首先开启网络问政之门的是西安市政府。西安市政府通过“问政于民”网络平台，解决网民关心的城市问题，得到市民的普遍欢迎和认可。作为引领中国改革开放之风的广东，在网络问政之路上迈开的步伐更大，成果也更大。以广东惠州为例。第一，惠州注重网络问政的机制建设。该市制定出台了《关于开展网络问政工作的通知》，建立健全完善的网络问政问责机制、监督检查制度。该市把网络问政工作纳入“行风评议”和“万众评公务”考评范围以及各县（区）党政一把手、市直职能部门目标考核指标体系中。第二，惠州强调网络问政的操作性和实效性。仅在第71期的惠民在线过程中，就接到群众意见3万多条，回复率达到98%，基本上做到件件有回音，并切实解决了大量网民提出的问题。自开启网络问政以来，该市经济迅速发展，经济总量、财政收入也跃居全省第六位，与此同时，惠州的市民上访率却连续三年在广东21个地市中排名倒数第一，这在很大程度上归功于问政平台。在洛阳、云南等省市，网络问政也在蓬勃兴起。

【思考题】

1. 如何看待政务微博热现象？请谈谈微博发展趋势。
2. 微博民主，是“真民主”还是“假民主”？
3. 政务微博如何完善电子政务的功能？

第二章

“微博”带来了怎样的传播革命

【内容提要】 新技术的不断出现，产生了新的传播手段，催生新的传播媒体，促成新的传播形态。随着网络技术和电信技术的发展，网络作为“第四媒体”、手机作为“第五媒体”陆续登上历史的舞台，带来了深刻的传媒变革，冲击着原有的媒体生态。微博的出现和发展则是借助新技术、新媒体的力量，将网民的个性化需求充分张扬。微博与政治联姻，催生“政务微博热”，网上问政渐成风潮，“亲民、高效”的网络问政氛围正逐步形成，深入影响着民众生活的方方面面。

【关键词】 新媒体　第五媒体　微博　政务微博

第一节　互联网与新媒体传播格局

新技术的发明与普及催生了许多新媒体形态，特别是网络技术、通信技术和数字广播技术的产生和广泛应用，给信息传播带来了变革，对传统的媒体格局造成强烈冲击，多种媒体融合并存的局面逐步显现并成形。

一、新技术催生的传播革命

传播革命多缘于新技术的发明与实践。总体来看，与新技术相关的传播革命共有五次，每一次传播革命都对人类的社会进步具有重大的推动作用，将人类带进一个新的境界、新的时代。

第一次传播革命是文字的发明和使用。人类文明第一次突破了时间、空间的限制，“通之于万里，推之于百年”，并保证了信息在传播中不被扭曲、变形、重组或丢失，引导人类由“野蛮时代”迈向“文明时代”。

第二次传播革命是印刷术的发明。印刷术的发明不仅给中国，也给欧洲和整个世界文明带来了曙光。报纸、杂志、书籍等大众媒介迅速普及，在当时的欧洲直接引发了宗教革命和启蒙运动。曾经只在上流社会流转的竹简、帛书等复杂的书写媒介，开始走进寻常百姓家，知识的垄断被打破，大众传播时代来临。

第三次传播革命是电报的发明，以及而后以广播、电视为代表的一系列模拟式电子传播技术与媒介的相继出现。这些发明挣脱了印刷传播时代必不可少的物质传播束缚，使得人类信息传播的速度空前迅疾、范围空前广泛、内容空前丰富、复制扩散和保存信息的能力空前增强。电报的发明主要解决了长距离即时点对点传播技术。随后的广播、电视将点对点技术发展到点对面技术，即时的全球大范围传播成为可能，信息供给达到空前丰富。

第四次传播革命是互联网技术的推广与使用，相比前三次传播革命，不仅在传播载体、传播介质上更加先进，实现了数字、语言、文字、声音、图画、影像等多种传播方式的统一数字化处理，更以其交互性传播模式，使得传者与受众之间的传统关系面临巨大转变，传播权力面临深层次的结构调整。

第五次传播革命是电信技术的发展与普及。在继承互联网技术诸多优势的前提下，信息的接收和发布变得更为及时，加之手机终端的硬件配置不断推陈出新、手机系统的开源开发、3G 引领的移动带宽提速等一系列因素的催化，多层面、多方位加速了这一传播革命的进程，并在当下如火如荼地深入推进。

这一次的传播革命，早已不仅仅是公众个人的媒介使用问题，抑或是推进文明扩散的问题，这是一场个人与国家、“自媒体”与“大众媒体”关系的重新定义。克林顿因为一个小小的网民自办网站被弹劾，奥巴马利用社交网络在大选中获胜……正如美国学者曼纽尔·卡斯特所言，互联网不仅仅是一个便利的应用工具，它适应了信息时代出现的社会运动的基本特征。因为这些运动发现了组织起来的合适媒介，他们发展并打开了社会变革的新途径，这反过来又加强了互联网作为优势媒介的地位。这场空前浩荡的传播革命正处于“革命”进程当中，它催生了一个全新的传播环境，在将人类文明推向更高级阶段的同时，也为国家治理提出紧迫的新课题。

二、互联网衍生的媒体形态

以上五次传播革命中，最具里程碑意义的要数第四次，也就是互联网技术带来的传播革命。互联网的出现，让受众被动接收信息的状态得以改变，每一个人都有了表达自我、传播信息的权利，并随着网络技术的不断发展而深化、多元。媒体的价值在于对信息的传递，人们依托互联网进行信息交流大体经历了五种形态：

（一）网络论坛

网络论坛又名BBS，全称为Bulletin Board System（电子公告板）或者Bulletin Board Service（公告板服务），是一种电子信息服务系统。它提供一块公共电子白板，每个用户都可以在上面书写，可发布信息或提出看法。它的交互性强，内容丰富而及时。用户在BBS上可以获得各种信息服务，如发布信息，进行讨论、聊天等。BBS最早是用来公布股市价格等类信息的，当时BBS连文件传输的功能都没有，而且只能在苹果计算机上运行。早期的BBS与一般街头和校园内的公告板性质相同，只不过是用来传播或获得消息而已。一直到有些人尝试将苹果计算机上的BBS转移到个人计算机上，BBS才开始渐渐普及开来。用户通过在计算机上运行服务软件，实现下载数据或程序、上传数据、阅读新闻、与其他用户交换消息等功能。随着网络技术的发展，BBS的功能得到了很大的扩充。通过BBS可随时取得各种最新的信息，也可以通过BBS来和别人讨论各种有趣的话题，还可以利用BBS来发布一些“征友”“廉价转让”“招聘人才”“求职应聘”等启事，更可以召集亲朋好友到聊天室内高谈阔论。但BBS上的信息往往依赖管理员的审核和维护，一旦疏于管理，多死气沉沉，稍有审核疏忽，各种垃圾信息便乘虚而入，严重影响信息的有效传播。此外，BBS上的信息多存在互动延迟，实时反馈的情况少之又少。

【延伸阅读】 **BBS如何运维**

BBS一般由站长（创始人）创建，并设立各级管理人员对论坛进行管理，包括论坛管理员（Administrator）、超级版主（Super Moderator，有的称

“总版主”)、版主（Moderator，俗称“斑猪”“斑竹”)。超级版主是低于站长（创始人）的第二权限（不过站长本身也是超级版主、超级管理员)。一般来说，超级版主可以管理所有的论坛版块（普通版主只能管理特定的版块)。

（二）即时通信软件

网络论坛之后，即时的聊天交流软件开始盛行，每个人通过注册可以拥有像手机一样的专门号码，选择聊友需要资质验证，安装专门的客户端以后可以实现在线交流和离线留言等多种交流方式。这样的即时通信软件有很多，主流的两款即腾讯公司的 QQ 及微软公司目前仅在中国内地提供服务的 MSN。这两款软件在用户群定位上各有侧重：QQ 用户群年龄偏年轻，多以学生为主，主要用途是娱乐、聊天；而 MSN 用户群多为职场人员，主要用途偏重于对外交流和商务联系。

（三）个人主页

随着交流主题的多样化，人们除了聊天之外，也希望在网络上有一个展示自我的空间，把自己的一些兴趣、心情、思想以文本和图片的形式发布到网络上，个人主页由此诞生。个人主页是从英文 Personal Homepage 翻译而来，更适合的意思是“属于个人的网站”。其实，个人主页就是一种最简单的个人网站，一般情况下无下级页面（多层页面的就不宜称主页，而应该叫网站，任何网站都是由多个页面组成的)。

一个好的个人主页能记录主人的生活点滴，向其他人展示自己的才华，彰显自己的个性，让更多的人认识自己，并有机会结识更多的朋友。个人主页的建设一般要经历确定网站主题、搜集相关素材、规划网站设计、完成制作网页、页面上传测试、多方推广宣传、及时维护更新等系列环节。一般而言，首先需要向网络服务商申请一个服务器空间，然后再注册一个域名。随后，用户要自己设计制作网页，再用 FTP 工具来上传制作好的网页。这种方式要求用户必须有一定的计算机知识和美工艺术基础，并且还要会设计网页，所以限制了大部分非计算机专业用户的使用。

（四）博客

因为个人主页的技术门槛局限性，所以用户需要有一种“傻瓜式”的一键式生成个人主页空间，它不需要用户有太高深的计算机专业知识和美工设计基础，只要自己专心写文章和提供图片即可，其他都交给计算机来办，由此就产生了一种全新的个人主页形态——博客。

博客，又译为网络日志、部落格或部落阁，是一种通常由个人管理、不定期张贴新文章的网站。博客上的文章通常根据张贴时间，以倒序方式由新到旧排列。许多博客专注在特定的主题上提供评论或新闻，其他则被作为个人日记。一个典型的博客结合了文字、图像、其他博客或网站的链接、其他与主题相关的媒体。能够让读者以互动的方式留下意见，是许多博客的重要要素。博客既可以具有个人主页的功能，也可以通过留言的方式和很多博友进行互动交流。很多名人纷纷开设博客，在网络中积聚了较高的人气和影响力，也使得很多草根阶层由此一跃成名。但是写博客还是需要计算机上网，并且书写内容通常比较多，仍然受到时空和网络基础设施的限制。

（五）微博

随着通信交流方式的增多，人们需要更多种现代化交流方式的结合，尤其是网络和无线通信方式（如手机）能否更好地契合在一起，使人们能够随时随地交流，不受有线网络及计算机工具的限制。由此，微博应运而生。微博，即微型博客的简称，又称为“围脖”，是一个基于用户关系的信息分享、传播及获取平台，用户可以通过 WEB、WAP 以及各种客户端组件，以 140 字左右的文字更新信息，并实现即时分享。

（六）SNS

SNS 全称 Social Network Site，即“社交网站”或“社交网”。注意要与“社区网站”区分，两者有本质区别。社交网络（Social Networking）是指个人之间的关系网络，这种基于社交网络关系系统思想的网站就是 SNS。SNS 的全称也可以是 Social Networking Services，即社交网络服务，专指旨在帮助人们建立社交网络的互联网应用服务，是对“六度分隔理论”的验证与发展。严格讲，国内的 SNS 并非社交网络服务，而是社交网站，以人人网（校内网）、开心网为代表。国外最有名的社交网站是 Facebook。

【名词解释】　　六度分隔理论

1967 年，哈佛大学的心理学教授 Stanley Milgram（1933—1984 年）创立了“六度分隔理论”，简单地说：“你和任何一个陌生人之间所间隔的人不会超过六个，也就是说，最多通过六个人你就能够认识任何一个陌生人。”按照六度分隔理论，每个个体的社交圈都不断放大，最后成为一个大型网络。

Facebook

Facebook 是一个社交网络服务网站，于2004年2月4日上线。Facebook是美国排名第一的照片分享站点，每天上载850万张照片。随着用户数量增加，Facebook 的目标已经指向另外一个领域：互联网搜索。2012年2月1日，Facebook 正式向美国证券交易委员会（SEC）提出首次公开发行（IPO）申请，目标融资规模达50亿美元，并任命摩根士丹利、高盛和摩根大通为主要承销商。这将是硅谷有史以来规模最大的IPO。2012年5月18日，Facebook 正式在美国纳斯达克证券交易所上市。

【延伸阅读】 **常见的社交网站**

网站名称	方向侧重
百度空间	多功能大众化社交
天际网、环球人脉网、优士网	职业人士
用友企业社区	企业用户交流、分享
yaya 家园	学习、互动、分享
QQ 空间	大众化的社交
众众网	基于兴趣爱好的中学生社区
豆瓣	各类生活爱好
开心网	白领用户的娱乐
人人网、朋友网	白领和学生用户的交流
圣爱天堂	网络同居的情感交流
世纪佳缘、百合网、珍爱网	未婚男女的婚介
南京族	地方化的交流
51	年轻用户的交友
新浪博客、腾讯博客	原创性文章
麦乐行	基于位置信息的社交
新浪微博	信息的快速分享
易寻	标签社交分享
知乎	社会化问答

三、新媒体带来的传播变革

美国著名传播学者麦克卢汉说过“媒介即信息”，指出了传媒技术的发展催生了新型的媒介，而新媒介必然会带来信息传播方式等内容的革命。新媒体以其平等、自由、互动、开放、合作、无边界的传播特点实现了“人人都是源头，人人都是受众”和“所有人对所有人传播”，给整个社会、文化、经济领域带来了深刻的传播变革。

（一）传播主体的变革：从“媒体”到“全民”

在新媒体时代，传播主体主导的传播模式已经被打破，受众不仅作为信息传播客体而存在，可以自主性地寻找和接收信息，同时也成为信息传播主体中的一员，可以主动发布信息。新媒体传播的传受关系发生了变化，带来了传播形态的相应变化，传播主体不再作为主要的或唯一的传播过程主导，其他组织、机构、个人也成了传播主体，传播主体由一元走向了多元。传播主体正在从“媒体”走向“全民”。“全民”的传播主体形成以后，各个不同的社会群体和社会阶层都能通过新媒体发出自己的声音。

（二）传播内容的变革：从“单一”到“复合”

在现有的大众媒体环境中，媒体按照传播形态可以划分为电视、报纸、杂志、广播等。这些传统的媒体传播的是单一的文本、图片、音频、视频等信息。而在新的媒体环境中，网络和数字技术所能提供的可能性是，在主要的传播载体中，如网络、数字电视、手机等，所有的媒体都既能进行文字的传播，同时又能进行视频和音频的传播，并且还能把文字、视频、音频存储下来，供受众在方便的时间浏览。与此同时，人们可以通过网络像观看传统电视一样收看直播节目，并且自由地选择电视剧或影片；利用手机上网、聊天、发送电子邮件、阅读电子报，像计算机一样运行应用程序浏览新闻，搜索下载资料。由此可见，新的传播媒体能够通过新的平台，把传统大众媒体的各种类型综合起来，使得传播内容从“单一”走向“复合”。正如阳光文化集团首席执行官吴征所说：“相对于旧媒体，新媒体的第一个特点是它的消解力量——消解传统媒体（电视、广播、报纸、通信）之间的边界，消解国家与国家之间、社群之间、产业之间的边界，消解信息发送者与接收者之间的边界。”①

① 贺晨，张进平. 媒介融合的趋势研究. 科技信息，2012（1）.

（三）传播方式的变革：从“单向”到“双向”

美国传播学家施拉姆早在20世纪80年代就曾预言：现行的点对面的大众传播体制将会被一种新的点对点的传播体制所代替，信息时代的一个趋势将是更多地点对点而不是点对面地传播。① 传统媒体的传播方式是一种以传播者为中心的单向的线性传播，可以概括为“点对面”式的传播。也就是说，相同或类似的信息，从传统大众媒介机构这个“点”，向公众这个巨大的“面”进行传播。它集中表现为在特定的时间内由信息发布者向受众传播信息，受众被动地接受，没有信息的反馈环节。这种静态的传播方式使得信息不具流动性。在新媒体传播时代，传播呈现了以手机为代表的“点对点”传播模式，以互联网为核心的“点对面”“面对点”和“面对面”三种新媒体传播模式。这种传播是“双向”的传播。双向传播方式的最大特征就是可以进行互动。

（四）传播受众的变革：从“大众”到“分众”

传统媒体的受众人群很广，包括了各个年龄阶段、各个文化水平、各个收入标准的人，具有“大众化”的特点。新媒体的发展是在互动技术、搜索技术等基础上实现的。因此，新媒体对受众的技术使用、掌握及文化素质水平提出了要求，新媒体的受众人群主要集中在上班一族和学生群体，其中上班一族多为企业管理者、技术人员等中高收入者，这些群体呈现年轻化的特征。依据2013年1月15日中国互联网络信息中心（CNNIC）在京发布的第31次《中国互联网络发展状况统计报告》显示，截至2012年12月底，我国网民规模达到5.64亿。从中国网民的年龄、收入、学历结构来看，中国网民符合年轻化、收入高、文化水平高等特征。在数字技术高度发达的新媒体时代，人们都可以通过手机、网络、博客、播客等新媒体随时进行信息传播，并通过不断的沟通交流，形成一个个志趣相投的小团体，如各种各样的网络游戏团体、户外旅游论坛、短信交友俱乐部等。因此，相对于传统媒体受众“大众化”的特点，新媒体受众人群具有特定性，正在逐渐变为“分众”。

（五）传播范围的变革：从“区域”到“全球”

传统的大众媒体由于技术的限制，基本上是区域性的传播。随着新媒

① 刘云峰. 网络传播与立法控制. 现代传播——北京广播学院学报，1997（3）.

体传播技术的发展，新媒体将打破区域的限制，实现由最初的声音、数据与静止的图像到质量越来越高的动态画面的全球传播。除非有人为限制，在新媒体的平台上，所发布的每个内容理论上都是可以面对全球所有的网络使用者的。新媒体对于信息的全球传播，互联网功不可没。互联网充当了全球化的首选“历史工具”。Web 2.0 的出现，让每一个人都能够参与到全球互联网的共同协作中来，个人成为“网络化的全球公民”。按照最早投资网景公司的吉姆·克拉克的说法：“互联网是标准化的，只要标准能得到全球默认性的使用，那么互联网上的一切注定是全球化的一部分。”①

新媒体带来的这些传媒变革，也在很大程度上冲击着传统媒体的各个方面，报纸、广播、电视等以往占据主要位置的传播手段已经明显感觉到一种危机感，一场大范围的传媒洗牌正悄然展开。一般来讲，“媒体格局”主要是指各个媒体之间形成的各种力量对比组合的一种结构。因为发展上存在着很大的不平衡，媒体之间的各种力量对比与组合的结构总是处在一种不断变化的状态下。当这种变化达到一定程度之后，那么媒体相互之间的对比将会发生要素重组和序列变化，直至产生新的媒体结构。② 从世界整体发展情况来看，传媒业从报纸“一枝独秀”，到后来与广播共同发展，再到报纸、广播、电视共同进步，最后到报纸、广播、电视、互联网“并驾齐驱”，如今又迎来了“多种媒体并存”的全新状态。在世界这一发展格局当中，媒体格局总是在不断变化和进步，特别是在以互联网为主体的新媒体出现以后，以往的媒体格局被彻底打破，形成了报纸、广播、互联网、手机等媒体并存的新格局。

第二节　自媒体与第五媒体的兴起

互联网技术与电信技术的发展，让信息的受众有了与信息传播者实时

① 刘新业．新媒体环境下的影视传播变革．沈阳大学学报，2011（6）．

② 郑保卫，李洋，郭平．试论当前我国媒体格局变化的现状及特点．国际新闻界，2008（3）．

互动的可能，并能在信息的受众与传播者间自由切换，一个“自媒体”的时代悄然来临。继以计算机网络为代表的第四媒体之后，以手机为代表的第五媒体特点鲜明、形态多样，展现出手机作为新兴媒体在信息传播方面的独特优势和可能。手机媒体从兴起到发展，由小到大，由单一到多元，正逐步引领人们迈入一个崭新的媒体时代。

一、自媒体传播时代来临

要弄清自媒体的概念，先要理解媒体的概念。媒体又称媒介，是指传播信息资讯的载体和平台，即信息传播过程中从传播者到接受者之间携带和传递信息的一切形式的物质工具。① 媒体的出现与其自身的更新换代密不可分。工业革命，催生了报纸，并且使其大获发展；电力革命，催生了广播，并在后期催生了电视，逐步取代了报纸的统治地位；第三次科技革命，计算机诞生，随着互联网的不断发展，使得人类进入信息时代，这时候，新媒体诞生了。而媒体的发展阶段也可以根据三次工业革命的不同时间而划分为精英媒体阶段、大众媒体阶段和自媒体阶段。②

自媒体（We Media）是指作为个人的传播者凭借网络数字技术的应用向不确定的受众传播信息的一种新兴媒体，最早由美国新闻学会媒体中心学者谢因·波曼和克里斯·威理斯于2003年提出。新媒体的核心是基于普通市民对于信息的自主提供与分享，强调借助全球知识体系分享其本身的事实和新闻。自媒体基于 Web 2.0 网络技术，形态多样，主要包括博客、播客、微博等。受众群体可以通过这些自媒体网络形态传播信息，改变了以往传统媒体主导传播的局面，实现所有的人都可以成为传播的主体，在这个自由表达的平台上个体声音得到了充分释放，一个全新的传播时代悄然来临。

二、以手机为代表的第五媒体

自媒体的典型代表当属以网络为代表的第四媒体和以手机为代表的第五媒体。20 世纪 90 年代初，互联网技术迅速发展和普及，使得网络成为

---

① 李勇. 媒介对音乐文化传播的作用. 文化学刊，2007（1）.

② 刘宏. 媒介发展的三个阶段. 青年记者，2012（8）.

继报刊、广播和电视之后的第四媒体，而进入21世纪之后，手机通信技术的迅速发展和普及使得第五媒体悄然而至。由于手机具有携带和使用方便、可随时随地通信、互动性强等优点，第五媒体一直被业界所看好。手机的媒介化演变也正在释放出巨大的能量，不仅改变着手机本身，也在改变着人们的生活方式。其中，有些已经在发生，有些尚未发生，而且不论人们选择接受还是拒绝，手机都在以非常强势的姿态和无所不能的渗透力展示着它不可忽略的强势地位。

美国的《连线》杂志曾经给“第五媒体”下过一个定义，即所有人对所有人的传播。以前的信息传播方式是由传播方来主导的，接收者只能被动地接收传播者传递的信息，没有太多的选择空间。“第五媒体”的出现改变了这种局面，个人不但可以接收他人的信息，也可以自己发布信息，表达自己的观点和看法。

（一）第五媒体的六大特点

认识第五媒体首先要认识第五媒体的特点。对此，《第五媒体行业发展报告》有很好的概括，主要是受众广泛性、内容草根性、途径多样性、传递即时性、对象精准性、信息可信性六大特点。

1. 受众广泛性

中国工业和信息化部发布的通信业运行报告显示，截至2012年2月底，我国移动电话用户已突破10亿户。依据2013年1月15日中国互联网络信息中心（CNNIC）在京发布的第31次《中国互联网络发展状况统计报告》显示，截至2012年12月底，我国手机网民数量为4.2亿，而且这个数字还在迅速扩大。

2. 内容草根性

传统媒体中，信息生产是由专业人士完成的，而在第五媒体中，尤其是在以社交网站和微博为代表的应用形式中，信息的生产是由受众群体完成的。由于受众群体巨大，参与内容生产的主体也更多，其草根内容特征更加明显。

3. 途径多样性

传统媒体的传播途径通常是单向传播，受众群体只能是被动接受，无法进行反馈。而第五媒体具备了新媒体多样传播途径和多向传播的特点，颠覆了传统媒体的单向传播形式。例如，在移动互联网门户、手机杂志、手机视频、二维码等应用形式中，用户不仅仅能够“消费”这些内容，如浏览观看，还能对这些内容进行互动，如评价、点评、点击进一步观看等。在手机报纸、手机杂志等应用形式中，用户收到信息内容后，还可以转发给其他用户，进行点对点的再次传播，与传统媒体和互联网媒体的传播途径相比，第五媒体实现了信息内容的多向传播。在手机社交网络、手机微博等应用形式中，传播途径更加多样化。用户收到信息内容后，可以发布到自己的圈子中，而圈子中的其他用户收到信息内容后，又可以发布到自己的圈子中。信息的传播形式呈现网络式传播，传播效率成几何倍数增长。

4. 传递即时性

在传统媒体中，不论是纸质媒体、广播媒体、电视媒体等，从信息内容的产生到传播，再传递到受众中，通常需要一定的周期。而在新媒体中，尤其是社交网络和微博应用中，由于是用户自生内容，信息的产生和发布是同时进行的。而与互联网相比，手机的便携、永久在线则是无法比拟的优势。因此，在第五媒体中，通过手机社交网络和手机微博进行的用户自生内容传播，信息的传递更加具备及时性和即时性，随时产生内容，随时发布，随时传递到受众手中。

5. 对象精准性

由于传统媒体是单向传播，虽然具备广泛性，但精准性较差，从而导致传播的效率不高。而新媒体由于具有互动性，内容发布者有机会从用户行为挖掘用户的特征，从而可以将所传播的信息内容与目标用户进行匹配，并将定制化的内容传播给不同的受众群体。

6. 信息可信性

传统媒体中，内容生产更多地是由专业人士完成，对于受众来说，内容信息是由陌生人传播给自己的；而在社交网络和微博服务中，内容信息是由用户的熟人、好友传递给自己的，用户对这些内容信息的接受程度更高。因此，利用第五媒体，尤其是手机社交网络和手机微博进行信息传递，对用户的影响力更大，这也是传统媒体所不具备的优势。

（二）第五媒体的类型

以手机为代表的媒体作为新时代的高科技产物，是在电信网与计算机网融合的基础上发展起来的。它最早是移动增值业务与传统媒体的结晶。

换言之，就是将报刊、电视等传统媒体的内容，通过无线技术平台发送到用户的彩信手机上，使用户随时随地第一时间通过手机阅读到当天报纸的内容或观看电视正在播出的节目。与不同的传统媒体结合形成不同的手机媒体类型，如手机报纸和手机电视等。概括起来，主要有如下几种：

1. 手机短信

手机短信已经初显“第五媒体”的雏形。首先，具备了短平快的风格。一条手机短信一般都在几十个字以内，短小精悍，带有鲜明的新闻写作“5W”特点。用户读取信息简明易懂，这在生活节奏加快、工作生活繁忙的今天，无疑是很多人获取新闻资讯的好选择。其次，体现服务个性化特点。短信新闻经过筛选过滤和分类归纳，用户预定自己最感兴趣和急于了解的信息。这就使得用户对信息的有效利用率相对要高，信息也更加“适销对路”了。

【案例】　短信新闻的成功试水

2003年2月1日晚上10时，美国“哥伦比亚”号航天飞机坠毁，7名机组人员全部遇难，当新浪通过手机短信的方式第一时间把这一震惊世界的消息发送给广大手机用户时，人们开始意识到手机还可以这么用。此后，传统纸媒新闻“手机化”阅读的普及速度加快，手机越来越显现出媒体特征：有固定的内容提供商，有成规模的受众群，有可定期发送或选择信息的互动空间。手机新闻作为“第五媒体”的初级形态已经显现出来。

2. 手机报纸

有了短信新闻的成功试水，手机报纸也应运而生。2004年，《中国妇女报》推出了中国第一份图文并茂的彩信版手机报纸，目前几乎所有的报业集团都涉足了手机报纸，实现了手机媒体与集团传统纸质媒体的双向互动。手机报纸扩大了受众信息选择的范围，相比短信新闻的进步还表现在可以做到图文并茂，在观感上更加接近传统报纸。手机报纸依然面临自身发展的瓶颈问题，从目前情况看，手机报纸仅仅是纸质媒体的简单摘要，而且其互动性存在着严重不足，缺少了时效性，用户的选择性也不足，总体上仅仅是传统纸质媒体的翻版，今天报纸有什么，手机报纸就有什么，内容和形式上都没有很大的革新，无法承担起作为“第五媒体”的重任。

【延伸阅读】 **手机报纸的形式**

手机报纸的形式多种多样，目前主要有两种：一种是彩信版，另一种是WAP版。彩信版的内容主要包括当天的精华新闻，定时发送给定制用户。不过由于目前彩信的容量有限，最多只能传送100 KB的文件，所以彩信版手机报纸中有部分新闻是以新闻摘要或缩编的形式出现的，存在诸多信息传播扩散的不便。和彩信版的包月定制相比，WAP版的手机报纸看起来不仅方便，而且自由度也很高。

3. 手机网站

虽然用户已经可以对短信新闻和手机报纸的内容进行自由编辑、转发，但是用户不能够参与讨论，不能在相关新闻上发表自己的看法并与人交流。在新闻性上，短信新闻和手机报纸与传统报纸没有差别，甚至更加滞后，而移动版的手机网站在时效性和互动沟通上显示出了自己的优势。除了能更好地互动交流外，手机网站比手机报纸多了声讯功能，用户可以上网下载手机铃声，还可以轻松欣赏、下载、播放和转发精彩的动漫产品，玩惊险刺激的网络游戏。

【延伸阅读】 **未来的手机网站到底是个什么样子?**

手机网站依托不断迭代发展的硬件技术和软件应用，发展态势喜人。未来的手机网站上的新闻应该可以定制，每个用户可以定制自己喜欢、感兴趣的新闻，每天手机网站以短信提醒的方式发送到订阅者的手机上。当订阅者接收到这条短信并查看之后，可以根据自己的兴趣选择浅尝辄止，也可以选择点开短信后所附的相关链接转至指定的手机网站，了解更详细的信息。

手机网站的不断发展，也催生了多姿多彩的手机应用，最为典型的有主打文字的手机报纸、手机小说，还有主打音视频的手机音频、手机视频、手机电视等。

不难看出，手机媒体的发展速度很快，短短几年，手机媒体已经从早期简单文字短信传播的形式，向内容更丰富、表现力更强的多媒体形式过渡。

【延伸阅读】　　手机网站的媒体形式还有哪些？

主要分为两大类，一类是主打文字的手机报纸、手机小说：

手机报纸是移动运营商主推的业务类型之一，并采取了资费上的优惠，发展较为迅速，普及率高，重要性日益凸显——从传统报纸的补充到与传统报纸“并驾齐驱”。

手机小说与互联网小说联系紧密，且具备较高的应用成熟度，普及率高，仅次于手机报纸业务。手机小说爱好者是一个特殊的人群，对小说有着很强的依附性。手机小说相对于纸面小说，最大的优势是“使用和保存方便”，可以“随时随地打开和关闭”，伴随性特征明显。依托手机小说的模式，其业务提供的内容进一步扩充与深化，手机阅读的整合类平台开始受欢迎并广泛普及。

另一类是主打音视频的手机音频、手机视频、手机电视：

手机音频广播由于定位不够准确，资费上又缺乏优势，受到手机自带FM模块等应用模式的影响，业务发展一直缓慢，普及率低。很多手机用户对手机音频这一业务并不熟悉，深层次的应用更是很少触及。

手机视频受到互联网视频影响发展较快。手机视频用户使用的最大来源是互联网，大多数的互联网视频中提供了手机视频的下载功能。在手机视频用户关注的内容中，电影内容位居第一，其后为综艺节目和体育赛事。

中国的手机电视业务最早于2004年由广东移动发起，经过几年的发展却进展缓慢，即使是在发达城市，普及率也不高。手机电视业务一直受到电视台、运营商和一些SP企业的重视，但资费问题对于大多数人来说还是一个比较大的阻碍。广电DAB信号的开通，对基于移动网络的手机电视影响深远。手机电视的用户中，男性用户比例要明显高于女性用户。新闻节目和体育赛事是受关注度最高的手机电视内容。

三、第五媒体的优势

与报纸、广播、电视、网络四大媒体相比，第五媒体在传播方面有很多优势。

（一）受众资源极其丰富

从媒体理论的角度来看，衡量一个媒体是否具有竞争力的一个重要因素就是现实和潜在受众，而对第五媒体来说，最不用担心的就是用户资源。手机已经不再仅仅是一个简单的通信工具，它的快速发展改变着人们的日常生活方式，成为传播、整合信息的设备，甚至是个人数字娱乐中心。未来移动通信产业发展的主要目标从用户数量的扩张转移到人均利润最大化。虽然在许多成熟的市场当中，手机的拥有量已经达到饱和，但在利用手机进行广泛的信息传播方面，仍处于起步阶段。随着3G技术的完善、用户认知的不断提高和运营模式的逐渐形成，手机可以更快更好地承载目前各种媒体的传播方式和内容，以手机为载体的第五媒体以及相关产业也将随之得到空前发展。

（二）信息传播极其方便

保罗·莱文森早在2004年出版的《手机：挡不住的呼唤》一书中，就对手机的发展做了最乐观的分析。莱文森认为，人类有两种基本的交流方式：说话和走路。可惜，自人类诞生之日起，这两个功能就开始分割，直到手机横空出世，将这两种相对的功能整合起来，集于一身。手机之前的一切媒介，即使是最最神奇的计算机也把说话和走路、生产和消费分割开来。唯独手机能够使人一边走路一边说话，一边走路一边发短信。于是，人就从机器跟前和禁闭的室内解放出来，进入大自然，漫游世界。无线移动的无限双向交流潜力，使手机成为信息传播最方便的媒介。

（三）传播功能极其全面

正如上文提到的，第五媒体已经从早期简单文字短信传播的形式，向内容更丰富、表现力更强的多媒体形式过渡。从最早的短信业务，到后来的彩信业务，再到现在的定位技术等，展示出手机媒体化的良好基础。在这个基础上，文字、图片、音频、视频、网页、电子邮件、实时语音、实时影像等功能均可以实现，而这些传统、新鲜的功能结合在一起，所能带来的不仅是集中发力的冲击，而且更能为不用终端的用户提供不同的内容，满足他们的不同需求，也可通过多种形式形成一定的互补和替代，确保同一类内容在第五媒体中以不同的形式实现最广泛的传播。

【名词解释】 **彩信**

彩信MMS（Multimedia Messaging Service的首字母缩写），意为多媒体信息服务。它最大的特色就是支持多媒体功能，能够传递功能全面的内容和信息，这些信息包括文字、图像、声音、数据等各种多媒体格式的信息。彩信在技术上实际并不是一种短信，而是在GPRS网络的支持下，以WAP无线应用协议为载体传送图片、声音和文字等信息。彩信业务可实现即时的手机端到端、手机终端到互联网或互联网到手机终端的多媒体信息传送。就好像收音机到电视机的发展一样，彩信与原有的普通短信相比，除了基本的文字信息以外，更配有丰富的彩色图片、声音、动画、震动等多媒体的内容。彩信还有一大特色就是与手机摄像头的结合，用户只要拥有带摄像头的彩信手机，就可以随时随地拍照，并把照片保存到手机，或者作为待机图片或动态屏保，或是通过GPRS网络发送出去，与亲人、朋友共同分享。

（四）传播速度极快，范围极广

从传播的角度看，手机短信、彩信的交流手段更加方便、交流速度不断加快，实际上也带来了交流频率的增加和交流内容范围的扩大。手机短信、彩信的这一特点使其在新闻信息的传播方面有着不可比拟的优点。新闻信息一般都短小精悍，更新快，要求传播速度快和范围广，这正是手机短信、彩信的优势所在。这一优势在第五媒体的发展进程中一直保留并被不断强化。

【案例】　　美伊战争与商业网站的手机新闻

美伊战争爆发后的4个小时内，新浪、搜狐、TOM、网易等商业网站的浏览量比平时暴增5~10倍，用户短信订阅量超出平时4倍以上。很多人在第一时间收到了网站发来的新闻短信，感受到了短信业务的方便快捷。也有很多人利用手机的群发功能，将这些信息再转发给更多的人，充当了所谓“N极传播”中的一环。

（五）互动极其广泛、迅速

第五媒体在“交互性”方面也有着传统媒体无法比拟的优势。传统大众传媒的重要特点之一就是传播的单向性很强。这一特点导致受众对媒介信息的反馈大部分是事后的、延时的，缺乏即时性和直接性。尼葛洛庞蒂把网络区分为环状网络和星状网络。电视网是典型的环状网络，当观众收看一个节目时，有许多人也在同时看这个节目。它的作业方式是“一对多”。而电话网则是一种典型的星状网络，它从一个固定的点放射出去，用户手中有多少电话号码，就有多少条路。可以说，这是个“多对多”的作业系统。如果对这种区分再深究的话，可以把星状网络界定为“无中心化机构的网络”。基于手机网络的手机彩信正体现了这一特点，在此传播体系中，传者与受者一律平等，受者也构成这个传播体系中的一环，传者与受者之间没有明确不变的界线。因此，手机报纸不仅给用户发送他所需要的新闻，更可达到跟踪、报料搜集、读者调查、读者评报等多方面的功能，为读者和报社都提供了更多更方便的服务，实现了更广泛、更迅速的互动。

总之，手机是比国内发行量最大的报纸、杂志，客流量最大的车站、地铁等场所的户外媒体更具人缘的媒体，更有可能成为与央视的收视率、门户网站的流量相媲美的超普及媒体。手机作为第五媒体的时代已经来临，但第五媒体要想获得更长足的发展，还需跨过四道“坎”：

1. 内容制作

一个大众传媒，首先要建立健全自己的采编体系、技术设备、运作模式等，通过完整的体系源源不断地向受众传播信息。而第五媒体在内容制作方面有所缺乏，主要是新闻来源依附于传统媒体或者互联网，少有原创内容，新闻信息资源的同质化严重。第五媒体需要提供个性化和独特性的内容，加大投入，加强编辑力量，满足受众的多元化需要。

2. 运作模式

第五媒体的成功运作涉及各方利益，其中包括网络运营商、内容提供商（CP）、终端设备制造商，只有协调不同的利益关系，形成健康、高效的产业链，探索新的赢利模式，才能促进整个行业的良性发展。手机电视的商业模式标准未统一，对于第五媒体的行政监管问题，到底是信息产业部还是广电总局，应有一个可操作的明确区分。

3. 技术“瓶颈”

随着3G时代的到来，第五媒体的网络化、宽带化，使第三代手机成为交互式大众媒体，但仍要克服一些技术困难。在3G时代到来之前，中国联通所推出的多种CDMA应用中，包括手机电视、可视电话、视频点播等手机媒体业务已经属于准3G的标准。但是传输速率低、终端屏幕小、待机时间短是第五媒体面临的棘手问题。

4. 资费困惑

手机用户一般采取用户包月订购或者按流量计算等方式付费。目前的收费标准相对于普通报纸并不便宜。手机电视业务通常根据流量来计算，从流量费来看，手机看电视的代价也不菲。另外支持手机电视服务的终端手机数量也不多，一般价位都在3 000~5 000元，高昂的手机价格是另一道门槛。

毋庸置疑，手机成为继报纸、广播、电视、网络后的全球“第五媒体”已是大势所趋。当技术不是问题时，只要建立起一套合适的赢利模式和运营方式，完善产业链结构，第五媒体必将掀起一场媒体革命，开启一个新的媒体时代。

四、第五媒体的未来发展趋势

尽管第五媒体还有诸多“坎”要跨越，可其未来的发展方向却很明晰。电信技术的不断发展成熟，使得移动宽带化和宽带移动化的趋势越来越明显，第五媒体也呈现出以下四方面的发展趋势：

（一）把握用户需求是第五媒体发展的关键

第五媒体的最大优势来自于其互动性和内容的个性化。随着第五媒体对个性化需求的响应，内容消费市场的重心也会越来越多地向“长尾”化偏移。第五媒体只有精准地把握用户需求，才能实现大发展、大繁荣。

（二）第五媒体成为新闻信息的重要载体

越来越多的手机用户养成了通过手机阅读时政、财经、体育等新闻信息的习惯，第五媒体正在成为新闻信息的重要载体之一。传统新闻媒体企业也已经或正在向新媒体战略转型。

（三）第五媒体能实现媒体与用户间的充分融合

当第五媒体迅速普及之后，手机用户将会扮演双重角色，既是内容的消费者，也是内容的生产者。作为内容生产者，用户可以随时随地拍摄照片、录制声音、输入文字；作为内容消费者，用户也可以随时随地下载视频、播放音乐、访问各种各样的移动互联网站。这是第五媒体发展的技术优势所在，也是业务的发展趋势。

（四）第五媒体将成为用户间的信息分享平台

用户对分享交流的渴求，在互联网环境中早已有所显现，博客、即时通信工具等互联网业务都将在第五媒体平台上得到充分展示。手机平台将成为移动的互联网平台、用户间分享信息的乐园。

此外，第五媒体的快速发展，必然加大对社会的影响力，建议相关管理机构关注第五媒体的发展，并建立和完善相应的管理机制。建议第五媒体相关的服务提供者与基础服务运营者，在紧抓业务发展的同时，关注信息的良性传播，为建立完善的信息社会尽己之力。

第三节 新媒体的典型代表——微博

互联网这一新兴媒体正在颠覆传统媒体的精英文化，普通草根的参与要求越来越高，个性要求越来越强烈，微博的出现顺应了这一趋势。随着生活节奏的不断加快，微博的出现与兴盛使得网民的个性展示得到充分张扬，并带来深入的传播革命及社会影响。政府对微博的重视引发政务微博热，网上问政渐成风潮。

一、什么是微博

说起微博，先得从博客说起，博客源于英文 Blog，即“网络日志”。微博则是一种非正式的迷你型博客，是基于用户关系的信息分享、传播及获取平台，用户可以通过互联网、手机等各种客户端组建个人社区，以不超过 140 字的文字更新信息，并实现即时分享。

【延伸阅读】　　世界上最早的微博——推特（Twitter）

最早也是最著名的微博是美国的 Twitter。2006 年，博客技术先驱埃文·威廉姆斯创建的新兴公司 Obvious 推出了 Twitter 服务。在最初阶段，这项服务只是用于向好友的手机发送文本信息。2006 年年底，Obvious 对服务进行了升级，用户无须输入自己的手机号码，而可以通过即时通信服务和个性化 Twitter 网站接收和发送信息。2009 年 7 月 29 日，微博的鼻祖 Twitter 把首页的那句经典的“你在做什么?”（What are you doing?）的问句换成了一个祈使句："分享和发现世界各处正在发生的事。"（Share and discover what's happening right now, anywhere in the world.）

2012年7月31日凌晨，巴黎分析公司Semiocast发布报告称，Twitter注册用户量已经超过5亿，这对Twitter来说是另一个里程碑。报告显示，截至2012年7月1日，Twitter注册用户量为5.17亿，约相当于Facebook用户总数的一半，是用户人数第二多的社交网站，其中1.418亿是美国用户。Twitter大多数用户都来自于美国以外的市场，Twitter消息也是如此。

中国最早的微博——饭否

饭否是中国内地第一个提供微博服务的类Twitter网站，用户可以通过网页、WAP页面、手机短信/彩信、即时通信软件（包括QQ、MSN、Google Talk）和上百种API应用在自己的饭否页面上发布消息（限定140字以内）或上传图片。用户通过互相关注、私信、或@对话等方式互动。网站由校内（人人）网的创始人王兴于2007年5月建立。饭否2009年上半年用户人数一度激增至百万。但从当年7月8日凌晨起，饭否首页突然无法登录，并于当天下午公告"服务器被关闭"。在关闭505天之后，饭否于2010年11月25日晚9时30分左右逐步恢复访问。

微博简单易用，内容只是由简单的只言片语组成，对用户的技术要求门槛很低，语言的编排组织要求也没有博客那么高。微博开通的多种API使得大量的用户可以通过手机、即时通信软件、网络等多种方式来即时更新自己的个人信息。

【名词解释】　　API

API全称为Application Programming Interface，又称应用程序编程接口，是一些预先定义的函数，目的是为应用程序与开发人员提供基于某软件或硬件的以访问一组例程的能力，而又无须访问源码或理解内部工作机制的细节。

站点在推出基于开放API标准的产品和服务后，无须花费力气做大量的市场推广，只要提供的服务或应用出色易用，其他站点就会主动将开放API提供的服务整合到自己的应用之中。同时，这种整合API带来的服务应用也会激发更多富有创意的应用产生。

2008年以来，微博在我国进入快速发展阶段，出现了众多微博网站。2009年，新浪公司凭借其多年积累下来的门户网站管理经验，打造出中国当下最成功的微博品牌——新浪微博。随后，搜狐、腾讯、网易等多家知名网站也相继推出了自己的微博品牌。与此同时，越来越多的政府部门、新闻媒体、大型企业、知名人士入驻微博、利用微博，微博在我国进入了跨越式发展的新阶段。2013年1月15日，中国互联网络信息中心（CNNIC）在京发布的第31次《中国互联网络发展状况统计报告》显示，截至2012年12月底，我国微博用户规模为3.09亿，其中手机微博用户规模2.02亿。

【延伸阅读】 **国内常见的微博品牌**

网站名称	网站简介
新浪微博	新浪微博是新浪网2009年8月推出的提供微博服务的类Twitter网站，新浪网也成为门户网站中第一家提供微博服务的网站。用户可以通过网页、WAP页面、手机短信/彩信发布消息或上传图片
搜狐微博	搜狐微博没有设置字数限制，只是强调“一句话微博”。搜狐微博的另一个特点是与博客、视频、相册、圈子等整合，用户在微博页面可以直达这些产品。此外，搜狐微博强调“围观”的概念，即用户在微博的点击操作次数
腾讯微博	作为增加QQ用户黏性的一个产品，将其功能整合到QQ空间等产品中
网易微博	界面简洁干净是网易微博的一大特点，其优势是有超过3亿的邮箱用户和1亿左右的博客用户，网易希望借此打造一个更开放的微博平台。网易的微博字数最大限度地为163个，网易方面表示，这是为了突出“网易163”的品牌特点
百度	推出的i贴吧也整合了微博因素
饭否	通过饭否排行榜、饭否搜索、手机拍照客户端“拍拍”等产品的翻新花样留住用户
沪江网	是一个基于沪江外语学习平台的微博，界面简单清晰，是诸多沪友交流随想的平台
雷猴网	这里的特色是推荐用户里基本没有娱乐明星。有不少热衷发表对社会看法的80后、90后在这里聚集

【延伸阅读】　　新浪微博 PK 腾讯微博，谁是真正的王者？

中国最有影响力、实力最强的微博，当属新浪微博和腾讯微博。中国微博的竞争，很大程度上就是这两大微博的大战。

新浪微博的优势在于其先发优势、新浪门户影响力和名人效应，其用户数量多、白领多、用户分量重、活跃度高、常爆料出有分量的新闻事件，因而影响力大。

腾讯微博的优势在于其庞大的、广覆盖的 QQ 用户数量，再加之仅次于新浪的名人效应，其用户量更多、用户更年轻，但由于其微博用户分量没有新浪高、推出微博比新浪晚、门户影响力比新浪低（如新浪新闻、新浪财经比腾讯新闻、腾讯财经影响力大）、用户活跃度比新浪低、微博新闻事件爆料比新浪低，所以尽管用户数量比新浪微博多，但微博影响力仍不如新浪微博。

新浪微博如果要胜出腾讯微博，那新浪微博就需要增加用户数量尤其是活跃用户数量，进一步提高微博活跃度，进一步创造出微博的新闻事件影响力。例如，现在手机上网用户已经超过计算机上网用户，微博越来越手机化，这就方便新浪微博向三、四线城市人口，年轻人口和底层民众发展；通过让用户获得更好的微博体验，展示出更多有价值、有意思的微博，放开胆量让微博说话爆料新闻等，以此增加活跃用户数量、提高用户活跃度和增加新浪微博影响力。

腾讯微博如果要胜出新浪微博，就要进一步增加活跃用户数量、提高用户活跃度、提高用户分量、在新闻事件爆料方面更给力。例如，利用手机 QQ 和微信增加其手机微博竞争力；邀请和吸引更多有影响力、有分量的人士加入，吸引更多白领用户使用腾讯微博；让用户获得更佳用户体验，向用户展示更多有价值、有意思的微博，以宽松氛围鼓励用户爆料出更多更有分量的新闻事件，以此增加腾讯微博活跃度、公信力和影响力。

二、微博带来的传播革命

微博具有匿名性、便捷性、即时性、易转发和低成本等“开放性”的传播特点。微博可实现与发生的事件同步“直播”。在微博平台上，转发非常容易，其信息传播功能具有无限延伸的可能性。微博实现了或正在实现传播技术和传播方式的巨大革新。

（一）微博深层次改变传播格局

微博通过“关注”与“被关注”，将前媒体时代熟人之间人际传播的“可信任”与传统媒体时代大众传播的“覆盖面广”“速度快”等优点融于一身。“一个吸引人的信息内容一旦在微博上发布出来，首先看到信息的粉丝就成了这种‘病毒传播’的第一级传播通道，按照一个人平均有100名粉丝计算，被自己的第一级粉丝中的10%也就是10个人转发后，就会增加1 000个人读到该信息。如果这1 000个人中再有100个人转发，那要不了几层，信息被阅读次数就会轻松达到数万、数十万甚至数百万”，创新工场董事长兼首席执行官李开复这样评价道。他将微博传播新模式称为“基于信任的病毒传播”：“病毒传播源于病毒式营销，通常指在互联网上，利用普通网民之间口口相传、相互转发的口碑式传播渠道，快速而有效地把要推广的信息、品牌或产品发布到千百万普通网民，其传播效应就像病毒感染一样，一旦成功发起就私下蔓延，快速复制，在极短时间内获得最大的传播效果。”①

作为一种全新的新媒体传播方式，微博正在改变报纸、广播、电视等传统媒体的传媒生态，并将BBS、博客等新媒体迅速地推入“传统媒体”之列。传统媒体在微博出现后，也采取一系列动作应对挑战，在新闻采集、新闻产品制作、新闻发布、新闻营销等各个方面进行全面创新。不仅如此，微博的出现还进一步影响了传统媒体的传播观念、报道方式、运作理念和营销模式。微博对网络信息传播及整个传媒格局的影响日益加深，传统媒体必须主动出击，与微博展开竞争与合作，将微博作为传统媒体传播和营销的新平台。传统媒体的微博营销，可以不以赢利为目的，而是以媒体形象的塑造、维护为主，并以此间接地带动收视率、发行量和广告量的增加。

（二）微博开创社会交往新模式

中国人民大学新闻学院教授喻国明认为：“微博产品不是简单地嵌套进互联网世界里，而是携带着生命基因植入这一土壤肥厚的平台中”。他认为，微博传播模式的本质特征是“植入式嵌套”，无论是微博产品功能

---

① 张曼缔．多重视角下的微博功能研究．传媒，2012（5）．

开发、微博信息传播方式，还是微博对于人类社会网络的重构等方面，都体现了“植入式嵌套”的规则。在产品功能开发上，微博以开放API的形式允许第三方开发者在微博产品上“嵌套”功能软件；微博信息传播链条中，每一个用户都是网络的一个节点，“嵌套”了所“关注”的其他节点的所有信息；每个用户在“关注”他人或被他人“关注”时，会嵌套到另外一个用户的圈子里，人际关系网络得以不断扩展。如此一来，微博影响力的本质是对信息资源的凝聚力和整合力。作为开放平台，微博的功能具有无限延展的可能性，从技术层面上更趋近人类信息传播沟通的Anyone、Anytime、Anywhere、Anyway的“4A”理想情境。① 由此可见，微博对世界的改变不仅表现在传播技术上，而且深入到信息传播链条和社会交往的层面。与Facebook、人人网、即时通信工具QQ等其他网络交流方式相比较，微博的人际互动和交流功能更全面，构建了一个全新的社交网络，开创了一种社会交往新模式。

（三）微博提高公众政治参与度

微博的传播特性决定了其虚拟公共领域的特性。哈贝马斯认为，公共领域这种理性论辩空间源于17世纪末英国咖啡屋、法国文艺沙龙与德国学者的圆桌社团。公众、公共空间、公共舆论是公共领域必备的三个要素，即具有独立人格、能够在理性基础上就普遍利益问题展开辩论的公众，自由交流、充分沟通的媒介，就普遍利益问题自由辩论、充分交流、理性批判的公共舆论。哈贝马斯强调了公共领域是公共意见能够形成的一个生活领域，而且公共领域向所有公民开放。公共领域注重对话的机制，公众在非强制的情况下，可以就普遍利益问题加以讨论。在讨论过程中，公众可以自由地集合和组合，可以自由地表达和公开他们的意见。这就离不开报纸、广播、电视、互联网等媒介。正如暨南大学新闻与传播学院教授董天策在2011年7月举办的“传媒领袖讲习班”上所言，公共领域最终是通过新闻媒体提供的公共舆论来发挥作用的，所以公共舆论是公共领域的核心，媒体理应是一个公共领域。微博作为重要的信息发布平台，为受众营造了一个自由表达意见和参与讨论的空间，构建了一种全新的虚拟公共领域。

---

① 张曼缔. 多重视角下的微博功能研究. 传媒，2012（5）.

借助新的传播技术和传播载体，公民对公共事件的关注和自身的权利意识得以加强，公民参与社会公共事务和民主管理的积极性空前高涨。微博的发展与普及，让许多公民不仅比以往更加关注自身的权利保障和生存境遇，而且也更加关心身边的或远在天边的人的苦与乐、好与坏。一个有利于创建公民社会的时代似乎正在来临。这也使微博研究从传播技术、传播观念、传播模式等传播学领域逐渐扩展至政治学、社会学的层面。微博“围观”正在改变中国社会的各个方面，微博不仅在传媒领域实现了革命性的改变，而且在社会生活尤其是公共事件中掀起了一场“微革命”。微博在公共事件中的影响力不断扩大，发生了很多影响深远的“微博公共事件”，如“宜黄拆迁”事件中的微博直播、“我爸是李刚”事件中的滚动播报、“上海献花”事件中的集体呼应、“7·23 动车追尾”事件及“郭美美与红十字会”事件等，说明微博对公共领域正在产生重要影响，也反映出公民的政治意识和民主意识在逐渐增强。

总之，从传播学视角来看，微博的传播模式降低了普通公众的进入门槛，只要有一台可以上网的手机或计算机，谁都可以成为微博信息的发布者。微博的自媒体特征是一种“所有人面向所有人”的传播，这也意味着每个人都有可能成为影响信息传播和流动的关键节点。微博带来的传播观念和传播模式的变化，正在改变着包括传统媒体在内的整个传媒生态。从社会学角度来看，微博开创了社会交往新模式。微博中的人际交往与微博社区归属感，名人微博与粉丝效应，使微博正深入到人们生产、生活的每一个角落，对人们的生活方式和精神文化产生影响。从政治学角度来看，微博在公共事件中的公众参与、情感动员作用与政治效能，促进了政务公开，对公共领域和公民社会的建构也发挥着积极作用。可见，微博的发展带给人类社会的推动将是革命性的，它给当今世界带来的改变将大于此前所有的信息技术产品和服务。

三、政务微博群的兴盛与规范

随着微博对中国社会的影响力日益增强，微博舆论也逐渐引起各级政府部门的重视，大量的政府机构、党政干部纷纷入驻微博，将政务微博看成是上情下达、民意上达、政府与民众之间互通有无的重要平台。过去的地方政府那种“进门难，办事难”的官僚陋习，在政务微博的影响下已经有了极大的改变，“亲民、高效”成为政务微博如今深受人们青睐的重要原因，“@一下”更是成为政府革新行政方式的新手段。

政务微博是指政府部门推出的官方微博账户，由政府机构自主运营，以政府机关立场向民众发布信息，拓展了政府信息发布平台，提供了政府与民众互动的场地。在我国，政务微博呈现蓬勃发展态势，很多党政机构开设了官方微博账户，不少政协委员、人大代表开通微博账户与网民互动交流。

【延伸阅读】 **中国首份《政务微博报告》**

2011 年12 月12 日，人民网舆情监测室联合新浪微博发布《2011 年政务微博报告》（以下简称《报告》），这是我国首次就政府机构及政务人员微博运营情况发布年度报告。

2011 年是政务微博发展全面推进的一年。截至 2011 年 10 月底，通过新浪微博认证的各领域政府机构及党政干部微博总数已近 2 万，是一年前的近 3 倍。其中：政府机构微博超过 1 万家，党政干部微博近 9 000 个；省部级以上政府机构微博 35 个，省部级以上党政干部微博 14 个；厅局级以上政府机构微博 429 个，厅局级以上党政干部微博 268 个。目前，政务微博已全面覆盖全国 34 个省级行政区，全国已经没有政务微博为零的省份。据统计，一年间政务微博数量增长最快的是北京、广东、江苏、浙江、福建、四川，增长数量均超过 1 000 个。《报告》公布了 2011 年全国排名前十位的党政机构微博（见表 2.1）和公务人员微博（见表 2.2）。该排名是人民网舆情监测室通过分析近 2 万个党政机构和公务人员微博数据，根据微博数、粉丝数、微博活跃度、微博传播力、微博引导力指标最终统计出的结果。

表 2.1　　2011 年十大党政机构微博

排名	昵称	认证信息	省份	微博数	粉丝数	活跃度	传播力	引导力	总分
1	平安北京	北京市公安局官方微博	北京	6 120	1 941 777	94.88	96.96	83.43	94.44
2	中国国际救援队	中国国际救援队官方微博	北京	3 340	1 256 710	91.69	96.06	88.04	94.37
3	外交小灵通	外交小灵通	北京	2 240	851 023	90.39	93.35	81.80	91.78

续表

排名	昵称	认证信息	省份	微博数	粉丝数	活跃度	传播力	引导力	总分
4	上海地铁shmetro	上海申通地铁集团运营管理部官方微博	上海	14 046	1 122 323	91.35	92.69	80.79	91.51
5	成都发布	成都市人民政府新闻办公室	四川	3 862	1 925 559	89.11	93.75	79.27	91.18
6	广州公安	广州市公安局官方微博	广东	4 617	1 015 201	91.97	92.08	77.95	90.81
7	打“四黑”除“四害”	公安部“打‘四黑’除‘四害’”专项行动办公室	北京	526	334 153	83.42	90.16	85.93	89.93
8	深圳公安	深圳市公安局官方微博	广东	3 714	772 624	91.73	90.46	76.18	89.77
9	南京发布	南京市委宣传部新闻发布官方微博	江苏	4 638	471 891	92.53	88.30	76.83	89.19
10	中国旅游	国家旅游局官方微博	北京	3 003	706 087	89.02	90.14	74.52	88.76

表 2.2　2011 年十大公务人员微博

排名	昵称	认证信息	省份	微博数	粉丝数	活跃度	传播力	引导力	总分
1	伍皓红河微语	云南红河州州委常委、宣传部长伍皓	云南	6 954	1 267 304	91.23	93.32	82.60	92.09
2	朱永新	全国人大常委、民进中央副主席、中国教育学会副会长	北京	2 647	1 152 270	85.65	94.56	80.97	91.15
3	陈士渠	公安部打拐办主任陈士渠	江西	1 977	972 357	80.36	94.08	85.44	90.79
4	段郎说事	九江市公安局民警段兴焱	北京	5 694	110 174	86.72	90.71	85.36	90.70
5	孙云晓	中国青少年研究中心副主任、研究员孙云晓	辽宁	8 592	1 383 696	84.61	93.13	81.81	90.54

续表

排名	昵称	认证信息	省份	微博数	粉丝数	活跃度	传播力	引导力	总分
6	鞍钢郭明义	全国优秀共产党员、五一奖章获得者、感动中国人物、“雷锋传人”	北京	3 331	3 767 326	81.81	95.96	78.66	90.48
7	叶青	全国人大代表、湖北省统计局副局长	浙江	5 031	126 403	91.41	87.94	81.25	89.71
8	中一在线	海宁市司法局长金中一	湖北	8 389	731 061	89.89	90.48	77.61	89.69
9	陈明德	全国政协常委、民建中央原副主席陈明德	北京	1 100	1 190 647	78.91	94.18	80.89	89.63
10	巴松狼王	北京市环保局副局长杜少中	北京	767	88 507	79.01	89.20	86.42	88.77

（一）政务微博发挥的作用

作为政府机构的重要宣传工具，政务微博增加了公务信息传播渠道，为政府与群众提供更有效的沟通互动平台，缩短了政府与民众的距离。在体察民意、应对公共事件、推进政治革新、消除信任危机、联手打击犯罪等领域也发挥了不可估量的作用。

1. 政务微博成为政府信息发布的新选择

微博具有发布及时、语言简练、交流便捷等特点，政府部门通过微博发布重要的资讯，及时答疑、倾听民声、搜集民意，与民众实时实地进行互动，提升政府的勤政、亲民形象，体现政府各部门的服务定位。不仅如此，当遇到突发事件时，政府部门还可以通过微博进行舆论引导和澄清流言，维护国家利益和社会稳定。

2. 政务微博成为政府进行政务信息公开与行政服务的新手段

伴随着科学技术的发展，政府部门已经开始通过微博整合电子政务资源，加强和规范行政服务。截至 2012 年 11 月 11 日，在腾讯微博认证的党政机构及公务人员微博已达到 70 084 个，政务微博听众总数近两亿。全国已经没有政务微博为零的省级行政区域。2011 年，通常被看作“政务微博元年”。盘点政务微博的分布可以发现：以地域论，经济发达地区居多；以部门论，政法机关为首；以级别论，县级机关最广。经济越发达，社会矛盾越凸显；维稳越艰巨，政法机关责任越重大；越到基层，公众诉求越直接。“政务 + 微博”，政治学与科学结合产生了化学反应，以最先进的信息技术倒逼社会管理创新。

3. 政务微博成为进行各类宣传的新阵地

宣传有很多种，在我国，政务微博的宣传功能大体分为两类。首先是对于社会主义核心价值体系的宣传，以被称为“当代活雷锋”的郭明义的新浪微博为例，半年时间郭明义微博“粉丝”数量已经进入新浪认证微博前 100 名。他的微博以日常生活和工作为主，并始终贯穿着一个主题思想：奉献社会、关爱他人，这无疑说明了微博特别是政务微博和名人微博已经成为了传播主流价值的热门渠道，成为了传播真善美的重要平台。政务微博的第二个宣传功能是对于地方形象的宣传，由于拉动地方经济是当地政府的头等大事，因此，通过微博来展现当地的优势，促进地方经济建设与社会发展，成为政务微博的又一个重要任务。目前政务微博宣传的方式包括文字、图片和视频，而内容也涵盖了旅游、招商引资、吸引人才等诸多方面。

4. 政务微博成为群众监督的新平台

开放性和互动性是微博的一个重要特点，这就意味着一方面政府机关要将更多的政务公开化、透明化，同时接受更多的民众的监督。这无疑对于目前正在进行的政府政务信息公开和行政服务的改革起到了极大的推动作用。另一方面，政务微博更为社会和民众对政府的公共监督提供了新途径。从以前的“一无所知”到现在只需上网就能将当前政府的各项工作一览无余，政务微博目前已经成为人们心中最为便捷的“问政”工具。如今伴随着政务微博的蓬勃兴起，政府的“微博行政”和民众的“微博问政”已成为时下最为流行的话题，而政务微博也必将促进社会的民主开放和自由平等。

（二）我国政务微博发展中存在的不足

开设政务微博的目的是要实现“以应用为灵魂，以便民为目的”。虽然我国政务微博短时间内在数量上呈现出井喷式的发展，但是政务微博的问政“效率”却不尽如人意，主要存在以下三方面的不足：

1. 定位不准，缺乏特色

政务微博不同于其他的个人微博，有相当一部分政府机构对本单位的定位不准，对个性化与官方性、权威性难以平衡，并没有制定专门的政务微博日常管理规章制度，其直接表现就是信息发布不及时、无规律。例如，有的政务微博开通以后常常几个月都没有新的发言和消息，有的则是政务信息与广告混搭，将政务微博做成了商业广告微博。目前我国政务微博绝大多数实际都办成了政府网站的缩减版，只是将政务微博看成了普通的政府网页，将原本政府网站上的信息不加处理就直接发布。这说明我国的政府机关依然没有认识到政务微博的即时性、交互性的本质特点。

2. 大都缺乏与民众的有效互动

这一方面是由于某些政府机关本身长久以来的官僚思想作怪，另一方面也是由于它们对微博缺乏了解引起的。这种不足的最显著表现就是自说自话，当作例行公事一般每天发布几条信息，而对民众留下的评论和意见不闻不问，这样势必会影响民众网络问政的积极性。

3. 管理机制尚不完善

当前许多政务微博不仅对于突发事件应对能力不足，而且对于日常信息的发布管理工作往往也不能做到位。首先是对于突发事件应对的能力不足，尤其是对自然灾害、犯罪、谣言、群体等突发事件，为了维护社会稳定，做好后续工作，政府需要立刻通过快捷便利的信息渠道来发布信息，满足民众在特殊时期的信息需求，安抚民众，稳定社会环境，从而推动事件处理向可控的方向发展，而微博的快速传播特性恰好能满足这一要求。然而，由于经验不足、考虑不充分、机制不健全等原因，本应第一时间迅速发布的信息，还要囿于层层审批的陈规，显示出政务微博对突发事件应对能力的不足。其次是对于微博的日常使用，虽然大多数政府机构都建立了一整套规章和制度来管理，但是微博中信息失真、评论回复中出现官僚用语的情况却经常出现，尤其是信息失真，不仅不能起到政务公开的效果，还会增加民众对于政府机构的不信任感。

（三）提升政务微博问政效率的措施

政务微博的蓬勃发展正急剧改变着全球的政治生态，而政治秩序的改变，既有可能推动政治发展，也会带来巨大的政治风险。因此，有效提升政务微博的问政效率应引起各级政府的高度关注。

1. 要明确政务微博的定位，建立健全相关制度

政务微博是各级地方党政机关在微博信息平台上，以其官方身份开通的微博，是它们在网络上的窗口，应该具有三方面的基本功能。首先是作为发布信息的平台，及时发布与其部门职能有关的政务信息，积极发布各类服务信息，从而为当地经济发展和社会生活服务。二是作为沟通互动的平台，以做到及时查看和回复民众的评论，了解民众诉求，做“网络问政”的积极推动者和执行者，树立为民政府的良好形象。最后是作为征集民意的平台，经常就推动科学发展、加强社会管理等向网民征询意见，尤其是出台涉及社会公众的政策措施时要通过微博征询意见，促进科学决策。

（1）发布信息。发布信息、更新内容是运作政务微博的核心任务，因此，政务微博要着力发布五方面的内容。一是涉及本区域、本单位的各类政务信息，来源可以是自行采编，也可以转载新闻媒体的报道。二是宣传教育的信息，紧紧围绕本区域、本单位的中心工作和业务职能，发布有利于工作进行的宣传信息。三是各类服务信息，包括经济服务信息、社会生活服务信息等，这样不仅服务社会民生，还能加强与民众的联系。四是引导舆论的权威性信息，对于涉及本区域、本单位的突发事件、不实谣传，及时发布官方的权威信息，澄清事实，引导舆论。五是其他非涉密的可以向社会公众公开的信息。一般政务微博每天至少要发布一条信息，博文内容上要做到五点：图文并茂、庄重严谨、堵疏协调、真诚谦卑、真实高效。在符合官方身份的前提下，使用亲民话语，注重平等沟通，将信息发布出去。

（2）回复评论。回复评论是增加微博活力、保持粉丝忠诚度的关键。对于民众发表的一般性回复，应及时给予礼貌性回复；对于民众发表的建设性意见和建议，可给予鼓励，进行探讨交流；对于民众的疑虑，应及时给予答复和解疑；对于民众发表的恶意言论，可以不予理睬。在回复评论时，要真诚平等，与网民平等交流，虚心倾听民声，不发表与官方身份不符的言论；要提高时效性，回复网民的评论不超过工作日内的4个小时。

（3）征集民意。充分利用微博信息平台，以民众喜闻乐见的机会和形式，围绕本区域、本单位的中心工作向网民征询意见，掌握民情民意，促进科学执政。各单位出台涉及社会公众的政策措施时，在通过新闻媒体征集意见的同时，要在政务微博同步征集意见，使政府工作更加服务民众，提高施政水平。

（4）解决问题。分析民众诉求，应及时主动回应诉求，努力解决问题。各单位要认真查看网民的回复和私信，分析民众的诉求。对于一些民众集中反映强烈的问题，努力在实际工作中加以解决，然后再到政务微博中发布，不断提高社会公众对部门的满意度。

2. 组建多层次的政务微博梯队和组合，明确划分职责范围，构建政务公共关系微博群

要完善信息搜集机制，确保政务微博的运作团队可以搜集到各方面的信息，汇总后再发布。要建立信息审核机制，对微博内容实行“分类管理、分级审核”，在确保微博内容真实与权威的前提下，努力提高信息发布的时效性。各单位可成立专门团队运作政务微博，由相关领导牵头负责，选调政治素质好、熟悉相关业务的人员负责日常操作。同时要配备相关的硬件设备，如手机、照相机、计算机、无线网卡等，实现移动办公，提高工作效率。

3. 加强系统培训，提升广大党员干部和公务人员的新媒体技巧和媒介素养

新闻宣传部门要组织开展学习培训，普及微博知识，传授交流与传播的技巧；不定期地组织开展交流研讨，分析存在的问题，提出改进的方法。负责运作政务微博的团队要善于学习借鉴，不断总结提升，提高本单位微博的影响力和粉丝量。

4. 强化认证机制，统一政府微博标识

为大力宣传政务微博的影响力，政府部门可建立官方认证机制，对已上线的政务微博可发放统一的由政府认证的微博标识。

微博作为一种新兴的传播方式，具有经费投入少、传播速度快、接收方便灵活的优点，在各类重要工作和活动中采取传统媒体与政务微博同步推广、双向互动，大胆尝试微访谈、微直播重要会议、重大活动，利用好投票、微群等产品，从而达到最佳传播效果，不断扩大政务微博的影响力。

【思考题】

1. 新技术推动的五次传播革命对人类社会产生了哪些影响？
2. 与报纸、广播、电视、网络四大媒体相比，手机媒体有哪些优势？
3. 提升政务微博问政效率的措施有哪些？

第三章
政务微博如何助力社会管理

【内容摘要】2009 年微博在中国兴起，2010 年被称为微博元年，2011 年政务微博之船正式起航。微博为公众搭建了一个公共平等的发言平台，公众对于热点事件的参与又使得微博成为了一个强有力的民间舆论场。在新媒体发展势头迅猛的今天，尤其是微博的诞生更加促进了新媒体的发展。政府机构积极迎合了当下媒体传播的新渠道——微博，开设微博发声来为民众提供便捷的服务，进行舆论引导，树立政府民主新形象，以及维护社会的和谐稳定。

【关键词】政务微博　内容建设　问题及对策

第一节　政务微博的内容

政府通过微博等新媒体平台为公众提供服务，既保证了信息发布的即时性和有效性，也扩大了服务范围和对象。互联网时代，沉默不再是金。“微博问政”无疑是一种民众参政议政的新方式。从 2010 年政务微博的牛刀小试，再到如今的遍地开花，其迅猛发展值得肯定。不过，政务微博在接受鲜花和掌声的同时，更应贴近民生需求、回应百姓关注，不能仅织出“一片浮云”，这就需要在内容方面多下工夫。

一、社会信息服务类内容

现今很多微博都靠热点事件所引发的舆论热议一夜成名，能够在很短的时间内获得较高的知名度，引起受众的普遍关注，但想要将这种关注热度长期持续下去就需要良好的微博经营力，长期持续地发布社会信息服务类并具有公共价值的内容是其中的方法之一。

例如，“平安北京”日常发布的微博中大多数都是社会信息服务类的内容，它们或以话题的形式出现，或以专栏的形式出现。这些社会信息服务类内容最大的特点就是能够对受众的日常生活产生实际作用和效果。例如，在2013年1月18日，临近中小学生放寒假，“平安北京”发布了以“中小学生寒假安全”为主要内容的系列微广播，如图3.1所示。

#平安北京微广播#【中小学生寒假安全】学会使用并牢记报警电话110、119、122。如果在路上被人要钱抢物、被坏人尾随、独自在家有人闯入、外出游玩迷路以及其他急、难、险、重的情况,都可以拨打110报警,但切忌随意拨打。求助时,一定要说清发生了什么事情,包括时间、地点及自己的姓名、所在地等重要信息。

今天 12:42 来自 360安全浏览器　　转发 (23) | 收藏 | 评论 (1)

#平安北京微广播#【中小学生寒假安全】过马路要注意先看左再看右，确认安全再通过。在通过拥堵或排队等候的车队时，要重点观察一下畅通方向行驶过来的车辆，确认安全后，立即通过，有时候，前后犹豫、躲闪，也容易发生交通事故。过马路时不要中途倒退或折返，一定要走人行横道、过街天桥或地下通道。

今天 12:47 来自 360安全浏览器　　转发 (26) | 收藏 | 评论 (5)

#平安北京微广播#【中小学生寒假安全】儿童乘车时，不要将头、手臂伸出车窗外，也不要探出天窗。曾发生过小轿车引擎熄火，天窗突然自动关闭，给孩子带来了不必要伤害的案例。乘坐小汽车时，应从右侧的车门上下车，避免左侧来车造成交通事故。上、下车前要注意观察车外情况，避开自行车和行人。

今天 12:57 来自 360安全浏览器　　转发 (34) | 收藏 | 评论 (4)

图3.1　“中小学生寒假安全”系列微广播

这一系列内容所着重的点都十分小，如坐车、过马路、关门等，却都与中小学生生活息息相关。这些内容虽然不像新闻类信息具有很强的时效性和新鲜刺激感，能够在很短的时间内引起受众的注意，但对于受众来说在日常生活中都是非常有用的。持续每天发布或定时定点发布这类与民生息息相关和有公共价值的信息，就会吸引受众长期关注微博，有利于增强受众对政府机构的好感，促进培养微博的忠实粉丝群体，在政府和普通受众之间形成良好的、长期的信任与关注的关系，同时实现了政务微博织博为民、为社会服务的基础功能。

二、政府形象建设的内容

政府形象通常是公众在了解和经验积累的基础上，对政府在日常运作中的工作表现和政府工作人员的行为表现的总体印象和评价，它涉及公众对于政府的方针政策、工作作风、执政理念等多个方面的评价。政府的形象对政府的影响力起着重要的作用，所以对于政府来说，微博已成为当下最有效的、方便的，能够提升形象、进行自我宣传的工具。

例如，“平安北京”在2012年10月5日发布了关于高峰时段区域限行交通管理措施的内容，当日转发量达三百余条。“平安北京”所发布的政府政策大多数都是交通管理措施类的内容，符合其公安部门的特点，同时政策指令通过微博也能在很短的时间内传播给微博用户，用户及时方便地接收到相关信息避免了违规，实现了双赢。

在2012年微博领域涉及的社会动员事件中，各类“微公益”活动成为年度亮点，利用微博平台发起的公益活动效果显著，充满人文关怀，在推动我国公益事业多样化发展的同时，促进了全民参与。2012年10月12日到21日，团中央青年志愿者工作部联合全国志公系统在新浪微博发起了“走进七彩小屋，体验七彩课堂”志愿体验日微活动，如图3.2所示。这个活动主要是了解农民工子女上学问题。在活动日阶段，各省级青年志愿者协会官方微博等在微博上进行微直播活动，使得网友对关爱行动的服务内容有所了解，并发起有奖转发及志愿者征集等活动，扩大了此次公益活动的影响力。

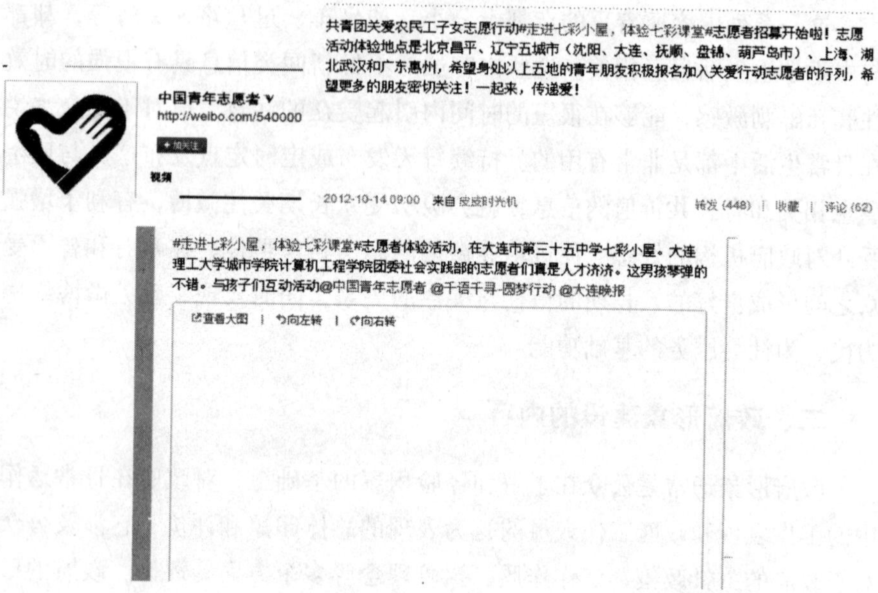

图 3.2　“走进七彩小屋，体验七彩课堂”志愿体验日微活动

类似地，武汉市民政局官方微博“武汉民政”利用微博来替一群长期滞留在救助站的流浪儿童“寻家”，呼吁网友们转发，帮助他们尽早回家，如图 3.3 所示。

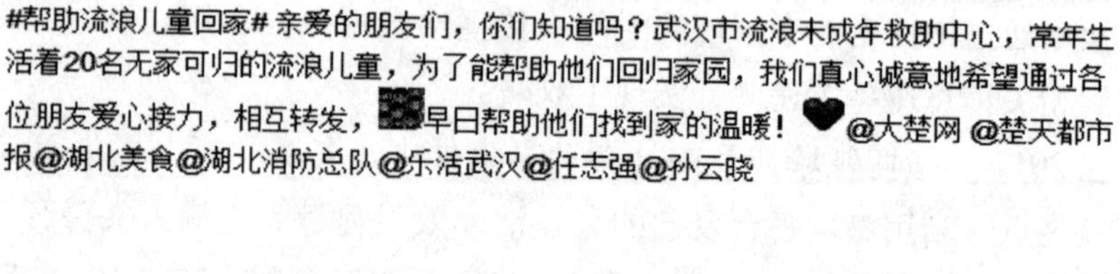

图 3.3　帮助流浪儿童回家的微博

“武汉民政”在微博上发布的 14 名流浪儿童的信息吸引了很多网友的关注。据统计，这些微博已被转发超过 10 万次，许多认证用户对此进行了转发，网络舆论“正能量”爆发。微博裂变式的传播能更快更广地将爱心传递出去，让更多网友关注他们。数以万计的网友转发，使得反馈信息源

源不断，从而获得线索来帮助这些孩子。

微博在整合电子资源方面潜力巨大，政务微博能展示出政府的行动力和成就，树立官方形象，有效遏制负面舆论的产生，还能有效发现处理政务盲点，例如，交通微博通过接收转发网友发布的路况信息，不仅能提醒其他网友，而且能知晓工作的盲点。地方政府通过政务微博发布信息、连通互动，可以有效提升政府部门的行政效率，保障公众的知情权、表达权、参与权和监督权，促进政府决策的科学化、民主化，最大限度地减少决策失误，提升政府公信力。

三、人际交往评论的内容

在微博用户使用微博的过程中，大多数人都会希望自己发布的信息被转发，被更多的人看见。微博用户传播信息无非是出于两个原因：能使个人受益或能为自己带来关系价值。微博给予了受众表达内心主张的平台，所以即使没有任何物质利益的驱使，也使得网友们趋之若鹜。发布的信息在被陈列在微博这一公共空间后，有阅读意向的受众会以读取、转发、评论等方式来呈现自己的思想，并传导给更多的人，从而引发受众的认同和互动，这也衍生了政务微博的渠道价值。政务微博对热点微博、话题或趣味微博进行转发，一来丰富了自身，使得微博内容更新鲜、有趣、活泼，二来（对于被转发者而言）也引起了被转发者的关注，扩大了交际范围。依据社会互动理论，人际关系的创造和维持是在交往双方的互动中实现的。互动在加强双方交流、增进彼此了解的同时，对两者的关系也具有强化作用。

例如，开通于2011年2月的“江宁公安在线”的粉丝数与动辄百万粉丝数的“大博”完全无法相比，但就是这样的一个“轻量级”的区级公安微博，却凭借其超强的亲和力、贴切的网络语言和适合年轻人的清新活泼风格，在波澜不惊的微博圈掀起了一波又一波的“巨浪”，被网友戏称为公安网络第一“萌警”。

“江宁公安在线”最初是靠有关警犬的“卖萌”故事引起网友广泛关注，在随后的日常发博中，“江宁公安在线”注意自身定位，以年轻人喜爱的轻松、诙谐、幽默的语言方式来吸引网友。其页面也并不是以往人们所认为的政府机构严谨、刻板的主页形象，在主页最上方就是“关注靠谱的警察蜀黍（注：叔叔），关注靠谱的江宁公安在线，满满的正能量，我们传递”。在日常更新微博中，“江宁公安在线”常常针对当前热点事件做出自己的点评，并且积极转发网友评论，与网友进行互动，互动时常常使用动画表情、符号表情来适度“卖萌”（网络用语，原意是显示自己的萌点可爱，中性词），拉近与网友的距离。

2013 年 1 月 26 日，全国关注李娜澳网单打决赛，“江宁公安在线”发表了赛程结果，并配上了动漫图，名为“花花十四娘”的网友调侃说是因为“蜀黍”们的评论李娜才发挥失利，“江宁公安在线”立刻做出委屈姿态回复，如图 3.4 所示。

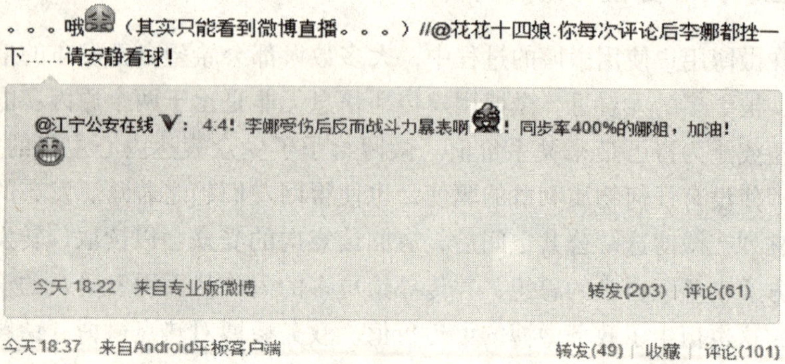

图 3.4 “江宁公安在线”对网友评论的回复

这样的“卖萌”，网友回应十分好，都是抱着喜欢的心态进行调侃，如图 3.5 所示。

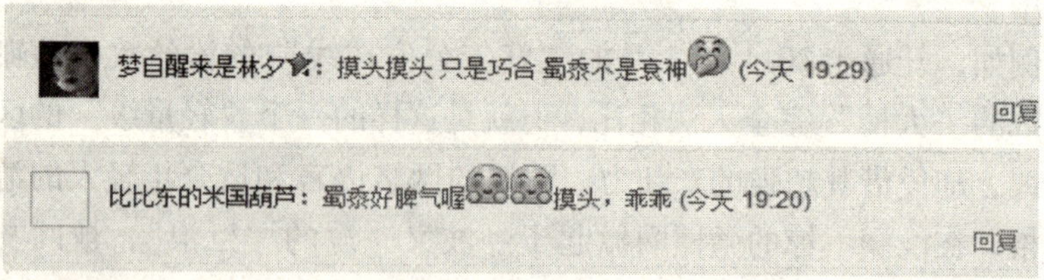

图 3.5 网友的回应

类似的微博有很多，在互动转发的过程中，评论者本身发布的信息被更多人注意到，获得了心理上的满足，更拉近了传者和受者的距离，并体现出政府机构的亲和力，从而促进用户忠诚度的形成。

四、突发热点事件的内容

从2008年5月1日起施行的《中华人民共和国政府信息公开条例》中第十五条规定："行政机关应当将主动公开的政府信息，通过政府公报、政府网站、新闻发布会以及报刊、广播、电视等便于公众知晓的方式公开。"《2012年新浪政务微博报告》称政务微博自媒体意识显著增强，成为应对突发事件的优选渠道。微博在突发事件中逐渐成为公众情绪宣泄和意见表达的平台，有助于稳定社会舆论和安抚公众情绪。在突发事件中政府在潜伏期、突发期、持续期、解决期等不同阶段使用微博平台就能在危机中抢占注意力高地。

2012年北京"7·21"特大自然灾害中，北京市政府机关"北京发布""北京消防""平安北京""交通北京"等与16区县通过政务微博联动发布官方信息，合力形成官方舆论场，搜集了解灾情，播报天气情况、路况信息、灾害情况及救援信息，为救援行动和灾情管理评估提供一线实况。

"平安北京"在7月21日当天的部分微博如图3.6所示。

7-21 14:47,西六环门头沟管界白桩子桥有积水，双向暂时无法通行。在南侧卧龙岗出口和北侧阜石路出口采取分流措施，请听从民警指挥，现场正在进行排水作业，请提早选择绕行路线。

2012-7-21 15:00　来自新浪微博　　转发(54) | 收藏 | 评论(31)

大家可以放心啦！//@高军：今日北京骤降暴雨，我的好友@夏芒 和女儿以及其他一众人员被困在北京房山区云居寺下面的小荷之家，经电话沟通后，在微博发布求助信息，得到众多网友的关注。@平安北京 @北京消防 接到求助后，迅速出警，刚才已经抵达现场，接到了被困的人员！谢谢所有参与救援的人员。

> @夏芒 V：大家好，我是@夏芒 的朋友，救援人员已经赶到她们被困的地方，正在找梯子上屋顶搭救。天很冷，但她们的心里很暖。她的手机已经没电了，让我感谢大家的关心、转发、评论，以及各种建议和求援。感谢了！
>
> 2012-7-21 21:20　来自iPad客户端　　转发(710) | 评论(292)

2012-7-21 21:32　来自新浪微博　　转发(128) | 收藏 | 评论(71)

今日19时45分，海淀分局接到家住明光小区居民的紧急求助电话：家中一名孕妇有先兆流产的迹象，但现在找不到救护车，出租车也打不到！北太平庄派出所民警郭晓刚和王玉清接到出警命令，立即赶到现场，接上孕妇一家人迅速赶赴离着最近的人民医院。30分钟后，孕妇被顺利送到医院，经检查，平安无事。

2012-7-21 22:10　来自新浪微博　　转发(429) | 收藏 | 评论(225)

图3.6　"平安北京"在2012年7月21日当天的部分微博

在暴雨当晚，各个政府事业单位都有通过微博替被困被堵的人们发布求助和实时灾情信息，并相应提出可行的脱困方法。政务微博在此次暴雨中的引领作用得到充分发挥。根据舆情网的调查数据显示，北京暴雨当夜，针对政务微博的指责、批评等负面舆论声音较小，只有12%，而赞扬相关部门救援及时的正面舆论声音占55%。

类似地，“10·1”黄山游客被困事件、“11·4”北京延庆大巴雨雪天气被困高速公路事件等同样通过微博进行求助，相关政务微博通过微博信息直播救助消息，迅速安抚广大热切关注网友的心，及时的消息传递赢得网友的信任，每天都有大量网友私信政务微博进行求助。

从此类事件中可以看出，在突发重大事件时，政务微博及时主动介入，发出权威声音，进行正面引导，能扮演“权威信息源”和“政府扩音器”的角色，并起到了信息及时播报、了解舆情、与民众实时互动以及展现政府及时有效的救灾工作情况的作用。政府转变姿态，坦诚面对问题，俯身倾听批评，成为扭转舆情的关键，得到了大量媒体和网民的肯定。

另一方面，微博谣言可以算是另一种公共热点事件。根据法制网的调查显示，在2012年出现的网络谣言中，有51.7%是源自微博，或主要在微博上传播。根据我国国家互联网信息办的不完全统计，仅在2012年3月有关部门清理的各类网络谣言信息就高达21万多条。微博谣言大都有关党政干部腐败、政府管理失责等敏感问题，最容易获得网友的关注与转发，通过微博的高速转发扩大事态的严重性，错误引导网民情绪，甚至造成社会恐慌。在这种时候，就需要政务微博及时发声。微博辟谣与传统辟谣方式相比，拥有时效快、直接性好、互动迅速、树形传播结构等优点，可以在公共突发事件中扮演谣言治理者的角色。例如，在北京“7·21”暴雨过后，有谣言称房山一养老院200名老人死于暴雨灾害，房山区政府官方微博“Funhill 房山”第一时间发布调查结果，表示敬老院死亡人数为零，有力地澄清了事实。

现今公众对政务微博的认可度不断提升，政务微博实现了由“宣传发布”到“服务民生”的转变，从倾听社情民意的问政平台成长为常规化制度化的网络“办公平台”。根据《2012年新浪政务微博报告》，国内政务微博平台的应用正经历着一个低级往高级、由单一功能往复合功能演变的过程。这一过程中，能否不断提高微博应用水准、让微博成为务实办公平台，是政务微博持续发展的根本。同时，伴随微博应用水准的提升，整个政务微博功能也会提升，由此也将带来公共行政服务方式的转变与改进，建立梯形扁平化格局将是未来政务微博的发展趋势。

五、原创互动话题

仅仅依靠转发内容来支撑一个政务微博无疑是不实际的，在政务微博中更应该见到的是团结网络意见领袖，应对事件时形成“主动”印象，通过有效设置互动话题达到与网友交流沟通的效果。

仍以“江宁公安在线”为例。从2011年7月开始，“江宁公安在线”相继推出了“破案推理”“回家大作战三部曲”“江宁高校新生入住指南”“电信诈骗七宗最”“那些你不知道的警察故事”等互动话题，在140个字的范围限制下，针对不同时期、不同事件设置有趣、应时应景的微博互动活动，都收到了极好的反响。

2013年1月10日是“110”宣传日，“江宁公安在线”的一条《110，这是一个神奇的电话……》的微博被网友疯转5万多次，微博中讲述了几个十分搞笑的110警情，让人们在捧腹之余体会了110报警台诸多的辛苦与无奈，加深了人们对于110报警台工作人员的理解与包容。

随后“江宁公安在线”针对新交规发布了“新交规100问”系列图文介绍，针对QQ号码、游戏账号等虚拟物品被盗情况发布了“账号保卫战”“该怎么保护你我的计算机”等话题。“江宁公安在线”能够针对特殊舆情，做出权威回应，借助热门话题编辑创意微博，发布内容针对自身特定粉丝，提供功能性的趣味信息服务。丰富多彩的内容使阅读者产生阅读欲望，也有助于增强受众好感度。当然，这种类型内容的发布需要敏锐的洞察力、判断力和创新力来尽快整合资源，发布有效信息。

第二节 政务微博的社会管理功能

一、政务微博社会管理的背景

（一）政务微博符合舆论生态环境变化的现实需要

微博如今已成为中国网络中重要的舆论场，成千上万的微博用户分布在全国各地及海外，几乎所有突发事件发生的时候，微博都成为了第一时间的传播工具。政府通过关注和开设微博，能够及时了解社会舆论动态，整合舆论信息资源，分析微博上的各种观点，搜集网络舆情，汲取微博上有价值、有意义的政治建议，有助于政府在大事件中做出正确的决策和采取有效的舆论引导方式。

现今网络舆情的几个特征如下：

1. 舆论场域的两极化

官方舆论场和以网络为代表的民间舆论场互相撕裂甚至对立，官方民间各成一套话语体系，无法很好地开展沟通对话，官方公信力不断降低，民间舆论场对官方声音怀有本能的怀疑甚至抵触。

2. 群体事件的极端化

互联网更容易集结群体，网络舆情更多时候都是以群体情绪的面貌呈现。而在群体决策时，人们往往会比个人决策时更倾向于冒险或保守这两极，从而背离最佳决策。在法不责众及匿名身份的心理暗示下，舆论参与者经常进入集体无意识的状态，群体决策偏向冒险，这就是政务微博管理者开展工作的大前提。要及时疏导群体狂热、不理性的情绪，如人肉搜索、干扰司法的舆论道德审判，使群体决策更加科学、更加符合社会发展的长远规律。

3. 社会心态的趋利化

由于社会利益诉求多元，核心价值体系正在建设过程中，收入分配制度正在改革，整个社会心态是浮躁的。趋利化是整个社会心态的代表特征。媒体为了追求高的收视率和覆盖率，很容易为了吸引眼球而炒作负面新闻。这就要求政务微博突出各部门工作的奉献型、服务型的性质，通过日常宣传其常规工作来使政府职能部门的良好形象深入人心，进一步为丰富社会主义核心价值体系贡献力量。

（二）政务微博是跟进信息技术发展的重要载体

政务微博面临的媒介融合的技术新环境有如下几个特征：

1. 树状扩散向网状扩散转变

现代社会的信息传播模式由一对多的权威传播模式向多对多的社交传播模式转变。在人人都是信息发布者、人人都是信息解释者的年代，把关人对信息的筛选越来越有难度。面对这种全新信息传播扩散路径，需要改变传统的控制信息源的做法，提升微博管理者设置议程的能力，缝合分裂的两个舆论场，使政府议程与民众议程上传下达更通畅、议题转换更灵活。在这个网状的传播系统中，“沉默的大多数”借助微博开始发声，微博在很短的时间内传播资讯、表达思想、汇聚民意，成为一个巨大的民间意见集散地和资讯传播平台，形成一种民间舆论力量，对事件的发展产生作用。尤其在传统媒体难以保证及时透明的情况下，微博及时透明的资讯发布方式赢得了民众的信任。为应对当前社会传播机制的改变，经营政务微博是大势所趋。

2. 封闭文本向开放文本转变

首先，原来的相对枯燥的文字文本向图、文、声、影并茂的全息媒介文本转变。其次，信息内容通过关键词捆绑在一起，互相印证说明。网络议题是开放的，任何问题都不会有唯一的解释，网民喜欢用某种网络文本形式的不断解释与重构，来抒发自己对当前生活的体验，如广泛流行的“淘宝体、凡客体、元芳体”等。政务微博管理者除了需要熟悉运用这种综合图片、表情、文字的全息文本，还要能敏锐地从文本和文本之间的相关性中寻找舆情的苗头。

3. 单一媒介向媒介融合转变

网络媒体由于具备节省能源、运输便捷、携带方便、可读性强、便于保存等优势，当之无愧成为当今社会的第一媒体。网络综合了广播的便捷、报纸的深度、电视的现场感和感染力，成为强势的整合传媒。政务微博应当熟悉这种媒介的特性，了解网民的上网规律，使网络问政成为常态，并发挥其作用。

（三）服务社会和加强社会管理的需要

如果说网络给予了人一个自由的空间，那微博就是将这种自由的空间利用和发挥到淋漓尽致的强大工具。微博创造了一个更为开放自由的言论平台，模糊了传者和受者的身份界限，改变了信息传播范式，扩展了公共话语空间，使信息流动速度和广度迅速增强。在这里，舆论监督和舆论引导的方式都发生了改变，草根们参与公共事务的门槛降低了，每个人都有机会成为引导舆论的意见领袖。政府机关需要这个平台来及时公开信息、为民众答疑解惑。

政务微博的基本功能是为公众提供方便、及时、有效的信息，通过微博服务社会。而且现在社会中突发事件、重大事件频发，在事件爆发时，一旦有人在微博中散布谣言或发布煽动性信息，这些信息就会像病毒一样迅速传播扩散，不利于社会稳定。因此，政府需要通过微博高度关注社会舆情，了解民众的所思所想，准确判断微博给社会稳定带来的影响，控制舆论的发展态势，对其加强管理，维护社会稳定与健康发展。

二、政务微博在社会管理中的功能

（一）服务民众　亲民沟通

政务微博为问政于民、民情上达提供了最为便捷有效的传达方式，各地政府机构及党政干部争先恐后地开微博，这必然会推进我国社会民主化的进程。

第一，政务微博能够方便党政干部了解民情民意。微博为所有用户提供了一个平等交流的平台，用户能自由表达自己的意见和看法，党政干部通过众多用户发布的信息及意见，可以搜集掌握民意，做出正确有效的决策。

第二，政务微博体现了以人为本、平等自由的执政理念。以往官方都是通过传统媒体发声，由于其互动性不强，致使大多数公众只是被动接受。政务微博将政府及党政干部和公众摆在了相同的信息传播地位上，征求民众意见，更加民主，民众通过微博可以和政府机构方便地沟通，提升了民众参政议政的热情，同时也提升了社会管理人员的服务意识，更好的服务意识也就意味着更容易与公民达成思想一致。

第三，微博问政在官民互动中是平等的，有效拉近了党政干部与民众的距离，汇集民智，凝聚民心，听取民意，排解民怨。这种良性互动是社会管理的基础，也是政务微博的灵魂。另外，党政干部可以通过微博把自己的工作情况公开，使广大民众尽快了解相关信息，做到公开、透明，增强公信力。

（二）利用微博引导舆论

在突发事件中，微博渐渐成为舆论传播的中心，与传统媒体的线性传播不同，微博点对点的网状传播方式使意见的聚集性越来越强。微博影响力如此之大，无论好的效应还是坏的效应，都会呈几何级数放大，瞬间聚集起巨大的言论能量。某一资讯的大量传播，必将会影响社会生活的稳定。

当今民众对个人的知情权、表达权、参政议政的权利要求不断升级，舆论成为他们表达诉求和影响政府决策的一种途径。但是不加引导的舆论对政府和人民有百害而无一利。在目前的微博传播现实中，存在少部分微博用户盲目制造和操纵舆论的情况，这些不符合实际甚至恶性的舆论不仅会阻碍问题的合理解决，甚至还会诱发群体性事件，此时政务微博出面澄清情况和进行引导十分必要。

政务微博是政府工作观念和态度的转变，也是政府与时俱进、积极利用当前最热门的网络传播工具问政于民、尝试与民众增进互动与沟通的良好体现。政府能够通过微博这一新型网络传播平台对社会的舆论及时发挥引导作用，通常通过议程设置来对社会的价值、认知、态度和行为进行引导。微博促进了新舆论机制的形成，微博率先传播，传统媒体跟进，实现线上线下双向互动。政务微博确立了“一种模式，两个联动”，模式是指：在突发事件进程中，一边快速发布事实和真相，一边有针对性地积极辟谣。联动是指：官方微博群之间的频繁呼应，转发联动，扩大受众面；官方微博主动呼叫媒体微博，实现官、媒联动，以最完备的事实来提升公信力。

以“沈阳商铺关门”事件为例，在 2012 年 8 月初，网络上盛传辽宁沈阳因“公安打假”导致大量商铺关门歇业，市面萧条，微博上甚至有市民称沈阳已成“空城”。一切皆因传闻沈阳市多部门开展集中整治活动，被查商户无论证照是否齐全都被带走，直到家人缴纳巨额罚款才放人。大量店铺白日关门照片的公布让事件进一步升级，引起各界广泛关注。从图 3.7 可以看出，最高峰日转发量高达 30 799 条，新闻也达 1 080 条。

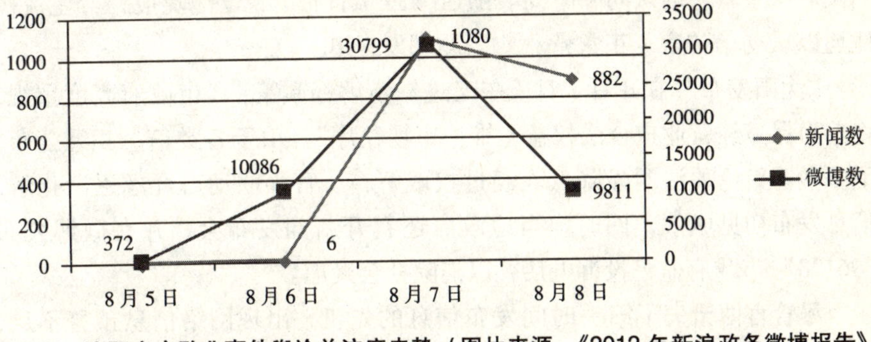

图 3.7 沈阳商户歇业事件舆论关注度走势（图片来源：《2012 年新浪政务微博报告》）

网民对此事的分析则可看出对此事持有怀疑态度的占了绝大多数，如图 3.8 所示。

8 月 7 日，沈阳市市委宣传部官方微博“沈阳发布”发布消息，否认有集中整治行动和高额罚款措施。作为首条权威信息，这条微博引来大量转发和评论，如图 3.9 所示。

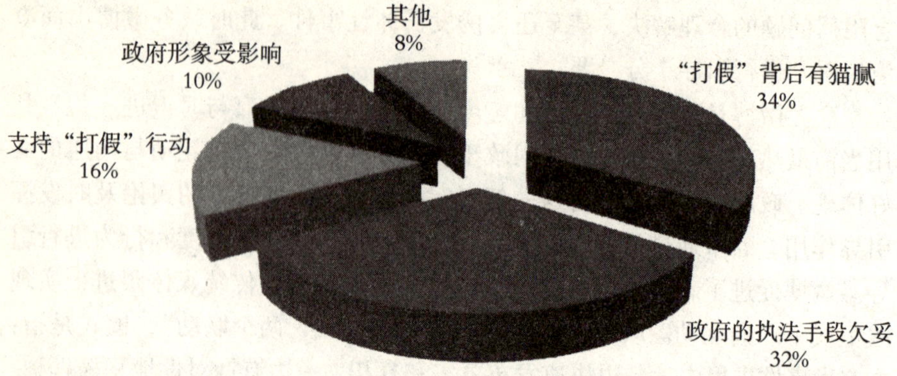

图 3. 8　沈阳商户歇业事件网民观点倾向分析（图片来源：《2012 新浪政务微博报告》）

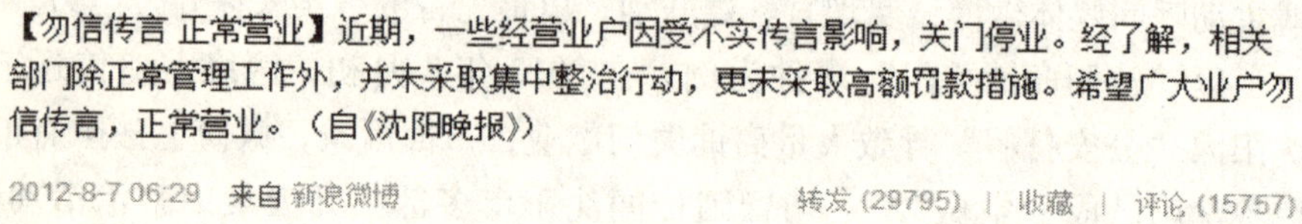
【勿信传言 正常营业】近期，一些经营业户因受不实传言影响，关门停业。经了解，相关部门除正常管理工作外，并未采取集中整治行动，更未采取高额罚款措施。希望广大业户勿信传言，正常营业。（自《沈阳晚报》）

2012-8-7 06:29　来自 新浪微博　　转发 (29795) | 收藏 | 评论 (15757)

图 3. 9　“沈阳发布”关于沈阳商户歇业事件的微博

但是由于微博信息有限且并未有效说明具体情况，使得有众多疑问的网民对这条微博的认同率不高。随后《辽宁日报》《辽沈晚报》等主流媒体均以《勿信传言　正常营业》为题刊发报道。

“沈阳发布”在 8 月 7 日下午又进一步解释政策：“市政府高度重视，将着力保障经营业户合法权益，维护市场秩序”。由于各类信息相继公布，下午微博舆论关注明显降低。经过权威解释、官媒联动后疑虑逐渐化解，信息发布初见成效，同时，当地政府还召开新闻发布会，并在微博公布“96123”市政府监督投诉电话，以消除社会疑虑。

尽管官博错失了第一时间发布信息的先机，出现网络信息预警不足、各部门政务微博未协调联动等问题，但是在传言四起的时候，“沈阳发布”率先通过微博平台及时发布了辟谣信息，采取全方位多渠道的舆情应对机制，各方联动，有效遏制了谣言的“流窜”，化解了这一舆情风暴。

（三）应急救援　社会动员

在突发事件爆发时，政务微博主体是理所当然的意见领袖。权威消息来源、深厚的政治文化背景、最真实的动态跟踪报道都使得政务微博主体胜人一筹。在网络技术十分发达、网民意识不断觉醒的今天，政府部门继续按照传统的行政方式处理问题，对突发事件“捂和堵”已完全不可能。当突发事件发生时，政府应及时向全社会发布信息，让公众通过官方了解事态进展。建立完备的政务微博预警和反应机制，在突发事件发生前，相关部门做好舆情监测，制定预防和应对事件的措施，联动各方面力量、集合所有可以集合的资源来应对和解决问题。

中国科技大学科技传播系副教授褚建勋表示，经历多次突发事件后，不少政务微博从“被逼着说”变成“主动说”。过去一些监管部门存在侥幸心理，认为风头和热点过去了，就不会再引起关注。而现在不少政务微博已学会直面负面信息，主动介入突发性公众事件。政务微博在突发事件中的反应力在一定程度上反映的是政府部门实际的行动力。在突发事件中，迅速的行动、微博的直播，都可以向民众展示政府部门解决问题的能力，进一步赢得公民的信任，动员全部人群来应对。

（四）网络问政和施政

政务微博是网民的网络问政工具、政府的网络施政工具。各级政府必须要明确官民平等的理念，党政干部敞开心扉与民众交流，并且尽可能将合法信息公布到微博上，加强政府工作的透明度。要找出政务微博与自身工作的结合点，例如，交通部门的微博公布车次、票价、余票情况等，为受众提供了便利，也促进了交通部门工作的开展，利用政务微博将本职工作做得更好。前面所提到的政务微博就所发布的政策征集网友意见，还有两会期间的意见征询等都是网络问政的表现。通过微博平台了解网民需求，进而设计出真正能够解决问题的方针政策，由微博问政走向微博施政，进一步推进社会管理创新，不断提升信息化条件下服务民众的能力。

（五）权威发布　遏制谣言

根据2012年12月25日发布的《2012年中国微博年度报告》，微博目前已成为网络谣言的主要首曝媒体，2012年度的谣言多披上科学“外衣”，虚拟“第三方”成为不实谣言的常用手段。根据上海交通大学新媒体与社会研究中心对2012年的200起网络谣言案例的抽样统计，微博为首曝媒体的谣言比例占到样本总体的28%，其次为论坛社区20%、网络新闻13%。与传统谣言不同，微博谣言诞生于互联网，谣言的源头更加难以考证。此外，微博的低门槛、高自由度及碎片化的传播特征也使得源头的控制变得不切实际。

例如，2012 年 7 月 5 日，网民“精选_ 微博”发布了一条微博称：“南京共青团路上扫地的九岁孩子，询问得知因没户口无法上学，每天早上九点就起床，晚上也要扫，妈妈正在路对面擦垃圾箱……很机灵可爱的孩子，谁能助他上学?”微博中还配有一张一个孩子在自行车道上扫地的照片，并@了“南京发布”“姚晨”等微博认证用户及其他微博名人。因为图片、视频等传播符号很容易获得人们的信任，而且失学儿童一直是社会关注的焦点，所以该微博一经发布立刻引起关注，许多微博大号转发此微博。该微博正是利用如今舆论场域中民间舆论场对官方的不信任和抵触以及失学儿童这一关注点，在短期内就得到了爆炸式传播。

“南京发布”管理员在被@后的几分钟内发现异常，随即上报。“精选_微博”在 13 点 54 分发布上述不实微博，“南京发布”管理员在 2 点 22 分开始采取相关行动，联系相关单位迅速查明该消息为虚假消息，立即在微博上进行了辟谣，如图 3. 10 所示。

【辟谣】今天下午某营销账号发布微博称共青团路有一九岁孩子因没户口无法上学，只能每天与母亲扫地。雨花台区委宣传部迅速与相关部门、街道核实。我们也与该账号进行沟通核实，该账号承认转载了不实消息，已自行删除。友情提示：网民们在转载此类信息时，注意消息真实性，爱心和社会责任感不要被人利用

2012-7-5 16:29 来自 新浪微博　　转发(168) | 收藏 | 评论(80)

图 3. 10 “南京发布”的辟谣微博

如此快速、有力的辟谣，以充分的调查核实，将谣言扼杀在萌芽期。随后《新华每日电讯》以“155分钟歼灭网络谣言值得借鉴”为题对此事进行了报道，并作出了“地方政府在应对各种信息化挑战中，只要树立高度的信息危机意识，主动应战的思想准备，透明公开的开放心态，积极作为，就能争取主动，转危为机”的评论。

另有一些谣言则长期占据网络。类似“前几天家乐福发生突发事件，营业时间所有出入口封闭，原因是一名女士在结账时孩子突然失踪。及时报警后，孩子在二楼卫生间被找到，头发被剃光，衣服被换掉，人口贩子无影无踪”这样的谣言虽然已被辟谣多次，但仍以不同城市的版本在微博、QQ上热传。据2012年环球网所做的在线调查显示，有超过六成的受访网友上过网络谣言的当。网络谣言之所以能够传播，有一个重要原因是缺乏令网民信服的信息来源，政府机构必须建立公信力，成为网民在听到传言时首先想到和依靠的消息来源，因此需要在观念、作风、机制上适应网络时代的信息传播环境，减少官方信息与网民信息的不对称性和对抗性。

第三节　政务微博在社会管理中的问题

总结这两年来政务微博运行的经验，目前在政务微博管理中还存在着很多问题，如微博内容缺乏创新和互动、缺乏沟通意识、微博管理制度不健全、微博认证命名不规范。

一、政务微博内容应紧密结合热点舆情事件

现有的政务微博建设主要有三个阶段。第一阶段是频繁“灌水”来“稀释”舆情的负面浓度的阶段。第二阶段是“意见领袖”的阶段，当网络上出现大量虚假信息和极端言论时，群体极化情绪出现。这时候网民最容易受到沉默螺旋的影响，越是多数人的意见，越容易获得支持。政务微博需要设置专题，强化主流舆论，争取中性舆论，孤立反面舆论，使反面舆论逐渐沉沦于螺旋的低端。第三阶段是策划活动专题阶段，例如，公安政务微博策划安全防范的专题。

另外，政务微博中存在着很多微博内容的文风问题，这实质上是运营政务微博的管理人员自身在应对新媒体变化的过程中是否能够及时切合民意、真正有为公众服务意识的问题。公众的眼睛是雪亮的，微博所发布的内容要切实起到为公众所需，就像“平安北京”发布的社会服务类内容和警务治安类内容，微博用户在浏览的时候能够从这些微博中获得安全防范和城市交通等有用的信息。但是现在很多政务微博的内容都缺乏创新，没有找到符合自身的特色，官话套话、敷衍且形式单调和只承诺不实现的内容充斥其间，加之公众对于官方话语的刻板成见，使得政务微博虽遍地开花，获得的关注度却不高，并且微博的内容显得散乱而没有体系，没有结合当下发生的热点进行关注和发布。

二、政务微博应加强沟通意识

麦克卢汉在《理解媒介：人的延伸》中说：每一种新的媒介的产生，都带来了人们思考方式、交往方式甚至生活方式的变化。如果执政者不善于用民众喜闻乐见的方式与民众进行沟通，势必削弱政府的权威和公信力。微博作为一个社交媒介，交互性是其重要的特性，如何运用这个平台来加强官民间的沟通是衡量政务微博效能的重要指标。但在现实中，很多地方政府和部门在使用微博与民互动方面，没有意识到微博的重要沟通作用，处于缺位状态。微博最大的特点就是能够线上即时互动，有相互交流、大量转发，关注度才会提高。但是现在许多政务微博只是作为一项装点门面的面子工程，开通后就搁置，少有更新，在面对民众的指责和批评时更是一味躲避和不理不睬，变成“不管、不互动、不更新”的三不微博，或者发布的内容古板陈旧、说教味浓，缺乏吸引力。

管理政务微博需要将互动信息常态化。传统大众媒介具有潜在的官方舆论色彩，而微博的去中心化特点使它带有与生俱来的民间舆论色彩，这种官民间没有隔阂的对话使得信息的到达和被收纳变得更加容易。互动带来的结果更强化了低姿态的意义系统。因为传者和受者没有了强权和弱者的对比，平等性对于构建与用户间长期稳定的信任关系具有积极意义。①

① 王燕星. 关于政务微博的内容呈现与发布形式的探讨——基于山东省旅游局官方微博的内容分析. 长春理工大学学报：社会科学版，2012，25（10）.

前面论述政务微博内容时就说过，互动内容要生动有趣，生活气息浓厚，更容易吸引网友参与，增强好感度。在互动过程中，要善于提问。当前微博用户群体中绝大多数依然是围观者，有讨论性的微博能够引起用户的兴趣，从而很容易带动粉丝互动，对于花时间回答问题的受众，政务微博自然也需要给予回应作为回报。对于评论和私信等的回复一方面可以了解受众的需求，一方面可以加强受众的存在感。诚恳、认真地回复，最大限度地尊重粉丝，必然会得到受众的肯定，从而与单向信息传递的传统沟通途径区分开来，增进双方沟通，帮助对方实际解决问题，有利于维护和拓展传受者之间的关系，从而达到提高政府美誉度的目的。

三、政务微博应明晰自我定位和节奏

（一）明确的自我定位

政务微博应明白主导信息明晰化的重要性，不同政务微博应该有明确的定位，发布体现个性的内容，紧紧围绕本机构的具体工作和职责。

例如，“中国旅游”是中国国家旅游局开设的官方微博，因此应以发布有关旅游的信息为内容主导。根据《2012 年新浪政务微博报告》，对截止到 2012 年 11 月 25 日的 4 433 条微博进行分析，其原创内容占全部微博的 84.91%，微博中景点推荐和驴友分享等与其职责相关的内容占到 64%（56% +8%），如图 3.11 所示。

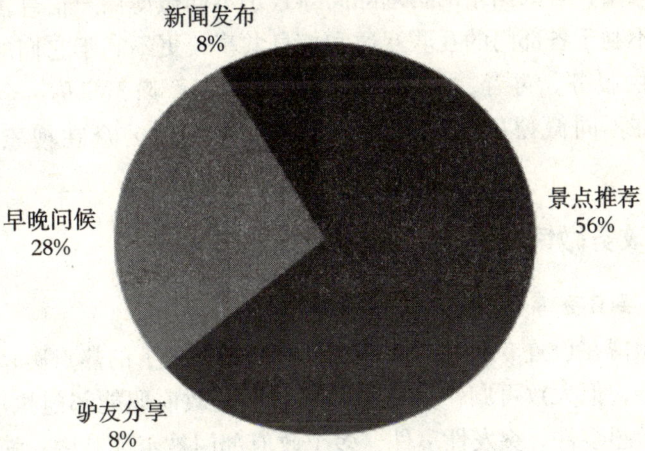

图 3.11　“中国旅游”原创微博内容分析图（样本量：100 条）

其转发内容最多的为线上活动，也是中国旅游局或者地方旅游局发起的活动。除此之外，时常发布涉及旅游签证、国外旅游地最新动向等信息，具有很强的实用性。这类信息常常因其实用性而获得阅读者的喜爱，有助于维护用户对政务微博的日常关注，培养粉丝的忠诚度。

（二）把握发布节奏

从微博的传播特点来看，碎片性、即时性、平民性、交互性是吸引受众的关键因素。用户对于微博的需求来自于随时被阅读、被聚合的微内容，及时填补现实环境中的信息缝隙。因此，政务微博要注意发布规律和节奏，满足受众的阅读需求。发布时间最好能够形成规律，方便受众养成相应的阅读习惯。一般来说在上午 10 点到 12 点和下午 4 点到 6 点，是微博用户登录的高峰期。政务微博可按照这个时间持之以恒地发布信息，充分考虑受众的作息和阅读习惯，每隔一段时间都要有更新，保持信息的新鲜感。

四、政务微博应完善管理制度和规范开博认证命名

政务微博作为新生事物，其管理制度和运营机制还不健全，对于谁来管理微博、发布什么内容、如何引导舆论都缺乏制度规范。很多政府部门都把在传统媒体上采用的方法照搬来运营微博，加之投入不足、管理法规滞后，使得政务微博无法及时有效地发挥作用。而政务微博通常分布在不同的门户网站，各大网站的物理隔离导致了不同微博用户信息沟通的相互独立，也不利于各部门的互联互通和信息共享，更不利于它们的统一管理和对外提供服务。再者，很多政务微博命名不严谨，简称、全称使用混乱，甚至在不同微博网站使用不同的名称，导致公众在搜索时找不到部门。

五、政务微博应强化“反制”理念

（一）要区分事件性质和媒体规律

政务微博在设置专题时，首先要考虑网络环境下的热点舆情，虽然舆情纷繁复杂，但大致可归结为三类：第一类是政府职能部门执法不规范；第二类是敏感事件、突发性事件，多个政府部门被牵涉其中；第三类是某些居心叵测地攻击党和政府的反动言论。针对不同的舆情特质，政务微博

应借鉴英国危机公关专家里杰斯特提出的三 T 原则。对于第一类舆情，应该 Tell your own tale（以我为主提供情况）；对于第二类舆情，应该 Tell it fast（尽快提供情况）；对于第三种舆情，应该 Tell it all（提供全部情况）。其次，要了解媒介特质，例如，政务微博每天发布 10 条左右是合适的，太多则保证不了信息的精练，但与网友的互动多多益善。在网友浏览微博较集中的时段发布微博，反响更加热烈。把握好这两大点，才能控制媒体信息源，发挥出政务微博的整合传媒的优势，掌控舆论主动权，从而引导舆情走向。

（二）要强化“反制”技巧

政务微博是对议题多侧面解读的社会动员阶段，也就是一个“民众议题”与“政府议题”互相争夺的过程。政务微博在设置专题时要运用议程设置，改变受众对信息的关注度，即不仅关注哪些是热点议题，还要关注这些热点议题是以什么样的角度被网民关注的；这些议题涉及的责任或利益归属问题；哪些是“关切民众”，哪些是“一般民众”。例如，宁波的 PX 环保项目就涉及地方政府、企业、周边居民等众多利益主体。这时就需要运用议程设置的能力，分析利益主体，设置民众议题，疏导民众情绪，最后达到建立民众认同的高度。对这些议题的控制与掌握就是反制的第二阶段，即以观点和议题进行社会动员。

（三）议程设置应是常态化行为

政务微博策划专题应密切结合日常生活细节。例如，元旦即将到来时，政务微博就应策划元旦政府职能部门专题；遇到热点事件、节日庆典等，政府职能部门的政务微博应立即关注、策划相关专题。全力打造政府部门公正、有为、服务、亲民的新形象，塑造政府公信力，从而在网友心目中达到隐性加分的目的。当然，要达到这一境界，需要政务微博从领导层面着眼长远进行总体谋划。

【小结】

政务微博是一种顺应时代发展的新兴媒介，不管是政府还是民众都应对此加以重视。应将政务微博视为一种权力，借助它的力量去实现社会诉求。它就像一个木桶，各个职能机构如同构成桶壁的木板，其均衡性、严密性，决定了是否可以稳载民意之水。决定微博问政能否发挥整体社会效益的并非最优秀的典型群体或代表，而是最基本的、与民生相关的问题是否得到有效参与和解决。

【延伸阅读】　155分钟歼灭网络谣言值得借鉴

我们已经处在一个“人人都有麦克风”的网络社会，微博、网上空间的普及化，提升了信息传播速度和效率，提高了工作效率，而因为网络的双刃剑效应，也常常弄出一些网络信息危机，让互联网成为谣言的集中营，处理不当，就会严重侵犯公民权益，损害公共利益，甚至影响社会稳定、危害国家安全。

正如媒体所报道的，当前社会上充斥着各种各样的传言，其中一些传言被证实是真的，一些被证明是半真半假，更有一些是彻头彻尾的谣言，让人们无所适从。比如河南杞县的“钴60辐射危机”，引起了“万人大逃亡”；日本大地震期间的“碘盐防辐射”，引起了轰轰烈烈的全国性抢盐狂潮。这些事件都凸显了在网络谣言应对方面的短板和不足所在：危机捕捉信息意识弱化、危机消化意识弱化，以及网络危机意识的弱化等。总是等谣言扩散后政府才反应过来，已经错过了最佳应对期；总是满足于蛮横堵截，而不是透明公开，合情疏导，结果反而愈演愈烈。很多党政干部对这种危机意识重视度不够等，造成了很大的创伤和经济损失，以及政府公信力损失。这种教训太沉重，代价太高。

155分钟，就粉碎了一场网络谣言，相对而言，南京有关方面算得上“行动快捷，态度果敢”。这里面至少有两点值得借鉴，其一，官方微博信息联络员制度发挥了积极效应。联络员凭借较好的新闻敏感性和趋势预判能力，树立高度的主动意识，对各种不良信息的监控达到了同步化、快捷化。信息联络员站在了信息最前沿，为有关部门提供真实、全面的信息，当然就有助于及时提出针对性、有效性的应对措施，在较短的时间制止谣言扩散。其二，当地政府有关部门在谣言危机处理中，坚持透明，履行公正，追根求源，从根本上消除谣言再扩散的土壤。南京基层政府人员在第一时间调查谣言来源，确定这是一条“假信息”，“查无此人，在实地寻找中也没有发现这样的孩子”，让博主心服口服地删除了微博。

南京市消除的不仅是一个简单的网络谣言，也让政府公信力、政府形象，减少了一次被误解和伤害的机会。

南京市用自己的行动告诉我们，地方政府在应对各种信息化挑战中，只要树立高度的信息危机意识，主动应战的思想准备，透明公开的开放心态，积极作为，就能有效克服在传统信息危机中被动难堪、慌乱无措等尴尬，争取主动，转危为机，让政府的形象得到无形提高。而谣言，即使产生，也难以蔓延。

——摘自《新华每日电讯》2012 年 7 月 9 日 3 版

【思考题】

1. 如何更好地发挥政务微博在社会管理中的功能?
2. 政务微博给社会管理机制创新带来怎样的影响?

第四章

政务微博的建立

【内容摘要】 建立政务微博，要坚持有效、亲民、平等，公平、包容、互动，及时、准确、权威等基本原则，明确定位，规范流程，统筹规划，合理设计，建立一个功能强大的微博平台，并通过与广大民众的真情互动，树立政府和党政干部的品牌形象，使之起到宣传政府执政理念、创新社会管理、推进民主决策、引导舆论方向、化解社会矛盾的作用。

【关键词】 政务微博　建立流程　品牌

第一节　政务微博建设的目标和原则

一、政务微博建设的目标

（一）宣扬执政理念，创新社会管理，推进科学民主决策

作为网络民主的扩展、延伸和新的平台，政务微博已经成为反映民情、集中民智、畅通民意的重要渠道，在各级政府部门推动社会管理创新、政府信息公开、新闻舆论引导、倾听民众呼声、树立政府形象、民众政治参与和政府服务创新等方面起到了积极的作用。从全球化的视野而言，充分发挥政务微博的巨大作用和影响、建立微博问政机制已经成为许多国家治国理政的新尝试和新趋势，并显示出强大的现实力量和发展后劲。

政务微博就相当于一个议事堂，政府可在政务微博上就关系广大民众切身利益的、互动性强的事情充分征求广大民众的意见、建议，以草根的心态、以网民的身份进行平等的互动和沟通，耐心倾听，及时反馈，为制定政策争取最广泛的民意，赢得最广泛的支持。大量案例证明，微博使中国普通民众多了一种问政的有效途径和方式。面对民众越来越强烈的问政意识和需求，政务微博作为政府和民众之间对话沟通的新平台，不断凸显出新的发展特性和社会管理价值，它已成为政府创新社会管理和服务的新手段，成为政府体察民情、倾听民声、汇聚民智的重要途径。政务微博不仅能为广大民众提供公共信息与电子政务服务，也是广大民众维护权益、表达意愿、参与监督的重要方式。因势利导地发挥政务微博即时、广泛、互动的传播优势，做好舆论沟通和引导，有利于政府更好地宣传、渗透执政理念和政策走向，有利于改变执政理念、转变政府工作方式方法、促进政务公开、形成科学决策，从而成为促进政府转型的有效推手。

（二）引导舆论方向，化解社会矛盾，提高政府公信力

政务微博是引导舆论的新平台、宣传政府的新窗口、化解民怨的新渠道。随着民众参政权利意识渐强，政务微博被寄予很高的期望。但是如果不善于用微博引导舆论，不善于与网民互动交流，往往会使政府面临民众对微博问政失去信任的风险。

在众多的处于转型期的发展中国家，社会利益主体多元，社会思潮多变，各种诉求多样，造成了社会管理的复杂性和多变性。在这种情况下，如果互联网不能发挥正确引导的作用，就会给国家的社会秩序和政府治理带来干扰和破坏。例如，在西亚、北非的一些国家，微博是民众获取信息、参与国家事务的重要渠道和途径，但也是大肆批评政治经济政策、激烈抨击社会问题、扩散反政府情绪、宣传政府和高官阴暗面的重要方式和手段。与此同时，微博还可以通过大量评论、链接，把信息集中起来，创建反映和影响特定舆论的环境和倾向，放大舆论倾向和影响，左右舆论走势和观点。例如，突尼斯、埃及民众创建微博检索标签，大量上传有关总统腐败和政局动荡的实时消息，主导了当时国内舆论走向，激发了民众不满情绪，最终导致街头革命爆发。

因此，可以说，微博问政是一把双刃剑，如果运用和掌控不当，也会给政府自身带来干扰和负面影响。当今中国经济发展带来社会开放，但社会管理和执政理念和技巧滞后于经济进步而产生的矛盾日益凸显。在近年来网络上的突发公共事件中，政府表现出的意识形态转型的迟缓，引发出更激烈的社会冲突。当事人、地方政府和网民多数情况下是三方皆输。微博问政强调的是互动和对话。政府机构和党政干部与网民进行交流，其一言一行都受到公众随时随地的关注与监督。但是，不少党政干部不具备与网民对话交流的技能，内容发布失当，打官腔、说空话，往往会受到公众质疑和攻击。有的政务微博对涉及民众切身利益、事关社会和谐稳定的重要舆论视而不见，不主动答复、解决微博舆论反映的突出问题。有些党政干部害怕与网民交流对话，关闭微博评论功能，招致网民质疑和炮轰。互动交流是微博问政的最基本形式，没有对话的微博问政，必然会失信于民。

胡锦涛同志曾指出："舆论引导正确，利党利国利民；舆论引导错误，误党误国误民。"在应对公共危机时，面对社会大众和舆论监督，政务微博应发挥好政府参谋助手的作用，深化观念转变，不断提高舆论引导能力，以开放的姿态积极主动、及时回应民众对信息的公开需要，增加政府行政的透明度，及时有效地疏导和缓解民众的不满情绪，引导舆论，化解社会矛盾，增强政府公信力，切实维护国家安全和社会稳定。

（三）强化网络监督，畅通民意渠道，建设廉洁高效政府

近年来，大量数据和案例显示，微博已成为舆论监督的新平台和网络反腐的前沿阵地。据报道，2008—2012 年的 39 个网络反腐典型案例中，2008 年 2 例，2009 年 3 例，2010 年 7 例，2011 年 8 例，2012 年 19 例，利用网络手段反映党政干部腐败的现象逐年递增。在 2012 年网络反腐案件中，通过微博举报的共有 6 起，占 40%。

目前，微博反腐已经形成规模。人民网舆情监测室主任分析师刘鹏飞在报告中预测，2013 年，微博私信功能和微信将成为网民向纪委、组织和司法部门政务微博和微信公共账号举报贪腐问题的有效渠道。2013 年网络反腐的法治化与制度化进程将进一步加快。可以预见，加强微博监督、反腐，拓宽民众参与反腐倡廉工作的渠道，及时、公开、透明，设立明确有效的微博反腐制度规范，以实质性的效果来取信于民，必将推动廉洁高效政府的建设。

二、政务微博的建设原则

（一）有效、亲民、平等的原则

1. 有效

有效，最重要的是实现建设政务微博的初衷。建立政务微博，要切实能够有效提升政府形象、提高政府公信力、扩大政务公开，拉近政府与民众的距离；同时，也必须能够对政务微博进行有效管理，通过官民互动，掌握更大的影响力和话语权，从而引导舆论、化解危机。要真正达到有效就要适应新趋势，深刻认识微博内在的作用和影响力，在提高政务微博的内容质量上下工夫。要注意对微博使用者的培训，切实提高各级党政干部运用微博问政的能力，必要时建立一个团队，明确信息发布和管理流程规范。例如，让政府发言人团队去管理和操作政务微博，提高其权威性和管理的有效性，严格避免个人发布未经证实和未经许可发布的信息。同时还要改进舆论引导和管理工作模式，在有效沟通中积极转变工作方式和工作作风，构建全新的导控体制机制，在真心实意地为民办实事、办好事上下工夫。

2. 亲民

微博作为一种新的传播媒介，拥有新的传播规则和表述语言。政务微博面对的是普通民众，其中思维活跃、素质较高的年轻人是主要群体。所以要从民众的角度着想，说民众能听懂的话，要亲切、有人情味，使用民众喜欢的语言风格。可以通过一些新鲜的表达方式来传播信息，如“淘宝体”“甄嬛体”等各种“微博体”，既吸引人们眼球，又亲切自然，贴近百姓生活，将官方权威的讯息以公众喜闻乐见的形式呈现出来，拉近了政府与民众的距离。切忌官腔十足，依然保持在现实生活中的刻板、严肃的传统形象，把发微博当成发文件，讲许多官话、套话，缺少亲和力，导致政务微博变成了自说自话，失去了开通微博的本意。新浪重庆城市频道主编庹建伟表示，政务微博要将专业的东西通俗化，把专业的理论和数据通过举例子或者拟人的表达让老百姓看得懂，这样政务微博会更有魅力。

“亲，你大学本科毕业不？办公软件使用熟练不？英语交流顺溜不？驾照有木有（注：有没有）？”2011 年 8 月初，外交部政务微博平台“外交小灵通”发布的这条“淘宝体”招聘信息令网民至今印象深刻。短短 3

个小时，该条微博即被转发了4 800余次。

但使用亲民语言风格要掌握好度，不要追求轰动效应，要于平实中见真诚，切忌庸俗化、媚俗化。有的政务微博不是登铁闻趣事、饮食菜谱，就是模仿网络语言“卖萌”，对于民众真正的诉求却避而不谈、视而不见，偏离了其存在的价值和意义。

3. 平等

在当今开放的社会，过去封闭式的管理必然要转变成开放式的管理。现代社会是一个需要公民高度参与的社会，互联网填平了现实生活中身份、地位、际遇的差别。政府部门的管理者一定要改变原来的领导模式和思路，切不可自以为代表政府就有高高在上的心态和做派。正如新浪发布的《政务微博运营管理手册》中所强调的，一个好的政务微博，必须要放下官架子，与公众温情互动。互动时要做到有态度、有承诺、有回馈、有礼仪。这里强调的是平等观念。一定要把网民当做以诚相待、平等相待的朋友，切实为网民着想，真正尊重他们。云南省委宣传部副部长伍皓认为：“在互联网时代，党政干部和百姓台上台下的位置换了个儿，老百姓坐主席台讲述自己的苦与忧，党政干部需要在台下站起来解释政策，表态怎么解决。”

（二）公开、包容、互动的原则

1. 公开

政务微博是个公开的大众平台，这里的公开是指只要不涉及国家机密或应被保护的公民隐私，对于政务均应公开发布。人民网舆情监测室副主任董盟君指出，现在一些地方政府存在的问题是主观上不愿意对民众说、时间上不及时对民众说、内容上不对民众说真话。政府要重视信息发布，在网络质疑声出现以后24小时之内有回音。要在第一时间坦诚公布事实真相，向民众说清楚是一个什么样的事件，已经采取了什么措施，及时把政府对事件的处理情况向民众通报，做到公开透明，化解疑问。外交部新闻司参赞邹建华说，“舆论危机最大的催化剂就是说谎”。在应对突发负面事件中，面对微博上民众的质疑，如果采取“捂、蒙、瞎”，用各种手段和措施限制媒体、民众发声、报道的方式，这种掩耳盗铃的做法不但不会取得效果，反而更容易使政府失去公信力，激化事态向负面的方向发展。

现在微博上很多突发事件具有公共事件的属性，一旦爆发民众就会关注，而且会持续升温。相关部门在处理这种敏感突发事件时应更加公开、透明，利用政务微博时时跟踪事态进展，随时发布最新信息，掌控舆论，稳定事态，取得民众信任，树立政府公开透明的正面形象。

2. 包容

目前正值社会转型期，现实问题很多，各种矛盾复杂多样。对于受到各种主客观条件限制的个人而言，其公开言论内容不完善、有错误甚至很偏激都是正常的，应该给予一定的宽容度和包容空间。微博上的批评质疑声恰恰说明了广大民众对政府工作寄予期待并坚决支持。中国互联网上的“多元声音”其实标志着社会生活的和谐和宽容，也体现了政府面对不同声音和复杂局面的胸怀和自信。要以开放包容的心态，重视民意，重视“草根”的智慧，要学会与普通民众特别是其中的意见领袖及媒体交朋友，善待网民，善对媒体，坦诚面对质疑和批评，不回避、不排斥，形成良性互动，通过寻找最佳方式达成共识，解决诉求。这样才能实现预期的社会效益，才能真正让政务微博之路走得更远。

3. 互动

微博问政打开了信息公开的一扇窗，政府机构和党政干部的言行完全置于公众监督之下，一旦党政干部出现言行不当，就会引来微博围观和非议；也有部分人对政务微博的可控性、实用性也心存疑虑，造成不少党政干部不敢接触微博。一些党政部门注册了微博账号，却长时间不更新。这样的政务微博被网友形象地比喻为“僵尸微博”。要注重微博互动，与网民进行平等及时的交流，解疑释惑，倾听呼声，使政务微博在交流中活跃起来。

（三）及时、准确、权威的原则

1. 及时

政务微博要取信于民，就必须以高度负责的精神，对公众提出的热点、民生话题第一时间给出态度，引导舆论导向。在遇到危机时，要讲究早发现、早隔离、早回应、早汇报、早协调、早解决的“六早”原则。言行必果，线上承诺，线下协调，及时批转，限时督办，准确回应。武汉大学教授沈阳认为，当前网民对突发事件处置的心理期待与有关部门的协调速度不相匹配。他指出，按照传统的机制，一个事件在各个部门的协调时间周期比较长，但民众在互联网传播的速度非常快，甚至数小时之内，从整个事件的报道到评论再到最后网络的定性就已经完成了。所以，政务微博的重要意义之一便是及时发布政务信息，当微博中出现不利于社会稳定或政府形象的负面舆情后，政府部门只有在第一时间正视问题，通过公正的调查研究，第一时间正面发布权威消息，才能积极应对公众期待，形成良性互动，建立政府公信力。

2. 准确

速报事实、慎报原因、再报进展，这是长期实践中提炼出的一个经验和共识。在突发事件中不但要求信息发布快，还要求精准，因此要提倡谨慎发言。在事实、意见清晰后，再发布与本机构职能相关的信息，这样才能既充分利用微博的特点，又能避免不当言词造成的损害。速度报事实、准确报进展，是树立政务微博权威性的基本原则。

3. 权威

真实是权威性的关键，这其中包含口径的统一性和规范性、发布机关的权威性等，也是政务微博的生命。第一，政府机构开通微博时必须处理好个人和公职身份间的关系，避免发布不符合其身份的过于个性化的观点，特别注意不要挑战政治伦理道德底线。第二，微博“关注”和“删帖”要谨慎。在政府机构和党政干部微博中，也经常出现明显的带有商业广告性质的评论或转发，甚至出现一些存在严重色情、暴力倾向的评论或转发。政务微博和党政干部微博在管理中要尽量在第一时间删除这些信息，必要的时候采取一定的维权行动，只有这样才能使政务微博和党政干部微博有一个良好的公共形象，也才能使政务微博更加健康、良性地发展。

第二节　政务微博的建立流程

在传统媒体的传播过程中，人们主要依靠电视、纸等媒介传播或获取信息。在信息革命的今天，传播媒介也发生了根本性的变化。同传统媒体一样，政务微博也需要依托某个媒介进行传播，那就是互联网的微博平台。

一、微博平台及政务微博定位

（一）微博平台

政务微博包括党政干部个人微博和政府机构微博，它和大众微博有着本质上的区别，但都与微博应用平台有着密不可分的关系。因为，它们都是通过微博平台进行传播的。而微博平台是建立在不同网站上的一种应用。

政府网站自建微博平台需要花大量经费，而且与商业网站相比点击率不高，因此，政务微博基本上都建立在商业网站所提供的平台上。一方面可以近距离地与公众沟通，另一方面可提升政府在公众中的影响。目前国内影响力较大的微博平台是新浪微博和腾讯微博，它们覆盖了绝大多数的微博用户，是现阶段相对成熟的微博平台，具有相对成功的政务微博运作经验。因此，政务微博一般建立在这两个微博平台上。据人民网舆情监测室发布的《2012 年新浪政务微博报告》和《2012 年腾讯政务微博报告》中，截至 2012 年 10 月 31 日，在新浪微博平台认证的政务微博已达 60 064 个，其中党政机构微博 34 539 个，党政干部微博 25 525 个。截至 2012 年 11 月 11 日，在腾讯微博平台认证的政务微博已达 70 084 个，其中党政机构微博 45 030 个，党政干部微博 25 054 个。

（二）政务微博定位

政务机构在建立官方微博之前，需要给微博一个定位，即确定微博类型。近几年来，政务微博有了很大的发展，不仅数量上呈几何级数增长，更形成了差异化的定位分类。政府在开通微博前期，可先参考本系统成功运营的政务微博，并为微博确定一个准确的定位。一般政务微博可分为以下几种类型：

1. 宣传型

通过发布符合微博传播特点的内容，宣传官方政令信息，多以政府（外宣）类微博为主，如“微博云南”“南京发布”等。

2. 互动型

利用“微活动”，开展丰富多彩的线上活动，以达到营销目的，多以旅游微博为主，如“乐游上海”（上海市旅游局官方微博）、“浙江省旅游局”等。

3. 问政型

利用微博的“@”等功能，联合各委办局官方微博，实际解决网友反映的问题，并做到“工作时间 1 小时内、节假日休息时间 8 小时内，有呼必应”等承诺，如“问政银川”“阳光问政”等。

4. 综合型

这种类型的微博综合了宣传型、互动型、问政型等特点，以解决网友实际问题、为网民办实事为己任。多数公安微博均为综合型微博，如“平安北京”“平安伊犁”等。

微博的影响力是由粉丝来决定的。在做好政务微博定位的同时，还要构建政务微博矩阵，即在本机构政务微博中还应关注下属机构、平行机构的微博，逐渐形成自己的微博矩阵，建立自己的传播渠道。

二、党政干部个人微博的建立流程

无论是党政干部还是公务人员，在使用微博之前，需要在某个微博平台上建立个人微博账号。下面以在新浪网所提供的微博平台上建立个人账号为例。

（一）注册账号

通过直接打开 www. weibo. com，或打开新浪首页（见图 4.1），单击正上方“进入微博”按钮，即可进入新浪微博页面。

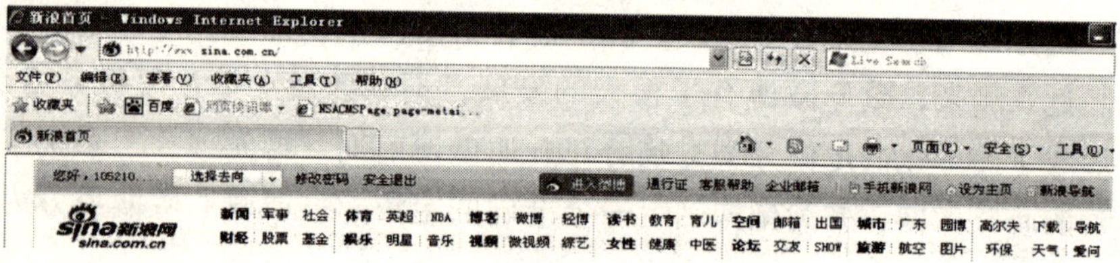

图 4.1　新浪首页

打开微博页面后，单击“立即注册微博”，进入注册页面，如图 4.2 所示。可使用手机号码或邮箱注册，如果想通过邮箱注册，在注册微博前，必须先拥有一个邮箱。之后按提示填写相关信息，如手机号码（或邮箱地址）、密码、昵称等。昵称即微博名称，具有唯一性，且在认证之前，昵称可修改。这里需要注意的是，如果是用手机号码注册的，单击“免费获取短信激活码”，手机将会收到新浪发出的激活码短信，输入激活码后单击“立即注册”按钮。如果使用邮箱注册微博账号，在输入密码、昵称等选项之后，输入验证码，单击“立即注册”按钮。之后登录邮箱，单击确认账户链接便完成注册。需要注意的是，确认信中的有效链接需在 48 小时内完成确认，超过 48 小时该确认链接将失效。

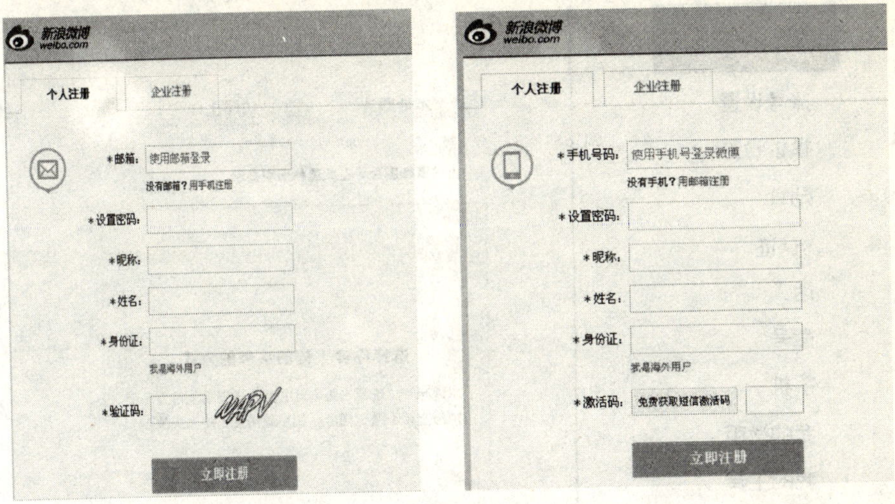

图 4.2　新浪微博注册页面

注册成功之后，进入自我介绍页面，填写相关内容之后，单击“下一步”，进入“朋友推荐”页面，在这个页面中根据个人需要可填写也可不填写，之后单击“下一步”。进入“兴趣推荐”页面，填写内容的原则基本同上，但必须选择一项兴趣，如健康、旅游、时尚等，之后点击“进入微博”。如果已经有“新浪博客”或“新浪邮箱”，可以直接使用登录名及密码登录微博，无须重返邮箱进行确认。第一次使用微博时，系统会给出一些操作提示，用户需要单击提示中的“下一步”，便可成功进入个人微博首页。

（二）设置账号

进入微博首页后通过单击页面右上角的“账号设置”，可对个人微博头像或昵称、个人标签、个性域名等内容进行修改，如图 4.3 所示。

1. 修改头像

微博头像是个人微博的主要标识之一，也是吸引粉丝的重要元素之一，因此，头像的选择非常重要。党政干部个人微博头像应尽量以真面目示人，并且庄重，切不可使用有损政府形象的图片作为头像。在“账号设置”页面中，可通过单击左侧“修改头像”选项，进入“修改头像”界面（见图 4.4），单击“本地照片”选择图片，单击“保存”，即可完成对头像的修改。

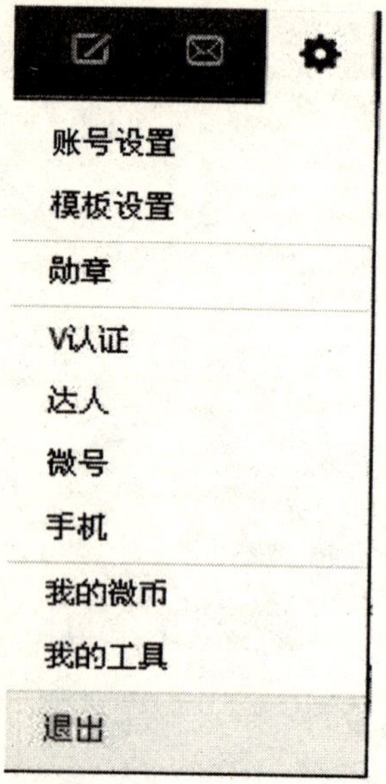

图 4.3　账号设置

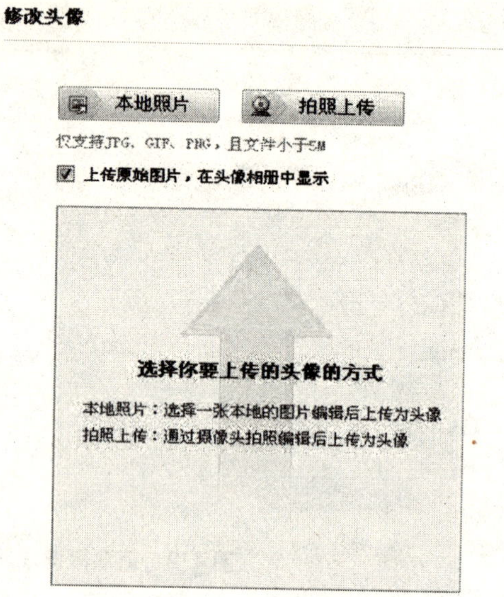

图 4.4　修改头像

2. 个人介绍

为了使自己的微博更具有影响力，让更多的人了解自己，吸引更多的粉丝，增加粉丝黏性，需要对个人进行简单介绍。个人介绍可在“账号设置”页面中修改，也可单击个人微博首页中的头像进入个人微博页面，单击该页面中的“一句话介绍自己”选项完成操作。在“基本信息”界面的“一句话介绍”方框中，输入少于70个汉字的内容，其中可以包括工作单位、职务或职称、教育背景等信息。

3. 个人标签

新浪微博标签主要是个人兴趣爱好的关键词。在让他人了解用户的同时，聚集与用户有共同兴趣爱好的人群。设置个人标签的方法是在“个人标签”界面中，在“添加标签”一栏中输入与个人兴趣相关的关键词，如图4.5所示。

4. 个性域名

设置个性域名是对微博初始域名的修改过程。每个微博只能对应一个个性域名，因此，它具有唯一性。一般域名除英文字母外还可包括数字。用户可以通过个性域名的设置，对默认域名进行修改，以彰显自我特色。

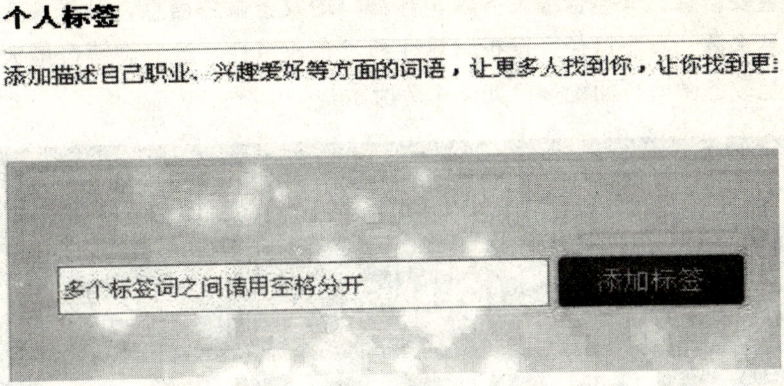

图 4.5　修改个人标签

党政干部个人微博可以根据个人所在机构等信息设置个性域名，以方便他人记忆和识别。首先单击“个性域名”，进入个性域名设置界面即可进行设置，如图 4.6 所示。需要注意的是个性域名需要由 4 ~ 20 位的英文和数字组成，不支持纯数字，必须包含英文字符。个性域名一旦设置成功，将不能修改，因此要谨慎对待。

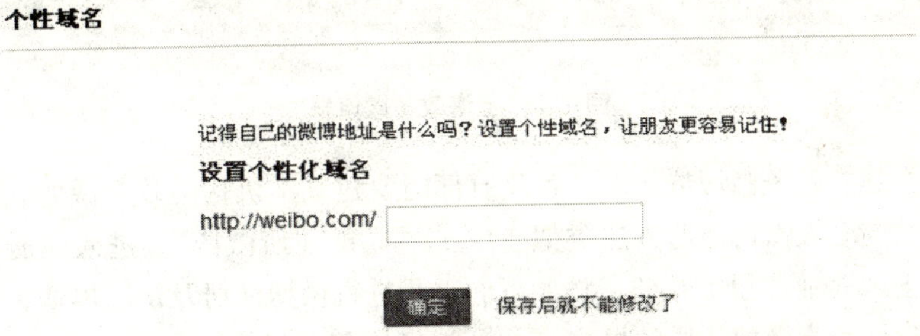

图 4.6　修改个性域名

三、政务微博群的建立流程

与党政干部个人微博不同，政务微博群是本地区政府各职能部门政务微博的集合，它不同于国内多个城市政务微博与当地各单位政务微博相对独立的情况，如“北京发布”“深圳微博发布厅”等，它们更多地强调了微博平台整合的优势，将全市各区、各部门的政务微博纳入其中，既独立发布重要信息，又整合编发各区、各部门的政务微博信息，从源头上保障了信息来源、发布口径、发布时效性和发布权威性。这些微博群最大的特点就是政务微博页面统一，如图 4.7 所示。

图 4.7　上海政务微博群

在建立政务微博群之前，各政府部门要建立本机构的政务微博。其注册方法与个人微博注册方法类似。单击“立即注册微博”，进入注册页面后单击“企业注册”按钮，按照页面提示进行微博注册及认证申请，申请提交后，负责微博注册的机构（如新浪微博相关机构）将在 1 ~ 5 个工作日内，对相关资料进行审核和认证，认证成功当日，昵称右侧将会出现一个蓝色 V 字标志，认证成功 3 个工作日后自动生成机构版微博（即企业版微博）。这里需要注意几个地方：

（一）昵称（或命名）

政府机构微博昵称要简单、明了，在昵称中精确、简明地定位自身形象，用形象、响亮的名称替代平铺直叙的身份陈述，会对塑造品牌、提升网络影响力产生积极效果。此外还需要注意语境是否合适，表达内容是否有歧义。

（二）头像

政府机构微博的头像要具有代表性，一目了然，通过头像公众就可以了解到该政务微博所代表的政府职能类型。如同一个商品的商标一样，政府机构微博头像也是它的商标，需要让人们记住该“品牌”，能在视觉上加深网友对政务微博的印象，带来整齐划一的感觉。

（三）简介

如果说头像是政府机构微博的商标，那么简介就是对该微博的信息补充，主要包括注册该微博所在地区、政府机构名称等内容，如图 4.8 所示。

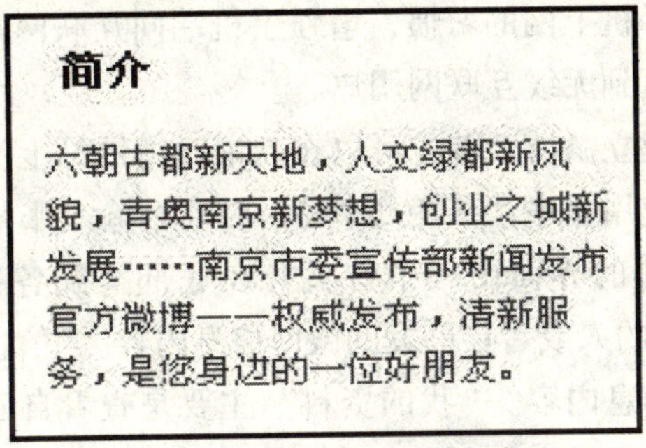

图 4.8　政府机构微博简介实例

（四）标签

与个人微博不同，政府机构微博的标签应体现该地区或该机构的执政理念、微博特征或地域特色，如图 4.9 所示。

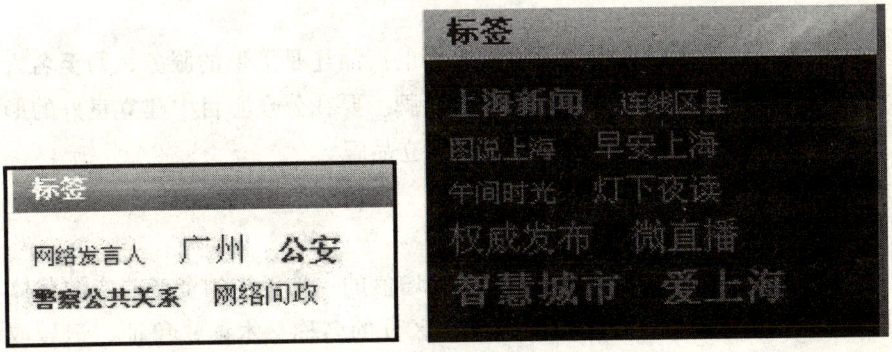

图 4.9　政府机构微博标签实例

四、手机微博账号的建立流程

在信息技术飞速发展的今天，移动通信已被广大公众所接受并使用，特别是近几年，随着智能手机的广泛使用，手机微博用户也呈逐年增长的趋势，目前已超过了互联网微博用户数量。由此可见，未来微博的主要发展运用平台应该是以手机用户为主，每个手机用户不必使用计算机就可以发表自己的最新信息，并和好友分享自己的快乐。每条微博限定 140 个字符，就是源于每条手机短信的字数最多就是 140 个，由此可见微博从诞生之初就同手机应用密不可分，并建立了手机和互联网应用的无缝连接。培养手机用户使用手机上网的习惯，增强手机端同互联网端的互动，从而使手机用户顺利过渡到无线互联网用户。

要在手机上建立微博，首先可以在新浪微博网站上注册微博账号。之后，单击手机的应用程序“新浪微博”，启动后输入账号和密码，完成登录。新浪手机微博的界面由一个首页并在底部搭配各种应用功能组成。“首页”显示关注的人或者自己发的微博信息内容。“信息”功能里的内容是与本人有关的信息内容。“我的资料”主要是查看自己的资料，包括昵称、关注了谁、粉丝、本人所发的微博汇总等。

第三节　政务微博品牌塑造

品牌是一个大的概念，无论是有形的产品还是无形的服务，乃至名人效应或者机构知名度等，都可以成为品牌。要在公众心目中建立良好的形象，扩大影响力，最有效的方法就是树立品牌。

一、政府品牌

“品牌是给拥有者带来溢价、产生增值的一种无形的资产，它的载体是用以和其他竞争者的产品或劳务相区分的名称、术语、象征、记号或者设计及其组合，增值的源泉来自于消费者心智中形成的关于其载体的印象。”[①] 在市场经济中，商业品牌代表着一个企业的某种产品在社会上的知名度，一个产品质量再好，若它的知名度不高，也会影响它在市场上的占有率。因此，品牌对一个企业来说至关重要，有时会直接影响企业的生存与发展。品牌的三个要素是可信度、知名度、美誉度。政府品牌与商业品牌具有一种共性，就是通过各种手段提高知名度，树立在人们心中的地位和形象。但是政府品牌有别于商业品牌。商业品牌的树立以经济利益为最终目标，是可以被量化的。而政府品牌的树立则是以社会利益且服务于大众为最终目标，其价值难以数计。特别是在改革开放30多年的今天，从计划经济到市场经济模式的转变，建立了以科学发展观为指导思想的中国特色社会主义，已进入了一个稳步发展的阶段，政府职能也已从原先的单一管理型逐渐转变为多元管理服务型。因此，在市场经济的大环境下，树立政府品牌显得尤为重要。政务微博作为政府与公众交流沟通的渠道之一，是听取民意，了解民情，解读政策、传达政府信息等的主要窗口，也是树立政府形象的关键节点。目前，它已逐渐成为塑造政府品牌最大的网络媒体，同时也为政府形象的树立带来了新的机遇。如何建立其品牌效应是各级政府和职能部门需要认真对待的问题。从功能来讲，政务微博主要包括实现政府信息公开、实时信息发布、党政干部个人或机构与公众互动等。通过这些功能，可有效弥补政府在虚拟社会中话语权的缺失，引导网络舆论，实现公民参政议政的态势及社会正能量的释放。

二、党政干部个人品牌

近几年，党政干部个人微博的建立呈上升趋势。与政府机构政务微博有所不同，公众浏览党政干部个人微博，更多关注的是他对某个事件的看法、对政策的解读和个人生活的一些事情；而党政干部个人也想利用微博，向公众表达自己的思想、价值观与理念、观点，展现其人格力与影响力，并且通过与公众进行沟通，了解他们的所思所想。在很大程度上，党政干部个人微博强化和带动着公众对其身后政务职能部门的关切、信赖和情绪。这种综合认知将最终移转为政府整体形象的树立。一些地方政府曾经呼吁宣传部门的干部开设个人微博，试图借此拉近政府与民众的距离。

① http://baike.baidu.com/view/9013.htm.

目前开设个人微博的党政干部主要集中在县处级以下干部。

塑造党政干部个人品牌包括以下几个方面：

（一）个性化设计

为提高自身的品牌效应，首先要有个性化设计，即突出自己微博页面的特点，如昵称、头像、背景等。

昵称是个人微博的一个标签，通过它可以直接了解到微博所有者的相关信息。目前，虽然很多党政干部采用了实名开设微博，但仍处于“潜水状态”，即后台实名注册，前台采用昵称。用这种穿上马甲的方式与公众沟通，大概是为了避免“失语”、犯错误。这或许是现阶段的一个必然现象。

头像是个人微博的另一个标签，可以是个人照片，也可以是自己所在地区的特色标志。

（二）内容独特

党政干部微博既是个人微博，又兼具政府机构微博的属性，是政务微博的重要组成部分。因此，个人微博除了展现个人魅力，发挥党政干部的正能量以外，还应着力宣传政府的执政理念和价值观等内容。在转发正面微博的同时，要注重个人原创微博的发布，杜绝不良信息或视频在微博上的扩散。从而树立党政干部的正面形象，让民众了解到党政干部既是严肃的管理者，也是有喜怒哀乐的普通人。

三、政务微博群品牌

政务微博群一般由多个政府机构微博组成。政府机构所开设的微博，基本表现形式要凸显各自的职能特性，具有贴近民生、务实办事、重视应用的特点。近几年，政务微博和网民相互呼应，联动效果十分显著。政务微博群品牌的塑造，在微博名称上不仅要与该微博机构的职能相匹配，也要注意微博头像、微博简介、微博域名、微博口号、微博形象物、微博首页设置、微博文字格式、微博图片、微博视频和活动海报等方面的设计。在微博内容上也要以图文并茂等多媒体的形式呈现，使公众能够直接感受政府品牌形象。

（一）政务微博名称

名称对于一个品牌而言，起着决定性的作用。对于政务微博来讲，一个出色的名称能够给网民留下深刻印象，拉近与网民之间的距离，增强党政部门的亲和力①。昵称在很大程度上决定着网民对政务微博性质和功能的认知，对树立政务微博品牌具有关键性的意义。政府机构微博可以以机构名称命名，也可以根据部门职责命名。例如，北京市政府新闻办官方微博的昵称由原有的“北京市政府新闻办”更改为“北京发布”，北京市公安局官方微博的昵称是“平安北京”，这些名称都表达了该微博的机构职能特征。

（二）政务微博头像

人们对商品品牌的认知，大都来自于该品牌的商标。与此类比，政务微博除了有特色的昵称之外，还应注重头像的设计，以达到视觉效果上的“冲击力”。政务微博的头像既要表现其政府部门的职能特点，又要保证严肃性和权威性。图 4.10 所示的设计就体现了两者之间的统一。

图 4.10　政务微博头像设计实例

另外，也可以选择地方建筑物等作为头像，如青岛市人民政府新闻办公室官方微博“青岛发布”的头像，如图 4.11 所示。

图 4.11　“青岛发布”的微博头像

无论选择哪种图标，要切记一点，就是不可选择那些与该机构无关或夸张的图片作为政务微博的图标。

① 窦含章，李未柠主编. 政务微博实用指南. 北京：中共中央党校出版社，2012.

（三）政务微博页面设计

政务微博的页面设计一般包括昵称、头像、简介、图片、视频等几个功能模块。这些功能模块的布局是否合理，直接关系到政务微博的浏览量。个性化的页面应具有独特性和唯一性，既要彰显部门或地域特色，又要符合大众审美标准，给网民留下深刻印象，因此，要对页面模块进行划分，如优化界面、添加标签、设置话题、添加链接等，展现部门立体化形象。以“上海发布”微博页面为例，如图 4.12 所示。

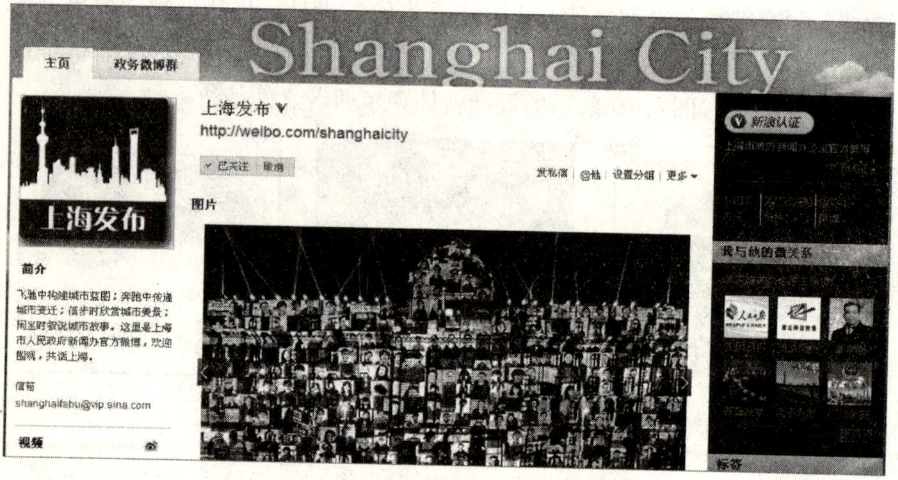

图 4.12 “上海发布”微博页面

另外，页面中的搜索功能设计也很重要，公众不仅可以在搜索框中查询关键字，而且还可以快速切换到与其相关的内容，如图 4.13 所示。

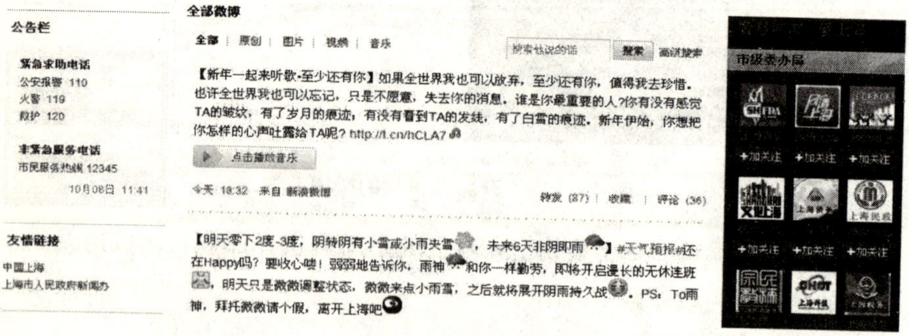

图 4.13 搜索功能设计

（四）政务微博内容规范

《2011 年中国政务微博报告》显示，在过去 1 年内，79% 的政府机构微博内容和 41% 的政务人员微博内容，原创数大于转发数。[①] 原创微博内容以政务信息、生活信息为主。政务微博内容是政务微博的核心，无论在常态还是非常态情况下，在发布之前都要进行规划。在明确定位和设定目标以后，要根据受众特点，对政务微博内容进行配置。通过原创微博和互动对话，形成自己的独特风格，如语言风格、图片风格、互动风格、视频风格等。一般在常态情况下，应根据本部门的职能，有针对性地对相关政策及与公众相关的内容进行解读，同时还要对自身进行宣传，让公众更多地了解政府机构的工作性质和工作内容。在非常态情况下，政务微博更应发挥其应有的作用，在适当的时间发布与突发事件相关的信息，做到政务公开、透明，让公众获取更多的信息，了解事实真相。另外，要与公众进行互动，对公众提出的问题或质疑要及时回复。

政务微博是树立政府品牌的主要窗口之一。如前所述，对于政务微博平台的应用，正经历着一个从低级向高级、由单一功能向复合功能演变的过程。在这一过程中，能否不断提高微博应用水准、让微博成为务实办公平台，是政务微博可持续发展的根本。

【思考题】

1. 政务微博如何树立品牌?
2. 政务微博建立中应注意哪些环节?

---

① 上海交通大学舆情研究实验室. 2011 年中国政务微博报告.

第五章 如何做好政务微博的运营

【内容摘要】政务微博的运营与大众微博的运营相比，具有信息全方位展示、发布更加快捷、高速度传播、影响力广泛等特点。在政务微博的运营过程中，要规范栏目设计，细化信息发布和审核程序，建立线上线下协调机制和部门联动机制，做好内容运营组织管理。内容发布应贴近民生民情，尽量使用网民熟悉的语言，掌握与网民互动的技巧。这样，才能使政务微博真正发挥其应有的作用。为此，需建立一支具有高度政治敏感性和责任心，了解相关政策，并且懂得新闻规律和网络技术的运营团队。

【关键词】政务微博　运营团队　运营规范

第一节　政务微博日常运营规范

政务微博运营与大众微博运营相比较，有相同的地方，如利用多媒体形式发布内容，内容有字符数限制等，但在信息发布、影响深度等方面，也有它自身的特点。因此，做好政务微博的日常运营是至关重要的。

一、政务微博的运营特点

（一）利用微博平台全方位展现信息

目前很多微博平台已经实现了从文字到图片、从动画到视频的全方位展示，特别是在政府机构微博中首页图片的展示，实现了潜在的与公众之间的一种深度关联，能够让单一枯燥的文字信息立刻鲜活起来，使得信息更加具有影响力。

（二）发布信息更加便捷

在21世纪初期，一些省市的政府曾积极倡导过党政干部建立个人博客，但由于一篇博客需要长时间的构思，并且需要不断更新，使得这一举措未能得到有效实施。而一条政务微博140个汉字的限制，大大降低了信息发布的门槛。人们只需简单构思一句话，就能写一条微博，与长篇大论的博客相比，省时、省力并且便捷，从而节约了大量的时间成本。

（三）高速地传播信息

政务微博运营所要实现的目标之一，是把政府信息以最快的速度传播给公众。而传播的关键在于微博所具有的开放性关系链。这一关系链能使一条关注度较高的政务微博在发布之后极短的时间内通过串联式、发散式、互动式传播抵达每一个微博用户，起到广而告之的效果。

（四）扩大广泛的影响力

政务微博能够在最短的时间内增加公众的关注度，实现与粉丝的迅速沟通，及时获得他们的反馈，广泛扩大自身影响力。大众微博的运营方式是以人际关系为基础的关系链传播，而政务微博的传播理念是以为民众提供服务、解答民众问题为宗旨的，可聚合更多的粉丝关注。

二、日常运营规范

（一）栏目设置规范

规范化的栏目设置可凸显政务微博整体框架，其意义在于培养粉丝的阅读习惯，提升粉丝对内容的黏性。通过合理的结构设置，将所要传递的信息更为清晰地传达给更多的有效用户。同时，系统还能够根据标签自动推荐内容，让更多的用户通过内容来关注所发布的微博信息。政务微博的栏目要进行合理规范的设置。首先，要根据政务微博所涉领域、机构的工作性质和工作内容，确定栏目规划与定位；其次，根据网民的兴趣和喜闻乐见的方式确定栏目内容及呈现方式。在完成栏目设置以后，应以不同的栏目标示编排栏目。例如，在栏目文字前后加上“#”，以便与正文内容区分；使用“【】”作为栏目的标示性符号等。栏目设置的方法主要有三点：第一，结合新闻办、外宣办常规宣传特点，做栏目提炼（字数最好在

4个字之内)；第二，可参考当地主流官方媒体的栏目设置，进行改编；第三，可参考同领域运营较为成熟的政务微博，并结合自身地域特点进行改编。

（二）日常运营机制

政务微博日常运营机制主要包括三个方面：

1. 发布程序及审核

（1）主动发布。稿源可由各部门提供，经筛选后报新闻主管领导审核同意即可发布；重大敏感事项发布需经委办局最高领导审核批示；特别重大事项由供稿单位报委办局领导讨论同意确定。

（2）转发。原则上由新闻处领导审核同意后发布，重大事项报委办局领导同意。

（3）评论、回复。挑选部分典型性评论进行回复。一般性内容由微博运营团队直接答复，业务问题可在获得相关部门答复后及时反馈。

（4）关注。可添加部分与本单位密切相关的单位和个人作为关注对象，并与关注对象保持互动。

（5）公告栏。在微博首页列出公告栏。在公告栏内简要提供本单位网站名、电话、传真，提出对发表评论的要求和注意事项。

2. 线上线下协调机制

（1）线上问题，线下处置。使用微博、私信功能、微访谈搜集民意；按照网民诉求和反映问题严重级别对网民意见进行分类；通过书面文件、微博转发等方式转办落实咨询、投诉、举报问题；跟进问题落实情况，重视网民的监督作用。

（2）线下政务，线上公布。做好政务信息的线上公布工作；公开透明地处理舆论揣测不定或涉及网民利益的突发事件；灵活采用线上公布的形式。

3. 部门联动机制

（1）提高效率，实施线上协作机制。建议各系统、各管辖区域在党委、政府的领导下开设官方微博，以微博群的形式实现立体化传播。事先要做好调研工作，熟悉本区域或同系统相关微博账号。发布信息时保证系统内口径一致、说法统一，有针对性地对舆论质疑点进行回应。报道网络热点事件时要做到有始有终。

(2) 整合资源，构建线下联动格局。管理团队线上征集民意，线下部门密切配合。明确各级党政机关在线下落实微博民意时的职责任务，将微博民意落实状况纳入党政绩效考核中。

三、内容运营技巧

政务微博要树立自己的品牌，关键的环节是内容运营。这里介绍几个技巧。

（一）以服务网民为宗旨

政务微博发布的内容应尽量贴近民生民情，除发布所在党政机关的重要政策和动态之外，应增加一些与该政务微博定位相符相关的便民信息。例如，旅游行业政务微博，除宣传旅游景点、风俗文化以外，可增加旅行小贴士、安全出游提醒等内容，提升微博的实用性和可读性。微博文字篇幅虽然短小，但表现形式十分丰富，应发布包括文字、图片、表情、音频、视频等多种媒体形式的微博，吸引网民关注。

为了方便网民阅读，内容要分栏归类，使重点内容一目了然，建议使用“【】”概括微博的核心信息，用“##”对内容进行分栏归类。

例如，“平安北京”利用“#微提示#”划分栏目，使用“【京哈高速、京沪高速部分路段双向采取分流措施】”点明新闻标题，如图 5.1 所示。

> #微提示#【京哈高速、京沪高速部分路段双向采取分流措施】受雾大影响，京哈高速白鹿收费站到市界双方向、京沪高速大羊坊收费站到市界双方向采取分流措施。提示大家提前绕行相邻的国道通行。此外，【京开高速主路固安北3公里，出京方向有多车事故，过往车辆请注意避让】

图 5.1　由微博内容分栏归类实例

（二）掌握语言技巧

政务微博应适当使用网民习惯的网络语言，引发网民产生共鸣，要简单扼要，尽量少说官话套话，切忌单向宣传政绩。

（三）控制微博发布数量

在发布政务微博时，要把握发布时间，控制发布数量。政务微博的运营，不能简单地遵循常规的 8 小时工作制。据统计分析，每天 9—10 点、16—18 点、21—24 点在线微博用户较多。所以，至少应保证 8—24 点微博联系畅通。另外，政务微博以平均每天发布 5～15 条为宜，适当调整节奏，避免频繁刷屏。

（四）以原创为主，转发为辅

原创内容是政务微博的核心和精髓，转发微博应是原创内容的点缀，不应占据过大比例。即使转发，也应添加 1～2 句评论话语作为转发理由。

（五）保证高度时效性，不发布过期信息

微博的一个突出特点是即时，发布过期内容会被认为是消极怠慢的态度。更新内容勤快的政务微博通常拥有较多粉丝，粉丝互动性也比较高。

四、内容发布“十二要”与“十二忌”

在政务微博运营中，内容发布是重要环节。为使信息发布更加有效，无论是党政干部个人还是政府机构微博的使用者或管理者，都应自觉遵守“十二要”和“十二忌”。

（一）“十二要”

1. 要明确微博定位

不同职能的政务微博，应立足本部门服务，充实微博内容。

2. 要敢于面对围观谩骂

面对围观谩骂应寻求根源，如果发现网民的不满情绪是由于某件事情处置不当或者某项投诉质疑没有得到及时的反馈，应及时介入解决，在化解危机的同时，提升政府形象。

3. 要把握发布时间及频率

保证早上 8：00 至晚上 24：00 都有管理人员在岗维护是基本要求，政务微博以平均每天发布 5～15 条微博信息为宜。

4. 要配置专员管理审核

凡涉及政府政策法规、大事要案说明、突发敏感事件的公告，微博专员都要向上级部门申请审核，经确认后才能发布。转发信息时也应警惕虚假信息。

5. 要主动搜索响应舆论

利用微博的信息检索功能，关注当地新闻，倾听网民态度意见，把握舆论发展，占据舆论主动权。例如：升级为政府专业版以后，可利用新浪微博政府版后台的舆情系统，监控舆情发展变化情况。

6. 要及时处理投诉质疑

党政部门可借助微博直接解答网民疑问，将民众诉求快速、准确地反映到相关执行部门。对于网民的投诉质疑，政务微博不仅要及时回复，还要及时处理。

7. 要加强重要信息保密

一旦涉及国家机密、公共安全、重要决定、特殊会议安排等信息，务必上报上级主管及保密部门，实行严格的沟通审查程序，确保不发生政务微博泄密事件。

8. 要发布简洁文字

政务微博文字应力求简洁、讲重点，争取用一条微博在140字以内表达完整的意思。若篇幅过长，可在每条开头设置“#话题#”表示所发信息属于同一话题内容。例如，“平安南粤”以“#大运会#”串联微博，直播大运会仪式的全过程。

9. 要在重大事件中快速发声

要利用好微博，在“黄金1小时”内发布官方声明。事实上，舆情热点事件发生之后，当地政务微博的动作一定会成为舆论关注焦点，无论是否做出回应，都可能遭到网友围攻、质疑、谩骂等，网民情绪会在政务微博评论中体现。此时，被动不如主动，果断利用政务微博表态，并迅速开展线下调查。在调查清楚原委之前，慎说原因。

10. 要真诚沟通交流

党政部门只有端正心态，与民真诚沟通，遇到错误勇于承认，愿意为自身的失职道歉，及时处理网民反馈的问题，方能展示政务微博新形象。

11. 要将网民意见整理备案

应该重视对网民意见和网民评论的整理备案工作，在时间纵向上做好归档，在横向上做好分类，将网民评论细分为查询征询、投诉质疑、举报揭发、赞扬鼓励几类。这样做的好处有三个：观察网民态度及评价的时间变化趋势；疏导网络情绪，培育更加健康积极的网络舆论平台；汲取理性观点，提高党政部门服务质量。

12. 要向优秀政务微博学习

刚刚进入微博平台的政务微博应多向优秀的政务微博学习，在微博定位、内容发布设置、吸引“粉丝”关注等方面取长补短，避免走冤枉路。

（二）“十二忌”

1. 忌间断信息更新

政务微博不是回应热点舆情的临时性替代物，一旦开通应设立专门岗位进行管理维护，保证人员配备到位，确保微博能够长期更新，始终活跃。

2. 忌不与网民互动

倾听网民声音，有利于提高对虚拟社会的管理能力，依靠社会公众推动社会事务管理。一味发布信息，对网民评论不管不问，既影响网民参与积极性，又辜负政务微博问政的初衷。

3. 忌关闭评论功能

微博贵在沟通交流，关闭评论无异于拒绝交流、拒绝沟通。面对网民非理性评论而关闭评论功能，无异于因噎废食。应定期对网民评论分类，直面批评，吸取理性意见，不断完善改进。

4. 忌关注不当人群

因个人喜好关注明星、娱乐类微博，容易被当做负面行为而被媒体报道。关注人群应多样化，对本地活跃网民、新闻媒体等各类用户发布的信息要重点关注，以便随时掌握热点新闻及与本地相关的舆情事件。

5. 忌内容公私不分

政府部门通过微博公布政策信息、搜集网络民意，具有公共性特征。政务微博所发表的言论代表政府权威观点，因此在转发、评论信息之时，应避免发布个人化色彩浓厚的私人信息。

6. 忌缺乏原创内容

政务微博贵在以原创内容吸引人，一味转发，不发表原创，折射出政务微博开通的盲目性。转发微博是核心原创内容的点缀，不应占过大比例，即使转发，也应该添加一两条评论话语。转发对象应为政府内部或同地域其他政务微博的内容。

7. 忌与网民打口水战

政务微博管理人员代表政府部门，面对网络围观和质疑时应控制个人情绪，不应参与无端争论，更不应与网民打口水战。应以有效解决问题为目的，学会保持沉默。

8. 忌说官话、打官腔

微博平台中，网民表达方式自由多变，官场套话式微博内容与微博平台自由、开放、个性化的风格相悖，会受到网民排斥。因此，政务微博应尝试使用口语化、人情化的用语，以消除网民对于政府部门高不可攀的刻板印象。

9. 忌单向宣传政绩

党政部门开微博，应虚心采纳民意、体察民情，注重提升政府服务理念、改良政府服务方式，积极与网友互动。一味进行单一的政绩宣传，不但无法得到预期的沟通效果，还可能损伤政府形象，降低政府公信度。

10. 忌流于形式

不发布内容、不回应网友、拒绝接受民众批评意见、官话官腔等都使微博信息难以产生实际效果，使政务微博流于形式。政务微博的管理极为关键，只有积极融入微博氛围，以微博打造问政新思路，才能真正发挥政务微博的作用。

11. 忌轻率回复、妄下结论

政务微博管理人员在回复网友评论之前，应事先通气。一旦出现难以确定的疑难问题或重大事件，应立即上报，获取准确信息之后再做答复。

12. 忌发布有违公序良俗的言论

严禁在政务微博中发布违背党和国家基本政策的言论或煽动性观点，切忌发布谩骂内容或捏造事实攻击他人。不当言论极有可能使政府陷入不利境地，保证政务微博内容及言论空间的积极健康是底线。①

第二节　政务微博运营中的团队建设

一、运营团队建设

无论是门户网站还是电子商务网站，都需要有一个运营团队。同样，政府政务微博也需要一支运营团队。因为这个团队传达的是政府的声音，代表政府形象，所以，成员要具备较高素质，并须严格要求。微博运营团

① 政务微博运营规范手册：2012 年 5 月第一版．http：//vdisk. weibo. com/s/1o0Ki.

队必须具有把握政策、发布新闻、研判舆情和较强的编辑、创作能力，才能够保证政务微博的精准性和有效性。运营团队成员需要具备四个基本条件：第一是具有高度的政治敏感性和责任心；第二是了解相关政策，熟悉业务；第三是懂新闻规律和网络技术；第四是具有较好的文字水平，语言风格活泼、生动。通常情况下需要由至少2~3人组成的团队运营微博，理想团队的搭配人数应为6人以上，并且每个人都要明确自己的职责和任务。

根据政务微博的定位类型建立相应的运营团队。一般在政务微博开通初期，在没有充足人手的前提下，可先从宣传型微博做起，通过内容发布，逐渐熟悉微博运营规律，掌握微博用户的基本特点。此类微博运营需要配备1~2人，并掌握微博语言特点。互动型微博的运营特点主要是逐渐尝试通过与网友私信沟通、发起微活动等方式，与网友直接进行交流，并逐渐解决网友的一些实际问题。此类微博运营需要配备2~4人，要有一定的营销基础。问政型微博将成为公民参与的重要途径，建议市政府办公厅、信息办开通此类型微博，其微博运营需要配备3~5人，实行24小时轮班制。综合型微博集合了其他微博类型的特点，建议省部级单位可将官方微博建设成该类型，此类型微博运营需要配备6人以上，并有明确分工定位。因为分工也是决定每条微博价值的重要因素，应当根据微博内容选择专业人员运营。重要发布内容应由运营团队负责，同时应参考政府新闻发言人意见。如某个政府综合型政务微博，每条微博发布前必须经过至少3名编辑审核。

需要注意的是，如果初期因人力资源紧张，无法组建专门的微博运营团队，可考虑通过外包的形式运营政务微博；也可以在初期将政务微博定位为宣传型，先从发布本单位的官方消息为主，并适当回复部分网友的问题。这样做，既减轻了政务微博的运营压力，又可迅速占领微博这块阵地。待后续人员配备完善后，可逐渐过渡到互动型、问政型，甚至是综合型的微博。

二、设置专人专岗

要想真正做好政务微博，应该设置专人专岗，负责微博的日常运营及维护。

（一）合理安排维护人员

理想状态下，抽调至少2名工作人员专职维护微博；如有条件，最好分上午、下午、晚高峰、夜间、节假日24小时轮流值守。例如，“平安北京”在平台运营初期有12人参与微博的筹建和维护工作，基本都是熟悉网络的80后，12名民警分为4组，轮流值守，保障平台的24小时响应。之后，逐渐形成了日间3名固定民警全职负责微博工作，夜间另外3名新闻中心民警联合2名微博组男民警轮流值守的模式。又如，“安徽公安在线”微博管理员24小时值班轮岗。“安徽公安在线”微博团队共8人，年龄在24～33岁之间，学历为大学以上文化程度。8人24小时轮班值岗维护微博，管理不脱节。另外，“安徽公安在线”还出台了《安徽公安微博管理办法》，试行公安微博报备认证制度，强化舆情处理应对机制，化解舆情矛盾。

（二）保证通信畅通

充分利用移动设备做好政务微博，为所有微博维护人员配备智能手机，保证手机24小时在线，如遇特殊情况保证随时随地沟通处理。

（三）加强技术支持

必要时安排技术人员支持。例如，“浙江省旅游局”维护人员配备智能手机，24小时在线。浙江省旅游局共有3人主要负责微博运营工作，两人大学本科学历，基本为80后，对摄影组织和作品搜集有一定经验。三人手机24小时在线，如遇特殊情况，随时通过手机沟通处理。并且还有技术部门支持微博工作。管理团队每天上午8：30至晚上10：30轮流执勤，为弥补夜间微博无人管理的不足，技术部门设计了针对微博内容的定时发布和活动资源的整合上线的“浙江旅游微博管理”应用。

三、明确职责分工

微博管理团队成员要明确分工，各负其责。一般工作职责主要有以下几种：

（一）内容编辑

内容编辑是政务微博管理团队的核心人物，分主编和责任编辑两类。主编的职责主要是建立管理职责、策划微博话题、负责内容审核、组织交流学习、审查敏感话题回应。责任编辑的职责主要是：提前搜集内容、日常撰写编排、实时审查、发现负面舆情、发现新动向、参与学习研讨。要使政务微博的运营更加制度化、规范化。例如，“福建省旅游局”经过摸索后，形成了制度化、规范化的运营机制，发布内容包括旅游资讯、节庆活动、知识性内容、旅游服务信息等。除制作《天天旅讯》《福建美食》等固定栏目以外，还定期策划各类旅游专题，并在保证微博日常对话的基础上，加强与粉丝的互动。

（二）活动策划

组建专属活动策划团队，策划线上线下活动。策划团队的职责主要是结合政务微博定位策划活动主题，配合内容编辑推广活动，负责线下活动，评估活动并总结经验。例如，“平安北京”联合新浪微博策划了“北京市公安局特警演练新浪微博‘粉丝’观战团活动”，并用微博实况直播，受到了网友一致好评。

（三）形象设计

有美术特长的工作人员负责政务微博形象设计和维护。形象设计者的职责主要是设计头像、配图、背景图片、专题图片、新闻图片，更新图片库。例如，“南京市公安局白下分局”将通缉犯姓名、头像、犯罪信息设计合成在“三国杀”卡牌中，发布“三国杀”通缉令。这则“微博通缉令”形象生动且颇具创意，在发布不到 3 天时间里，即有 3 名嫌疑人自首。

（四）数据评估

政务微博团队应吸纳专业人才，包括数据分析及评估等方面的人才。通过结合政务微博“粉丝”增长趋势、微博信息转发评论状况等指标，进行科学的计算分析和科学评估，预测出政务微博整体发展趋势，为政务微博长期发展提供决策支持。①

四、运营人员培训

在各政府部门的政务微博工作中，主管领导应高度重视，推动微博开通运营；分管领导要尽快熟悉微博功能及业务，组织培训交流活动提高团队业务水平和工作能力；微博运营人员要精通微博操作，熟悉政务微博使

① 政务微博运营规范手册：2012 年 5 月第一版. http：//vdisk. weibo. com/s/1o0Ki.

用技巧；其他部门应及时提供相关信息。加强系统培训，提升广大党员干部和公务人员的新媒体技巧和媒介素养。倡导公务人员积极关注社交网络、即时通信和移动互联网的发展，提高学习意识和能力，以更加开放、自信和积极的心态迎接未来。政务微博相关人员的培训主要有以下几方面：

（一）专业培训

政务微博运营人员不仅要进行媒体知识培训，同时还要进行微博内容写作培训、话题写作培训和微博传播知识培训。

（二）法律培训

加强相关法律法规培训（如《中华人民共和国政府信息公开条例》等）、政务微博的相关规则培训，同时还要进行政府部门的机构和相关职责的培训。

（三）互动与沟通培训

主要学习政府如何通过政务微博与公众进行沟通，了解网络舆论动向，有效引导舆论。进行舆论监测培训必不可少。

五、政务微博运营专员

随着微博应用的发展，催生了一种新兴职业——微博运营专员。其工作内容主要包括三方面：一是负责相关微博日常内容发布、更新、维护和管理；二是负责制定微博运营策略，策划微博活动；三是搜集粉丝的问题反馈和批评建议，了解粉丝需求。以“北京微博发布厅”的政务微博为例，人民网舆情监测室总结出微博运营专员应具备的工作能力包括：

（一）保证信息发布量和把握最佳时机的能力

微博运营专员要具备保证相关微博的信息发布量、把握最佳的发博时机的能力。

（二）及时回复网友提问的能力

要具备相应的专业知识，以便及时回复网友提问。

（三）应对公共突发事件的能力

2012 年 1 月 10 日凌晨 3 时，“交通北京”发布一条微博提醒市民“受大雾天气影响，京沪高速、京津高速北京段将全线封闭”。此后，又陆续发布 16 条微博，及时发布全市各条高速公路和交通干线的通行状况，提醒市民出行事项。

（四）微博活动策划的能力

2012年4月8日，北京市政府新闻办公室官方微博“北京发布”、北京市园林绿化局官方微博“首都绿化”和北京市政府新闻办公室主任王惠共同策划举办了“义务植树活动”，邀请网友从线上走到线下参与植树活动。“北京发布”提前3天发布“义务植树活动”召集帖，并开放微博私信功能接受网友的报名。

第三节　政务微博运营规范

随着政务微博的蓬勃发展，如何使政务微博运营更加规范应是今后几年政府相关部门和党政干部个人需要关注的问题。

一、党政干部个人微博运营规范

（一）内容发布规范

党政干部个人发布微博时，首先要注意方式方法，不要成为“微博控”，而是要“控”微博。即党政干部个人微博可就自己所负责领域的热点事件，做出最专业的解读。既代表了政府的官方声音，也可从个人角度对热点事件进行权威解读。另外，对于其他领域的热点事件话题，如果并不了解事件的具体情况，建议不要轻易发布自己的观点。因为公众不会把党政干部个人言论只看成是个人观点，而是代表政府，一旦发布有失公正甚至错误的言论，很容易被网友及媒体质疑。微博运营有一定的规律可言，党政干部个人微博，初期可根据相关规律发博，快速提升自己的影响力。待运营一段时间，有了一定影响力后，再根据自己的作息时间发布微博，从而引导网友进入自己的主页去获取相关内容。其次是注意语言语态，所发布的内容不能完全是官言官语，既要有符合个人身份地位的语言语境特点，又要“接地气”。语言表达上要通俗易懂，让网友感到是以平等的关系在沟通，就像是写散文一样，“言散而意不散”。对待网友的质疑甚至是骂声，要有正确的心态。对网友攻击自己的言论，不要一味反驳，可巧妙运用幽默诙谐的语言，转移同网友的争论。以包容的心态对待网民，会产生良好互动的结果。

（二）党政干部个人微博"十三忌"

1. 忌违反法律法规

党政干部在使用微博的过程中要遵守国家的法律法规，禁止利用个人微博从事违反法律法规的活动，如随意发布他人著作观点、散布谣言、发布煽动性言论、宣传封建迷信思想、宣传骚扰或侮辱等虚假信息、教唆他人犯罪、泄露国家机密等。

2. 忌擅自谈论民族宗教问题

党政干部个人微博涉及民族宗教话题时处理须谨慎，时刻注意不要违背国家的相关政策，不要利用微博煽动民族情绪，要尊重多样化的民族习惯。

3. 忌不懂微博特性，盲目开通

党政干部应在了解微博功能特性后开通微博；使用微博时须谨慎，防止不当言论损毁自身形象；时刻谨记党政干部的个人形象与政府部门形象紧密相关。

4. 忌无安全意识，泄露工作机密

微博内容以不泄露个人隐私、企业和政府部门机密为第一要义。

5. 忌内容无度，暴露生活隐私

党政干部切忌在微博上暴露个人隐私，从事与个人生活作风等相关的行为时应克己守礼，时刻以党员干部的高标准严格要求自己。

6. 忌情绪失态，大开骂战

党政干部不当言论引发舆情事件是损害党政干部形象及政府公信力的重要因素。应时刻谨记，语言表达得体、不发表粗俗言论、不与网民激烈辩论是基本原则。理性讲道理既可有效解决争端，也能树立良好的个人形象。

7. 忌人身攻击，侮辱诽谤他人

面对网民的泄愤情绪，应心胸宽广，尽量舒缓网民负面情绪；面对持不同意见者，应足够大度，允许言论、观点的多样化；面对无理取闹的网民，大可不必理会。

8. 忌内容消极，发布色情信息

党政干部不应该把微博当做排忧解闷的场所，应不传播任何消极、庸俗、淫秽、颓废的微博信息，以正面形象示人，发布积极向上的言论，在舆论引导中发挥作用。

9. 忌轻信谣言，传播虚假消息

党政干部应加强对信息的检查和鉴别。确保信息来源的可靠性。要做到以下三点：第一，多关注有公信力的媒体官方微博；第二，对任何没有信息来源的消息进行确认；第三，查阅微博信息时，不可只看微博内容，还要看评论内容。

10. 忌虚荣心强，以粉丝论政绩

党政干部要赢得粉丝，需要保持一定的更新频率，常与粉丝互动。但同时也不应简单地把粉丝数量作为政绩考核的因素，忽视微博作为官民沟通桥梁的作用。只有发自内心地与民众交流，网友才能积极参加评论和围观。

11. 忌光发不练，鲜与网民互动

党政干部开微博重在互动与交流，原因在于民众对其微博有着解决民生问题的期待，党政干部的个人微博带有公共性色彩。除了塑造个人形象、公开政务信息的功能之外，如何体察民意、拉近官民距离才应是党政干部开通微博的初衷。

12. 忌微博无度，在岗时间刷屏

每日内容更新是政务微博维护的要求，但党政干部应把握尺度，在正常工作时间，同一时间段内频发微博、屡次更新的行为不值得提倡。

13. 忌高高在上，疏远官民关系

在微博上，只有放下身段，以网民喜闻乐见的方式与其交流，才能真正实现有效沟通。沟通时需态度真诚、不说官话、信息准确。

二、政府机构微博运营规范

在政府机构微博运营中，除本章第二节所谈到的团队建设外，页面展示规范也十分重要，如微博命名规范、视觉识别系统建立规范等。通常情况下，对微博命名（昵称、域名等）的要求是简洁、明了，最好不要有太多文字。视觉识别部分要清晰且具代表性。例如，头像要选择辨识度高、有代表性的官方标识或地方标志性建筑；个性化模板要彰显部门或地域特色，能在视觉上加深网友对政务微博的印象，带来整齐划一的感觉。根据本机构所开设的微博需要设置公告栏、直属单位、标签等展示模块。下面以三个案例进行详细描述。

（一）政府（外宣）系统规范

1. 昵称：地名+发布；概括外宣领域职能的相关名称，如“北京发布”“上海发布”“天府微博聚焦四川”。

2. 个性域名：一般采取全拼或缩写形式，以职能及所在地域作为个性域名，如“微博云南”的个性域名 http：//weibo. com/yunnan；“青岛发布”的个性域名 http：//weibo. com/qdfb。

3. 认证信息：地名+政府新闻办公室官方微博，如“上海发布”的认证信息“上海市政府新闻办公室官方微博”。

4. 头像：城市标志性建筑、专属设计的城市标识。

5. 背景模板：具有当地特色的城市景观。

6. 模块设置：简介模块介绍地址、举报电话；公告栏模块介绍公开活动。

7. 标签模块设置：城市相关的关键词，如“上海发布”的“爱上海、图说上海”；另外还可设置其他部委办局微博账号的集纳模块。

（二）公安系统规范

1. 昵称：平安+地域；公安局名称+在线；地名+公安；行业相关其他名称。如“平安北京”“广州公安”“警民直通车”等。

2. 个性域名：一般采取全拼或缩写形式，以公安职能或所在地域作为个性化域名。如“平安北京”的个性域名 http：//weibo. com/pinganbeijing；“深圳公安”的个性域名 http：//weibo. com/szga。

3. 认证信息：公安委办局名称。如“公安部打四黑除四害”的认证信息“公安部治安管理局、公安部‘打四黑除四害’专项行动办公室官方微博”；“济南公安”的认证信息“济南市公安局官方微博”。

4. 头像：警徽、卡通警务人员头像，如图 5. 2 所示。

图 5. 2　公安系统微博头像实例

5. 背景模板：蓝色、绿色等较为冷静果敢的色彩；带有公安行业特色元素，如警徽、警帽、警服等；带有一定的地域特征。

6. 模块设置：简介模块介绍地址、举报电话；公告栏模块介绍公开活动。

7. 标签模块设置：全面的公安行业相关关键词。如“现场直击、民警提示、案情公布、微通缉、新闻发布”；另外，还可设置局属单位、公安个人微博账号集纳模块。

（三）团委系统规范

1. 昵称：青春+地名；地名+共青团/团委；地名+青年志愿者；地名+青联；其他与团委相关的名称。如“青春上海”“北京青联”“广东共青团”。

2. 个性域名：一般采取全拼或缩写形式。如“北京青联”的个性域名 http：//weibo. com/bjql；“成都共青团”的个性域名 http：//weibo. com/cdgqt。

3. 认证信息：共青团+地名+省委官方微博。如共青团成都市委员会官方微博。

4. 头像：要包含团徽元素。

5. 背景模板：以象征青春的绿色或与团委相关的红色为主；带有国徽、青年、春意盎然的自然环境等元素。

6. 模板设置：简介模块介绍微博性质；公告栏模块介绍共青团线下活动。

7. 标签模块设置：当地共青团相关的关键词。如“成都共青团”的“志愿者、共青团、青少年、创业”等。另外，还可设置本地其他共青团微博账号的集纳模块，如图 5. 3 所示。

图 5. 3　团委系统微博账号集纳模块实例

三、政务微博群运营规范

政务微博群是近年政府部门整合微博资源的一大举措，其目的是实现“从松散到聚合”，包装政府机构微博用户的整体形象。

（一）政务微博群特点及作用

以往，无论是党政干部个人还是政府机关微博，都以个体形式存在，缺乏一个整体的形象展示。而微博群的建立弥补了这一缺陷，使网友在一个页面中就可以全面了解政府开设微博的机构及相关信息，并直接进入自己所关注的政务微博页面进行互动。政务微博群主要有以下几个特点：

1. 账号集中展示

对从属委办局微博，按职能定位进行自定义分类展示，利用主账号的高人气，带动从属账号影响力的实际增长。

2. 内容整合传播

日常宣传报道期间，实现微博内容按栏目分类展示；重大新闻事件期间，实现微博内容对外统一宣传口径。

3. 专属页面设计

配合宣传策略，专属设计页面背景，实现整体形象设计。

4. 焦点新闻模块

通过“焦点大图”“头条新闻”“视频窗口”三大新闻展示模块，实现图、文、影音的多媒介整合，让政务微博宣传手段更为立体多样，并解决政府用户重大新闻与日常新闻传播策略划分的实际需求，突显层次感。

5. 与政府专属微博无缝整合

与政府微博专属平台实行前、后台统一管理，易用性及操作性大大提升。节省推广成本，实现政府政务微博共同成长的目标，实现统一的推广运营管理。

6. 更多各具特色的展示模块

提供便民服务电话、微群推荐、活动推荐，并建立友情链接模块，实现统一的便民服务。

（二）政务微博群运营措施与规范

建立政务微博群，首先是汇集各单位中坚力量，聚合多元化信息资源，着力打造展示平台与良好形象；其次是完成各种功能，即发布信息，加强沟通，增信释疑，了解民意，监测舆情，树立形象。政务微博群要作为政府门户网站和日常新闻发布的补充，推动政府信息公开，提升信息发布时效性和权威性，并对各种突发事件和舆情事件快速反应，抢占舆论先机。因此，政务微博群的运营要制定相关的措施与规范。

1. 管理职责及人员要求规范

在微博的日常发布和维护过程中，尽量安排专职人员负责具体工作，并且对其素质要有一定要求，如具有高度的政治敏感性和责任心；了解政策，熟悉业务；懂新闻规律和网络技术；具有较好的文字水平，语言风格活泼、生动。另外，在省新闻宣传部门统一协调管理，各成员单位需分别设置新闻主管部门负责信息内容的采集、审核与发布。在日常工作中，相关直属单位要承担相应职责。一是正常发布本单位微博信息；二是根据政务微博群发布厅的统一安排，做好专题发布的内容组织与审核工作；三是根据微博留言或评论，必要时及时给予回复；四是做好协同工作，沟通好相关部门，协调技术支持。

2. 发布内容规范

政务微博群包括多个政府机构的政务微博，所发布的内容涉及方方面面，因此需要有一定的规范，主要包括：一是发布日常新闻，如政策信息、重要活动、新闻发言人表态等；二是领导适于公开的活动信息及图片、领导公开演讲要点；三是省内建设成果等；四是转载与业务有关的重要信息，如领导参加的相关活动信息，领导接受媒体采访的主题及链接，媒体报道和其他微博内容转载等；五是政策信息与主张；六是适时组织在线“微访谈”活动。

3. 发布程序及审核规范

政务微博的原创稿件可由负责人员自行组稿，经筛选后报新闻主管领导审核同意即可发布；重大敏感事项发布需经主要领导审核批示。对于转发的微博，原则上由新闻主管领导审核同意后发布；重大事项报主要领导同意。另外可添加部分与工作密切相关的单位和个人作为关注对象。与关注对象保持互动。一般在政务微博首页公告栏内简要提供各单位网站名、电话、传真，提出发表评论的要求和注意事项。

4. 细节定位规范

政府微博群名称可考虑“北京发布”模式或“上海发布”模式，如图5.4、图5.5所示。

图 5.4　“北京发布”模式

图 5.5　“上海发布”模式

在语言风格上力求通俗化、市民化、公众化，但也要保持稳重。要时刻监测浏览量、转发量及用户评论情况。对于突发事件应对及微博上的负面舆论，负责人应及时通报相关领导，相关领导应指派专业人员具体参与引导和应对；对突发性事件的舆情应对，应会同新闻办组成特别应对小组，直至负面舆论平息。

【思考题】

1. 政务微博运营有哪些注意事项？

2. 政务微博群运营规范是什么？

第六章

怎样使用好政务微博

【内容提要】 本章共分三节。第一节以新浪微博为例介绍了微博的使用方法，并对新浪政府版微博的使用功能进行了概括介绍。第二节和第三节分别介绍了政务微博的使用原则和使用技巧。

【关键词】 使用方法　使用原则　使用技巧

政务微博的运用已成为新时期社会建设和党的执政能力建设的重要组成部分，在公共服务创新等方面起到了积极的作用。随着政府部门对微博的认可和学习的不断深入，正确运用微博新技术，提升媒介素养，将成为政府部门和领导干部的必修课。

第一节　政务微博的使用方法

微博为用户提供了一种新型的信息发布、获取和传播的工具，可以通过计算机和移动通信终端实现发布、浏览、转发、评论、私信等多种功能。具体的发布方式有使用计算机发微博、手机绑定短信/彩信发微博、关联博客发微博、手机客户端发微博等多种。新浪微博是全国最具影响力的微博平台，而政务微博的发展尤为突出，因此，本节以新浪微博为例介绍微博的使用方法。

一、普通版微博

新浪普通版微博的使用主要包括以下几个方面：

（一）*发布*

登录微博后，在首页的输入框中，输入相关内容，单击输入框下的相关按钮，可添加表情、图片、视频、音乐等多媒体，并可以进行插入话题、投票、心情、微公益等相应操作，内容输入完毕后，单击“发布”按钮即可发布微博，如图 6. 1 所示。

图 6. 1　微博发布框

目前微博分为公开微博和权限微博，默认的设置是公开微博，其内容是任何人都可以看到的；如果发布的微博只想让某些人或自己看到，单击“公开”可以选择发布权限微博。权限微博分为以下几种：

分组可见：选择发布分组权限后，仅选择的分组中成员可见；

密友圈：在密友分组中的好友可见；

仅自己可见：仅自己可见。

新浪微博的“定向发布”使用户可以在发布微博时设置可以阅读此微博的用户的范围，从而实现了较为私密的小范围交流，而且目前定向微博的内容只能评论而不能转发，这种设置能够一定程度上限制定向内容的散播。

在微博的其他页面，也可使用“快速发微博”工具发布微博，如图 6. 2 所示。

1. 文字的使用

正常情况下，微博一次只能发 140 个字以内的内容，想要发布超过 140 个字的内容可以使用长微博转换工具，将鼠标移动到“微吧”后在提示框中选择“长微博”（见图 6. 3），即可将超过 140 个字的文字转换成图片（最多支持1万字），然后以图片的形式发表，就可以突破140个字的限制。

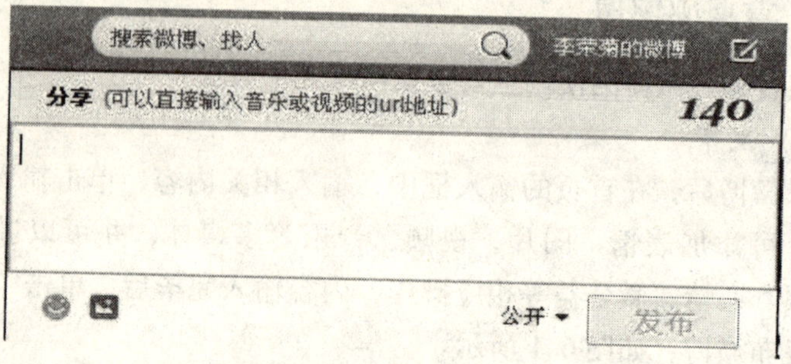

图6.2 “快速发微博”工具

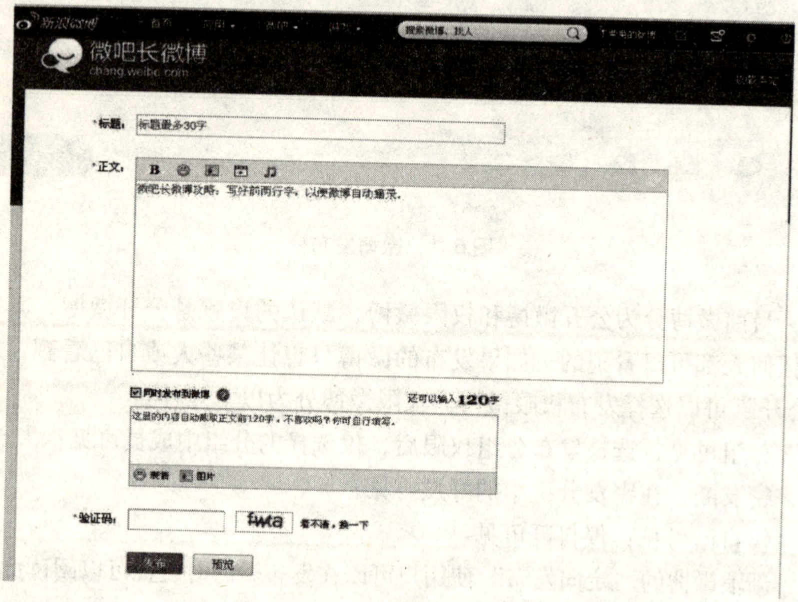

图6.3 微吧长微博

2. 符号的使用

在微博中，要注意应用特殊符号（#、@、【】等）来区分不同的内容。“##”表示该微博属于某个专题或话题，如图6.1中“#莫言领奖被赞想象力#”。“@”表示“对某人说”或者“需要引起某人的注意”，如果希望让其他人看到某条微博，可以在微博里包含“@+其他人的微博用户昵称”，如“@×××”，注意在名字后面的内容要用空格或者标点符号隔开。在转发某条微博时，系统会自动在转发内容前加上“@微博用户昵称”，若想查看所有@自己的微博内容，可以单击微博个人首页右侧菜单中“@提到我的”。新闻、资讯类微博为突出重点可以添加内容提要，用“【】”表示。标签与提要都应放在内容的开头，不宜居中或缀后。

3. 图片的使用

在发布微博时单击微博发布框下方的“图片”按钮即可添加图片（见图6.4），图片文件可为gif、jpg、png格式，单张图片大小要在5 M以下。上传图片有单张图片、多张图片、截屏上传等多种方式供用户选择。

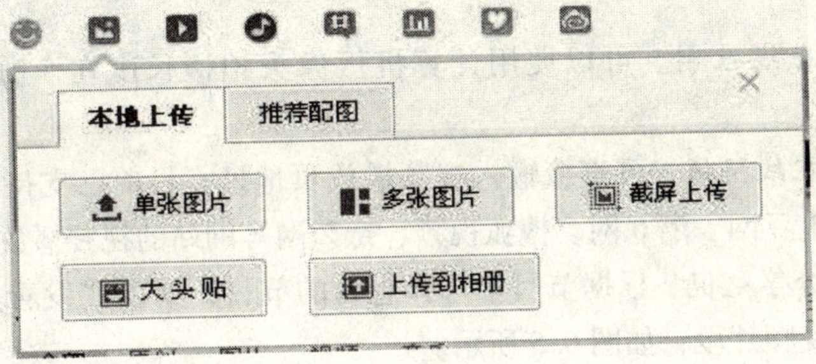

图6.4 上传图片

4. 音乐的使用

在发布微博的时候若想要添加音乐，只要在微博发布框单击“音乐”，在搜索音乐中输入想要添加的音乐就可以了。另外还可以输入音乐的链接地址，目前已支持虾米网、Songtaste的音乐链接。

5. 视频的使用

若需要在微博中插入视频，可单击发布框下方的“视频”按钮，添加视频的方式有以下四种：

（1）上传本地视频。从计算机选择视频，大小不超过500 M。微博支持的视频格式见表6.1。

表6.1 微博支持的视频格式

视频类型	格式
微软视频	wmv、avi、dat、asf
Real Player	rm、rmvb、ram

续表

视频类型	格式
MPEG 视频	mpg、mpeg
手机视频	3gp
Apple 视频	mov
Sony 视频	mp4、m4v
DV 视频	divx、dv
其他	mkv、flv、vob、qt、cpk、fli、flc

（2）在线录制。可以使用计算机摄像头拍摄长度在 5 分钟以内的视频。

（3）在线视频。可直接输入视频播放页地址，目前已支持新浪播客、优酷网、土豆网、酷 6 网、搜狐视频、奇艺网等网站的视频播放页链接。

（4）分享电视。根据节目单选择想看的节目，单击“发看点”按钮，即可分享视频片段，如图 6.5 所示。

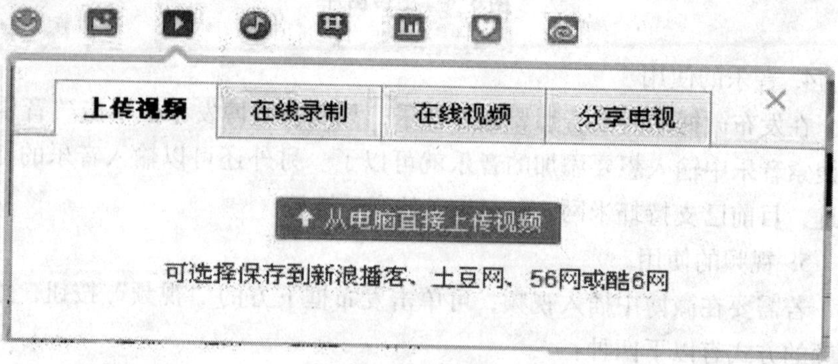

图 6.5　分享电视

6. 微博表情的使用

单击发布框下方的“表情”按钮，即可插入微博表情，如果不了解某个表情的含义，可以将鼠标停留在其上方，即可看到相应提示，如图 6.6 所示。微博表情可以起到传递心情、表现动作的作用，可以代替文字补充主题内容，渲染氛围。

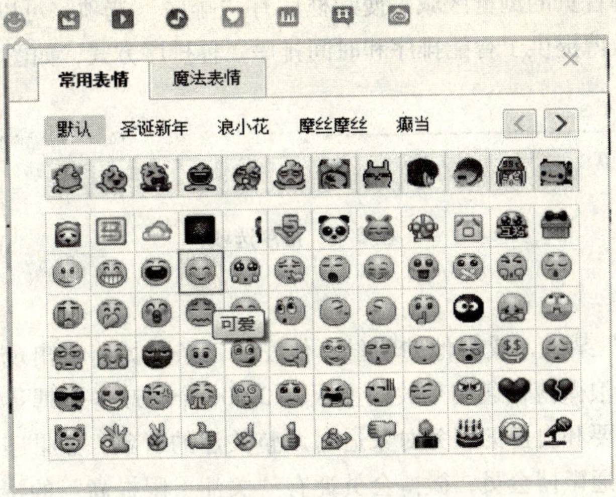

图6.6 微博表情

（二）浏览

进入微博主页后，要浏览微博内容，可使用搜索、关注、分组等工具。

1. 搜索

使用搜索工具可以搜索某用户或相关微博。例如，输入“河北”，搜索框下方会提示“搜‘河北’相关微博”“搜‘河北’相关用户”“搜‘河北’相关微吧”“搜‘河北’相关应用”，选择后单击“搜索”按钮，即可进入相应页面进行浏览，如图6.7所示。

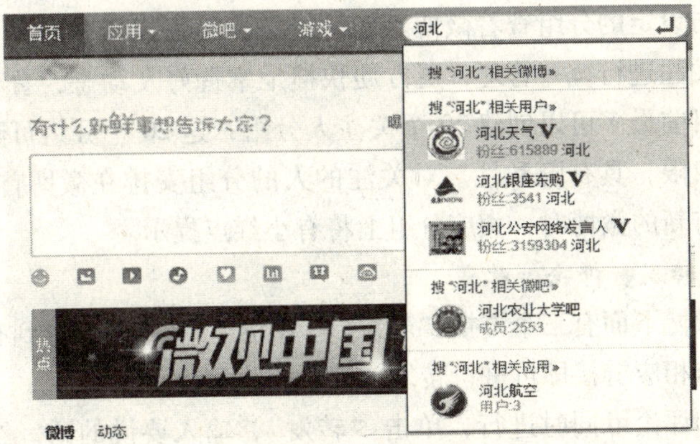

图6.7 搜索工具

在微博首页的浏览区域，搜索框后有“排序”选项，可以自由进行选择切换。微博提供了智能排序和时间排序2种排序方式，如图6.8所示。

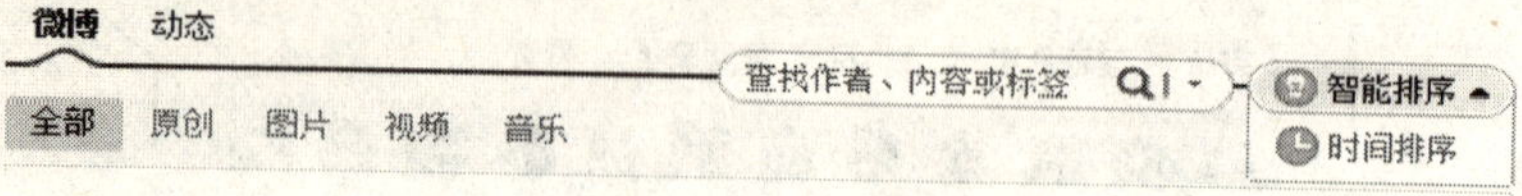

图6.8 排序选项

2. 关注

“关注”某人，成为他的粉丝，他发的每条微博将会出现在微博首页里。目前新浪微博普通用户关注上限是2 000个，政务微博可根据每段时间的工作需要和自己的服务对象适时调整关注的对象。如果还想关注更多的人，可开通微博会员，微博会员拥有“关注上限提高”的特权，开通后24小时内关注上限即可提高到2 500个，根据会员等级的不同，最高关注上限可增加到3 000个。

如果不希望对方发现自己关注了他，可以使用“悄悄关注”功能。悄悄关注是一种特殊的关注状态，用户悄悄关注某一个人，但不会被该用户或其他人发现。悄悄关注不会给对方任何提醒，对方不会知道该用户对其进行了悄悄关注。对方的粉丝列表中不会有该用户，对方的粉丝数中也不包含该用户；该用户的关注列表中也不会有对方，关注数中也不包含对方。

3. 分组

微博信息海量而繁杂，为方便查找，可以设置分组，分组后在微博首页可以单击设定的分组查看微博。将已经关注的人设置分组，可以帮助用户将同类关注进行统一管理，更方便快捷地掌握好友动态，看到好友的微博内容。目前最多可以创建20个关注人分组，这20个分组可随意设置不同的浏览权限，具有隐私性。对关注的人的分组安排在微博首页的左侧，当某分组有新的微博时，相应分组上将有小红点提示。

（三）转发、评论、收藏

每条微博下面有三个链接“转发”“评论”“收藏”。看到有价值的信息后，单击相应链接即可进行转发、评论、收藏。

转发和评论可同时进行，单击“转发”，输入要说的话，然后单击输入框下方的选项“同时评论给××”。或者单击“评论”，输入要说的话，然后单击输入框下方的选项“同时转发到我的微博”。如果看到一条微博不想转发只想评论，可以直接在评论里@想提及的用户。另外，微博有定向转发功能，转发微博时，在单条微博下单击“转发”，再单击“公开”按钮，就可以选择“密友圈”“仅自己可见”“分组可见”等不同权限，定向转发的微博只有选定的分组成员才可见。

微博更新很快，看到喜欢的内容可收藏起来，以方便日后继续查看。微博收藏数量目前没有上限。单击每条微博下的“收藏”链接即可收藏此条微博。收藏微博后，会弹框提示添加标签，用户可对收藏添加标签进行分类管理，每条收藏可添加2个标签，以后点击标签即可出现此标签下的所有收藏。给收藏的微博加上标签，可方便用户日后使用标签快速查找以节省时间，同时系统也可以根据用户的喜好进行微博推荐。

（四）私信

若要设置谁可以给自己发私信，可以在“账号设置”→“隐私设置”→“私信”中设置，包括“所有人”“可信用户”或者“我关注的人”。

1. 给粉丝发私信，只需进入粉丝用户页面，点击上方“发私信”链接即可。

2. 给非粉丝用户发私信，则需满足对方的私信权限设置才可发送私信。若该用户设置的是“所有人”，则任何人皆可给他发私信；若该用户设置为“可信用户”可发私信，则新浪认证用户、微博达人、手机绑定用户及身份验证用户可发私信；若该用户设置的是“我关注的人”，那么只有他关注的对象才可给他发私信。

微博私信还具有传送图片和文件的功能，目前每条私信可以发300字。默认每个用户都有5 G的微盘空间，所有的私信文件和图片均存储在用户的微盘中。发送文件大小限定在50 M以下。

（五）举报

为净化微博言论环境，避免垃圾信息和不健康信息过度传播，新浪微博设置了举报功能。当鼠标移至某条微博时，在该微博左下方即出现“举报”链接，单击后即可进入相应界面进行举报，如图6.9所示。

如果要举报某用户，该用户又是自己的粉丝，可选择“查看粉丝”，找到该用户后在“移除粉丝”右侧单击“举报”链接即可，如图6.10所示。

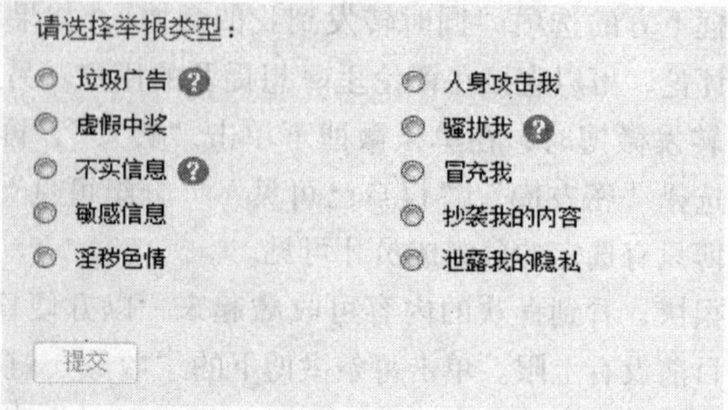

图 6.9　举报微博

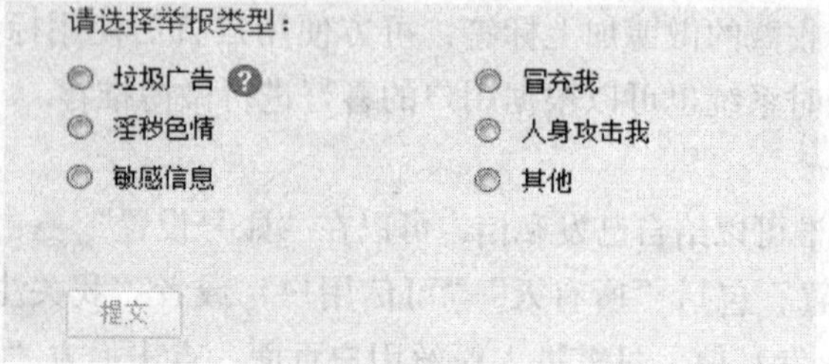

图 6.10　举报用户

（六）其他工具

除了发布、搜索、评论、转发等功能外，多数微博平台都建立了开放的接口，以便于第三方开发者设计符合接口标准的应用程序，如“微博桌面”“微访谈”“微数据”“微直播”“热门微博”等，从而扩充微博平台的功能。新浪微博提供的应用工具在左上栏点击“应用”即可看到，如图 6.11 所示。

图 6.11　微博应用

下面简单介绍几个常用的应用。

1. 微博桌面

微博桌面是新浪微博官方发布的一款集阅读微博、发布微博、好友聊天、新消息提醒、快速回复等功能于一体的桌面客户端。

2. 微访谈

微访谈是建立在新浪微博基础上的访谈类产品。微访谈开放平台为合作伙伴提供庞大的微博用户、便捷的管理后台、专业的运营团队，是邀请专家、党政干部等嘉宾与微博网友在线互动问答的平台。微访谈的所有问题都来自于普通网友，并且由访谈嘉宾直接进行回答，真正做到了嘉宾与网友之间的零距离交流。

3. 微直播

微直播是依托微博基础，通过汇集微博上来自各方面的实时信息，全方位展现大型活动进程的直播平台。在微直播中，普通网友也能通过参与现场播报，与嘉宾一同成为活动的主角。同时依托微博快捷的传播机制和庞大的用户基础，微直播已成为活动信息最快速的传播平台。

二、政府版微博

为了使政府的品牌形象能够更好地利用微博传播，新浪设计了一种个性化展示形式的新产品——新浪政府版微博，它具有更丰富的个性化页面展示功能、多账号整合功能及更高效的沟通管理后台。

（一）个性化页面展示功能

政府版微博的三栏式的版面可以容纳更多的展示空间，在个性化的展示形式上加入了更多的内容，如宣传活动、便民服务以及活动报名、留言、分享等互动功能，能够帮助政府更便捷地与用户进行互动沟通，提升服务效果。同时有多种配色风格供用户选择，用户也可以按照优先级通过拖拽方式调整模块的页面位置。发布厅定制页服务是新浪为政府展示需求所提供的产品服务，在展现形式及信息传播等方面相比传统发布厅更能满足政府对外展示需求，实现个性化页面展示。

开通政务微博账号后，新浪在发布厅定制页嵌入主账号页，然后就可以发布政令、发布信息。根据不同的展示传播需求，可以在微博主页设置不同的模块，实现更具政务价值的展现，如公告、图片、视频、友情链接、政府简介等。该个性化定义模块将能够实现政务微博与政府自身网站的贯通，通过微博更有优势的入口效应和互动特色，提升政务微博的服务职能。例如，在采用个性化定义模块的“平安北京”微博页面上，左侧设置了简介、公告栏、友情链接等内容，如图 6.12 所示。

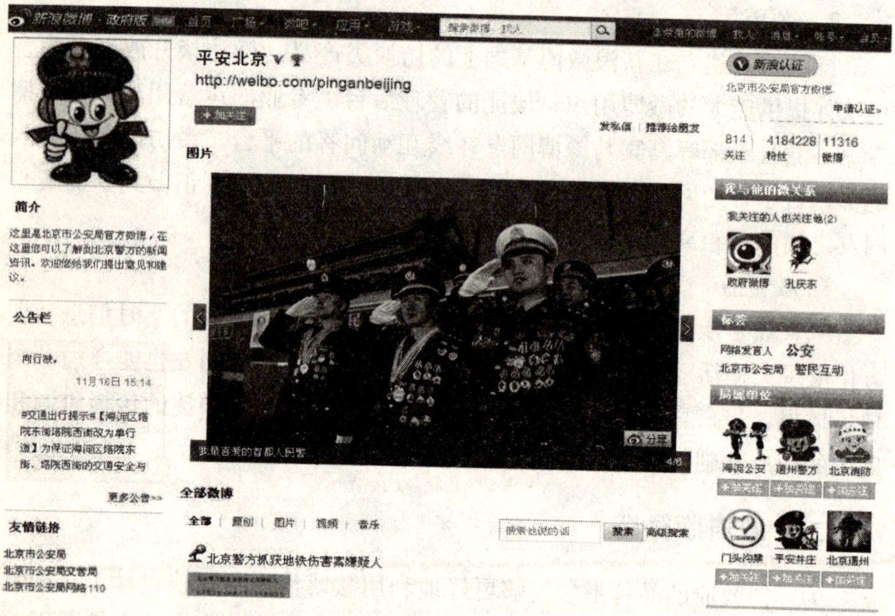

图 6.12 “平安北京”微博页面

（二）多账号整合功能

政府版微博可以将不同的关联微博集中添加到一个模块中，并且设置在主页显示，当网友到达政务微博主页时，就能同时看到与政府相关的横/纵向机构、党政干部和公务人员的微博头像，并选择关注，展开更深入的沟通。

（三）超强的管理功能

在政府管理方面，政府版微博推出的运营管理平台产品一方面可以实现政府对下属多个账号的管理与考核，还可以对微博内容进行监控预警。例如，银川市政府使用微博运营管理平台把下属 400 多个职能机构的账号更好地管理起来，更好地帮助银川市民解决问题，促使他们更好地服务民众。

微博运营管理平台产品主要包含以下四个功能。

1. 账号基础数据的统计

在微博上有一些基础数据是一目了然的，如转发数、评论数等。但是，现有的普通微博平台很难了解下属日常数据的变化，如微博的数量、粉丝增长的情况等。政府版微博提供了查看自身及下属账号的数据的功能，可以通过时间设置来查询任一时间段的数据，还能导出为 Excel 文件，方便管理。

2. 账号运营深度分析

通过下属账号的影响力和人气度的排行方式，能够更好地查看所管理账号的运营情况，可以看到前几名的排行、下属账号在体系中及整个行业内的排行。同时，还可以更好地判断账号内粉丝属性的信息。例如，下属账号的粉丝分布是不是其所管辖区域的粉丝最多，是外省的粉丝最多还是“僵尸粉”比较多；另外，还可以查看粉丝的性别、喜好、偏好度等，这样就可以更好地了解下属账号的运营情况及实际影响力。

3. 多账号代发微博

在传统微博平台上只能用自己的账号发布微博。在需要统一下达政令、遇到突发事件的时候，政府版可以用多个账号同时发布微博，在发布的时候还可以更灵活地通过定时的方式进行操作。同时，政府版还提供自定义微博“来源于”的功能，每条微博都有“来源于”的显示，可以单击“来源于”的链接转到相应的官网。例如，可以把链接设置成“河北省政府官网”，把网友转化到官网上，实现“来源于”与官网的相通。

4. 对微博内容的监控预警

微博运营管理平台提供了对微博内容的监控预警功能。一是舆情监控部分，可监控要发现的舆情，从功能上保证政府及时了解到与自己有关的舆情发生，以及事件爆发时的一些情况。同时，发现舆情以后，在后续处理上新浪也提供相应的服务。例如，通过传播分析、联合辟谣、后续报告等，更好地把政府的正面形象展现出来。同时，为帮助政府机构在发现负面舆情时处理得更及时有效，除监控预警工具之外，新浪还将利用网站资源协助政府进行舆情公关，并及时提供针对舆情的全面分析报告。①

---

① 刘洋．2012 湖南微博营销大会刘洋致辞．新浪湖南，2012－11－15．

第二节　政务微博的使用原则

政务微博与一般微博相比，在使用主体、运营主体、覆盖群体及微博定位上具有一定的特殊性和差异性。政府或党政干部以什么态度对待微博，在微博上发表什么内容，以怎样的心态和语气发表内容，都会受到关注，并对当下的社会心理产生影响。因此，政务微博的使用要更加谨慎。一般来说，政务微博应坚持以下使用原则。

一、法制化原则

政务微博要想取得成功和可持续发展，必须要有明确清晰的规章制度来保障。微博语言表达尽管较多地呈现为“网言网语”，但政务微博的内容必须遵循和符合法制精神，必须依法依规地来开展，形式可以丰富多样，但坚持法制是政务微博万变不离其宗的原则。① 因此，发布微博时必须严格遵守国家法律法规和党政机关纪律，要严格按照《中华人民共和国政府信息公开条例》执行。发布的内容必须符合政务微博定位，维护所属党政机关的形象和尊严。2011 年 12 月 16 日由北京市人民政府新闻办公室、市公安局、市通信管理局和市互联网信息办公室共同研究制定并出台了《北京市微博客发展管理若干规定》。《规定》依据国家法律法规，提出不得利用微博客制作、复制、发布、传播的十一类违法和不良信息。其他国内政府机构在促进微博规范化发展方面也做了积极的探索，例如，南京出台了《关于进一步加强政务微博建设的意见》，佛山市南海区发布了《关于加强本区政务微博建设的意见》。

英国、美国等国的政府机构也很注重政务微博规范性建设。英国政府早在 2009 年就发布了《政府部门 Twitter 使用指南》，美国政府甚至对政务微博上的数据保存、备份管理、数据挖掘等方面也都提出了明确的要求。可以看出，和国外相比，国内政务微博相关的规章制度在系统性、指导性

① 瞿旭晟. 政务微博：打造政民沟通新渠道. 新闻记者，2011（6）：42－44.

和可操作性方面仍存在一些不足。因此，为促进政务微博的科学发展，首先要建立健全法律法规。政务微博是一种政府行为，会对公众产生一定的法律效力。对其提出不同的规范要求，必须依法加以规范。其次，要利用现有规范使用好政务微博。在专门法律法规或规章出台以前，政务微博行为要遵守业已公布的相关法律法规或规章的规定。

二、确保安全的原则

政府机构的活动有时会涉及国家秘密，内容公开需要把握尺度。政务微博发布、转载有关信息必须遵守国家有关规定，涉密信息不得发布。一般来说，直播某次重要活动、公布在侦案件侦办情况、发布内部处置决定等信息都有可能诱发泄密，危害政府管理工作，必须慎重。但凡涉及正式的政策法规、公安大案要案说明、突发命案事件公告都要经过审核方能发布，确保信息安全。目前，网络黑客防不胜防，政务微博也遭遇同样的问题，尽管新浪、腾讯等微博平台声称将保证政务微博的账户安全，但不可避免还是会遭到恶意入侵，账号安全难以得到保证。因此，要确保安全，必须处理好信息发布与信息安全之间的平衡，对于真正需要保密的信息，要加强信息安全措施，在制度和技术上为政务微博的安全运行提供支持。

三、服务为本的原则

政府机构的宗旨和性质决定了政务微博要坚持全心全意为人民服务的宗旨，要认真听取公众呼声，尽力为公众排忧解难，提供热情服务。近年来，微博在信息公开、反映民意、汇聚民智等公共服务方面发挥了积极作用，以微博服务为代表的互联网新业务正在迅速发展。政府利用微博发布信息，具有权威性、便捷性、实效性、互动性的优势，是其他传统媒体不能比拟的，因此，微博成为政府民生服务的新媒体选择。一方面政府机构通过在微博上公布相关部门的职能、联系方式、办事流程及正在进行的工作事务等内容，使得政情公开；另一方面，通过主动地发布行政领域内与公众生活密切相关的信息和提示，更方便、更透明地为公众提供服务。例如，“平安北京”每天向市民通报交通出行、防火防盗等知识，和网民开展了非常良好的互动。政府机构利用微博在服务的同时也展示了政府部门开放务实的良好形象，因此，各级政府部门已经开始通过微博整合电子政务资源，加强和规范行政服务，作为各级各地政府部门推动社会服务创新的新方式，政务微博的操作正在逐渐走向成熟与规范，从“微博问政”到“微博行政”，政府部门正努力通过微博“问政于民、问需于民、问计于民，服务于民”。只有坚持服务为本的原则，扎扎实实地为公众办实事、办好事，微博才能不断发展壮大，才能得到公众的拥戴，才能成为知民情、解民意的重要沟通渠道，才能在创新行政和社会管理方面走得更远。

四、及时快捷的原则

微博的裂变式发展，形成了“主流媒体舆论场”和“民间舆论场”并存的舆论新格局，如何打通这两个舆论场？如何强化对民间舆论场的引导？政务微博成为沟通这两个舆论场不可忽视的力量。一方面，政务微博与公众日常生活紧密相连，因此接受和处理网民咨询、投诉、质疑等问题，成为政务微博的重要工作。及时发布准确信息，快速将公众诉求反映到相关执行部门，及时回复调查处理结果，可以有效调解纠纷，化解矛盾，稳定社会。例如，2012 年 8 月，“中山纪检监察”接到线索，时任中山市人社局纪委书记的梁某某，篡改儿子公务员考试成绩，引起舆论广泛关注，造成恶劣影响。很快，“中山纪检监察”通过微博发布信息，将对举报信息展开调查，并通过微博同步发布相关进展，赢得了网友的一片叫好声。随后的一周内，“中山纪检监察”官方微博先后 4 次发布案件进展，获得了网友的一致肯定。另一方面，微博是谣言产生的主要来源，同时是政府辟谣的有力武器。面对裂变传播的谣言，政务微博应在第一时间发出声音，发布权威信息，充分利用微博传播速度快、范围广的优势，让谣言没有生存的空间，为解决问题赢得良好的舆论环境。2011 年 2 月 18 日，北京东直门来福士广场内，有网友传外籍男子被枪击，引发线上线下恐慌。正在网友大量猜测和转发时，“平安北京”官方微博第一时间通过微博辟谣，并披露该男子为跳楼自杀的事实真相。

实践证明，一个舆情热点事件发生后，政务微博一定会成为舆论关注焦点，甚至可能会遭到网友的围攻、质疑。此时不出声只会引起更多的猜疑，为了疏导民怨，避免矛盾的积累和扩大升级，平息谣言猜测，必须要快速利用微博表态，发布权威真实信息，引导舆论正确发展。因此，政务微博要健全完善发布工作机制，坚持“及时快捷”的原则，加快建立完善微博信息发布更新、搜集研判、留言回复等机制，确保信息及时、快捷、准确，导向正确。2012 年 8 月 15 日，成都市“武侯微博政务厅”正式上线。武侯区卫生局、区教育局、火车南站街道、华兴街道、玉林东路社区、南虹村社区等 80 家涉及民生的单位开通微博并集体亮相。武侯区还专门出台了《武侯区政务微博管理办法》，明确要求微博问政限时办结，安排专人值守微博，及时处理网友的诉求。武侯区委宣传部相关负责人透露：“对网友通过武侯微博政务厅反映的问题，责任部门应当第一时间予以响应，在工作日原则上不超过 1 小时，在休息日原则上不超过 8 小时。”并且，明确规定微博政务厅内的单位必须第一时间公布五大类信息：重大决策或重要工作部署，涉及经济发展、社会管理和公共服务的有关内容，突发事件的处置措施，媒体、网友关注的热点问题和网友的投诉与咨询，法律、法规、规章规定应当公开的政务信息。

五、真实准确的原则

新闻传播理论表明：新闻的生命力在于它的真实性，政务微博的内容也应如此。无论是政府机构还是党政干部个人所开设的政务微博，所代表的都是政府部门的公众形象，其微博平台的主要内容都是与其工作内容相关的涉及公共事务的信息。虚拟空间里的政务微博是代表政府发声，其背后对应的是一个个真实的政府部门，代表的是政府的公信力，发布的信息、表达的意见和处理问题的情况将直接代表该单位、该部门在具体事务中的作为和态度，与现实中接受公众反映问题的本质是一样的。政府部门通过政务微博信息的上传下达开展工作，公众根据从政务微博平台中获取的信息安排自己的生产生活。因此，政务微博所发布的信息对准确性有极高的要求，政务微博的维护人员在信息发布时要时刻注意所发布信息的真实性和准确性，要为公众提供最真实、最权威、最准确的信息服务。对来源不明、无法判断真伪的信息及内容不准确的信息不予发布，假信息更要坚决杜绝，否则，微博一发“覆水”便难收。例如，2012 年 12 月 3 日，“岳阳公安警事”发布了一条微博，其中提到某村民与外来商贩发生纠纷时，“损坏核桃仁糖果约 16 万（元）”。“天价切糕”顿时引发了网友的各种调侃。但是不久后，该微博即被删除。12 月 5 日，“岳阳公安警事”又发了一条微博，称之前信息不准确，是被损摩托车、医疗费、“切糕”损失共 15 万余元。但是这条微博不久又被删掉。如此反复随即引发舆论的猜疑，本来简单的事实真相一时也扑朔迷离，不禁让人怀疑有关部门及工作人员的素养与诚意，也会伤害政府的公信力。

六、真诚理性的原则

在自由的网络环境里，每一条政务微博下都可能有网民的回复，或许是赞扬，或许是反馈，或许是批评甚至是辱骂。尤其是在焦点事件发生后，网络的民意往往是偏负面的，而且非常情绪化，非常极端，具有非理性和抗争性。遇到此类情况，政府部门和党政干部个人必须要以真诚理性为原则，以平等交流为基础，沉稳地面对批评甚至辱骂。因为，一些网民在微博上表达的不满，有时并不是针对某个人或具体部门，而是针对整个社会的，这种负面情绪需要“排气阀”，微博就扮演了一个“排气阀”的功能。微博的这种舆论特点，决定了政务微博应与网民坦诚对话，包容异见，以真诚负责的态度与公众进行交流和沟通。对于网民发表的建设性意见和建议，要给予鼓励，进行深入探讨和交流；对网民发表的批评性言论要采取宽容态度，真诚地接受网民意见；对于网民发表的恶意言论，不负责任的攻击、谩骂和情绪化的表达要理性对待，尽量引导对方向自己需要的方向走，切忌与网民打口水战，避免发生冲突，造成不好的影响。在回复评论时要虚心倾听民声，与网民平等交流，不发表与政务身份不符的言论。北京网络媒体协会会长佟力强表示，面对纷繁复杂的网络舆论，只要政务微博放下身段，坚持真诚沟通、实话实说，政务微博的粉丝就会越来越多，并可以带动更多人在微博上讲真话、负责任的话、理性的话，党和政府将成为互联网上的意见领袖。

第三节　政务微博的使用技巧

不同的政务微博由于其所涉及的政务内容和所处地区、维护更新程度等不同而具有不同的社会影响力。为赢得网上话语权，提高政务微博的影响力，政务微博管理人员在认真学习政务微博的使用方法和使用原则后，还需要掌握政务微博的使用技巧。

一、熟悉网络用语

随着网络的快速发展，网络上的新热点、新语言及网络流行文体层出不穷，要使用好微博，首先要熟悉这些网络用语的含义。

（一）常用网络用语

互联网时代有很多属于这个时代的鲜明特点，在众多的特点中，网络流行语无疑是最具有代表性的。每一个流行语的背后都有一个独特的故事，这一个个独特的故事组合在一起，用另外一种方式凸显了这个时代的特点。“在每一个时代中，热门流行语都是社会心态和社会发展状况的‘晴雨表’。而在2012年，新媒体的推波助澜让中国人‘流行语’的变化更为迅速。”华东师范大学社会发展学院院长文军点评说。语文期刊《咬文嚼字》2012年12月30日正式发布了“2012年十大流行语”，分别是：“正能量”“元芳，你怎么看”“舌尖上”“躺枪”“高富帅”“中国式”“亚历山大”“最美”“赞”“接地气”。

在十大流行语中，“正能量”位居榜首。正能量指的是一种健康乐观、积极向上的动力和情感，用于激励自己或鼓励他人，表达对未来美好世界的憧憬与渴望。“正能量”本是物理学名词，该词的流行源于英国心理学家理查德·怀斯曼的专著《Rip It Up》（中文译名《正能量》），其中将人体比作一个能量场，通过激发内在潜能，可以使人表现出一个新的自我，从而更加自信、更加充满活力。当下，人们为所有积极的、健康的、催人奋进的、给人力量的、充满希望的人和事，贴上“正能量”标签。

“元芳体”表现出的则是国人习惯于对备受关注的事件“表达某种质疑、嘲讽或公开征询看法”，折射出的是社会公众探寻真相的心理。“躺枪”也折射了公众的质疑心理。一般而言，枪战中如果躺在地上，中枪的概率是最低的。“躺着也中枪”用来形容无缘无故地受到牵连，或被卷进是非。

表6.2中是较为流行的、在微博上使用频率较高的网络用语。

表6.2　　微博上使用频率较高的网络用语

网络用语	含义	网络用语	含义	网络用语	含义
偶	我	丫	你	GG	哥哥
GF	女朋友	BF	男朋友	MM	妹妹
童鞋	同学	神马	什么	银	人
蛋定	淡定	浮云	虚无的	鸭梨	压力
打酱油	过路、路过	肿么了	怎么了	悲摧	极度悲哀
飘过	省略	郭嘉	国家	北鼻	BABY
潜水	看帖不回复	小盆友	小朋友	地毯	低碳
泪奔	悲哀	油菜花	有才华	给力	很有力度
挨踢	IT	小邪	小学	烟酒僧	研究生
V5	威武	大雪	大学	粉	很
内牛满面	泪流满面	口耐	可爱	羡慕嫉妒恨	复杂的感觉
杯具	悲剧	酱紫	这样子	寒	吃惊
衰	倒霉	米，木	没	汗	惭愧
斑竹	版主	BBS	论坛	怕怕	害怕
明白	收到	88	再见	顶	支持
流口水	羡慕	94	就是	吐槽	揶揄，拆台
拍砖	提意见	八卦	无聊	表	不要
巨	特别	稀饭	喜欢	虾米	什么
漂漂	漂亮	闪	躲开	笨笨	笨蛋
东东	东西	菜鸟	没本事		

（二）常用网络流行文体

网络流行文体指起源或流行于网络的新文体，通常是由一个突发奇想的帖子、一次集体恶搞或者是一个热点事件而产生。网络流行文体一般形式自由，特点鲜明，在一段时间内会引起较高的关注度。常见的网络流行文体有很多种，以下重点介绍淘宝体、咆哮体和元芳体三种网络流行文体。

1. 淘宝体

“淘宝体”最初见于淘宝网卖家对商品的描述，后因其亲切、可爱的方式逐渐在网上走红。2011 年 7 月，南京理工大学向录取学生发送了“淘宝体”录取短信：“亲，祝贺你哦！你被我们学校录取了哦！亲，9 月 2 号报到哦！录取通知书明天‘发货’哦！亲，全 5 分哦！给好评哦！”2011 年 8 月 1 日上午，一则关于外交部微博“淘宝体”招人的消息在网上流传（见图 6.13）。据了解，这条微博 3 个小时里被转发了 4 800 多次。

亲，你大学本科毕业不？办公软件使用熟练不？英语交流顺溜不？驾照有木有？快来看，中日韩三国合作秘书处招人啦！这是个国际组织，马上要在裴勇俊李英爱宋慧乔李俊基金贤重RAIN的故乡韩国建立喔~此次招聘研究与规划、公关与外宣人员 6名，有意咨询65962175~不包邮 http://t.cn/aY8Nbg

图 6.13　淘宝体招聘微博

2. 咆哮体

“咆哮体”最早起源于豆瓣网，以“景涛同好组”最为出名。后在人人网上有网友发表一篇题为《学法语的人你伤不起!!!》的帖子，“两年前选了法语课！于是踏上了不归路啊……电话报完一集葫芦娃都看完了啊！有木有！”网友自称为“校内咆哮体”。该帖在微博中转发次数高达 5 万次。于是，豆瓣网、人人网、微博等中文网站上出现了铺天盖地的“咆哮体”，这种看上去带有很强烈感情色彩的“咆哮体”引来了粉丝的追捧。

“咆哮体”没有固定的格式或内容，特点是使用许多感叹语气的字、词或者句子，如“有木有（‘有没有’的谐音网络语）”“伤不起”“为什么”等，句末以数量不等的感叹词“啊”与感叹号结尾，渲染出的情绪烈度似有一发不可收之势。很多“咆哮体”的粉丝还很注意感叹号的排序，适当的排序可以使“咆哮体”显得美观，而又能表达自己的情感。网友分析说，其实“咆哮体”是一种乐观自嘲的表现，能充分表达自己的惊讶、愤怒的心情。例如，“福田网警”2011 年 5 月 3 日 11 点 24 分发布了“咆哮体”微博受到网友的追捧：“防范虚假信息诈骗，多看有益！统统都记住了，有木有？有木有!!!!!!”2011 年 12 月 26 日，中央电视台《朝闻天下》播发《走基层·厦门公安蹲点日记：“咆哮体”的“治安防范脱口秀”》，介绍厦门市公安局积极利用微博，创新、推广以“咆哮体”为代表的防控宣传新方式，受到民众的欢迎。

3. 元芳体

“元芳体”来源于《神探狄仁杰》系列电视剧，剧中狄仁杰常对李元芳说：“元芳，此事你怎么看?”李元芳的回答也很固定化：“大人，我觉得此事有蹊跷。”或者回答：“此事背后一定有一个天大的秘密。”“元芳体”的句式为前面陈述一件事情，在最后加上一句“元芳，你怎么看?”

例如，“重庆网警”使用“元芳体”发布警示微博如下：“仁杰：元芳，对当今一些低龄女性被强奸诱奸之事，你怎么看? 元芳：大人，这背后一定有一个天大秘密！仁杰：我隐隐感到网络有天大危险。元芳：大人，微信比网络交友，更高效。仁杰：以我断定，摇一摇可能摇出色狼！仁杰：要提高警惕，别轻易接受陌生微信信息，给色狼可乘之机。元芳：大人真乃神人也!”借着“元芳体”的影响力，这条微博两天内被转发千次，围绕此话题的新闻也铺天盖地。

根据人民网就“重庆网警”用“元芳体”发警示微博推出的在线小调查，91.4%的网友认为这种表述“道理严肃，内容活泼，很好玩”。相比以前一些官方微博用“淘宝体”“咆哮体”等流行文体玩文字游戏，被网友口诛笔伐，这次“重庆网警”用“元芳体”发微博所赢得的支持、叫好声多于批评。网友对官方微博用语的流行化、幽默化越来越宽容。

二、掌握写作技巧

（一）内容选择要贴近民生、实用新颖

1. 贴近民生，注重实用

首先政务微博要根据部门职能定位来选择微博内容，及时发布与民生相关的服务型信息，包括惠民政策、法律咨询、便民提示、乡土宣传、历史文化、自然风光、民众关注的新闻事件、法规解读等，注意尽量贴近民众生活，为网友提供实用信息。例如，在公安部交通管理局“交通安全微发布”微博带动下，2012年9月26日“交通安全微博发布厅”正式上线，首批共有全国2 600余个基层公安交通管理部门政务微博、交通警察个人微博加入“发布厅”，发布的主要内容包括我国道路交通管理、交通安全

政策法规、各地重大活动交通管理措施、重要节假日安全出行提示等服务性、实用性信息。同时，发布厅也带动各地结合典型案例，及时开展交通安全宣传，并汇集互联网上宣传交通安全的视频、音频资料，传播宣传交通安全知识。①

2. 紧跟要闻，贴近热点

热点话题和网络热词可以让微博在众多的信息中被检索到，微博热门事件往往能获得极高的关注度，善于抓住热门事件，也是使微博获得更多关注的有效方法。例如，突发性群体事件、公共安全事件及处置情况；引起网民高度关注，具有较大影响力的热点、难点问题；对不实报道、不良言论的回应和澄清；需要社会公众广泛知晓或参与的有关工作和重要事项；涉及公众生活的公共信息；需要发布、回复或转发的其他事项。面对热点事件时，政务微博为了有效回应网友关切，避免官方权威信息被谣言淹没，需要更为主动地与网友沟通，有时甚至需要网友提供相关热点事件的一手信息。

3. 注重原创，内容新颖

如果微博缺乏原创内容，或总是发布些无趣的内容，那么，粉丝就会慢慢地对这个微博失去兴趣。相反，如果微博每天都更新一些粉丝感兴趣的创意新颖的内容，那么粉丝对于微博忠诚度也会提升，并且转发微博让更多的人来关注。例如，广铁集团公司官方微博“广州铁路”于2013年1月9日发布的一条微博信息“超强购票日历”，短短3个小时内被转发1万余次，如图6.14所示。

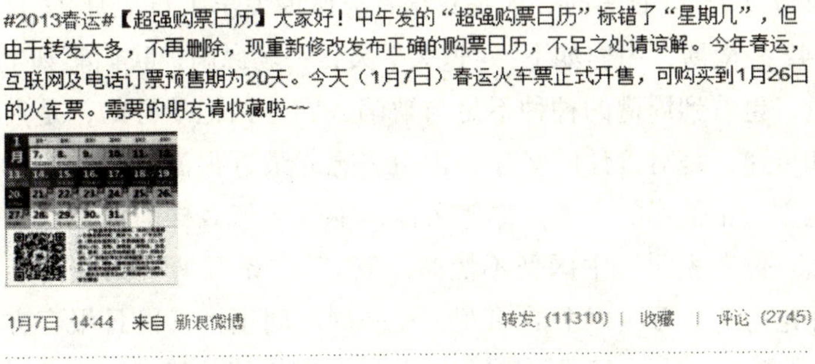

图6.14　“广州铁路”发布的原创微博

---

① 人民网舆情监测室. 2012年新浪政务微博报告. 2012-12-12.

（二）语言风格要清新简洁、特色鲜明

1. 言简意赅，准确清晰

政务微博发布的信息既要言简意赅又要准确清晰。一方面，微博的文字限制一般为140字，因此，微博要在有限的字数内将主要信息予以表达，这就要求发布者所发布的文字信息务必明了。另一方面，微博上每一秒都在进行着信息的更新，存在着大量信息，受众阅读每一条微博信息的时间极其短暂。而且政务微博发布的信息大都属于新闻简讯类信息，更应简洁明了。

2. 语言清新，突出特色

微博信息短、传播快、范围广的特点，要求政务微博要走出自己的特色，不能将自身趋同于报纸、新闻网站。微博用户在获取信息上具有很强的自主性和选择性，他们可以根据自己的兴趣爱好来选择是否“关注”某用户。因此，政务微博在面对一个个个性突出的网民时，所使用的文字风格不宜过于政务化，应考虑使用让他们能接受的话语体系，这样才能将信息有效地传达出去，受到更多用户的关注。① 因此，政务微博发布的信息要具有鲜明的“时代特色”，切忌官腔官话、内容空泛、僵化生硬。要改文风、转作风，去除官话套话，就应该先知道哪些是官话套话，哪些话让民众厌烦。因此，2013年1月8日，《人民日报》读者来信版“关注转会风”栏目向网友发出征集：“你最反感的官话套话是什么?”“领导亲赴现场”“亲自过问”“高度重视”等是网友提供的最集中的官话套话。

2012年7月28日零时，人民日报官方微博发出了自7月22日上线以来的第142条微博，内容如下：“过去7天，一场暴雨让我们感到生命的无常与重量，也看到周遭的种种不足与缺陷，同样铭记于心的，是灾难中爱的赠予和传递，是对责任的坚守和护卫。想起最近很流行的一段话：你所站立的地方，正是你的中国。你怎么样，中国便怎么样。你是什么，中国便是什么。你有光明，中国便不黑暗。安。”这条微博一共获得了1.5万多条的评论与7.3万次以上的转发。在一周时间里，人民日报官方微博以180多条微博，收获了15万多粉丝以及网友们持续的热议，语言风格清新

---

① 政务微博如何有效传播. 光明日报，2012-07-14.

与贴近民生成为众多议论中频频提及的词汇。①

3. 灵活运用网络语言

在微博时代，网友喜闻乐见的网络语言与传统的政务语言形成了强烈的差异，容易得到最大限度的传播。多使用网言网语，可提高政务微博的亲和力与吸引力。政务微博文风要活泼、有网络特点，既要注意运用最新最热的网络词汇，但也要注意不能“过度”使用网络语言，要防止走向极端。不能让网络语言的“娱乐性”与政府部门的“权威性”发生冲突，要探索一种合适的方式，既让民众听得懂、喜欢听，又能维护政府的权威形象。

政务微博活用网络词汇、流行语体，在一定程度上能给网友耳目一新的感觉，但过于另类怪异的语言却会折损政务微博的公信力和美誉度。2011年11月8日，烟台警方一则“淘宝体”通缉令引发了众多网友的兴趣。“各位在逃的兄弟姐妹，亲！立冬了，天冷了，回家吧，今年过年早，主动投案有政策，私信过来吧。”上海徐汇交警和福州警方也都发布过类似的追逃微博，并引起了广泛关注。但是“淘宝体”通缉令到底是拉近警方与网民之间的距离，还是滥用网络语言伤害执法机关威信，存在很大的争议和质疑。教育部语用司司长李宇明说，在普通微博和BBS上，使用新字新词并无问题，但用在现实生活中，有些适合，有些值得商榷。比如以“亲”字开头的“淘宝体”，用在公安局对罪犯的通缉令和大学生录取通知书上就显得不太合适。尽管他们的动机是好的，希望拉近和服务对象的距离，但却缺乏庄重感，失去了公文应有的严肃性，让人产生信不过的感觉。而且，不是所有人都懂“淘宝体”，也不是所有人都能够接受这种表述。②

4. 正确运用微博表情

在文字叙述基础之上，合理搭配运用微博表情，可使微博更加生动活泼，避免公文式的生硬和呆板。在书写政务微博时，可适当使用表情传递情绪，融入微博氛围，拉近与网友之间的距离，使政府形象更具人情味。但是，一定要正确运用微博表情，否则会引发网友嘲笑和调侃。例如，2012年5月28日，北京地铁公司开通官方微博“北京地铁”，在自我介绍

---

① 陈良飞. 人民日报微博上线一周 声音真诚获网友关注. 东方早报，2012-07-30.

② 安然. 淘宝体通缉令引诸多争论 警察能否“亲”逃犯?. 北京晚报，2011-11-23.

的一条微博后误用了“蜡烛”表情。“北京地铁”的原意是为了表达微博红火，可在微博平台，网友一直将“蜡烛”表情用来表示悼念之情，结果，“北京地铁”开博点蜡烛被网友热议，两三个小时内评论超过千条。

（三）发布格式要图文并茂、归类整理

1. 图文并茂

互联网技术的发展和智能手机的出现使得微博平台可以发布多媒体形式的信息内容，用户可以选择用计算机或者手机进行文字、图片、音频、视频的上传发布，充分实现微博信息内容的多媒体化，极大地增强微博的传播效果，使微博的可读性增强。随着现代生活节奏的不断加快，受众的阅读习惯进入了读图时代。平面的图片或者是变化的图像能够为受众快速地传达大量信息，能够有效地弥补微博字数限制的不足，还能为受众带来更为直接震撼的视觉效果。① 因此，在发布信息时应充分利用图文并茂的方法，尽量添加一些图片和视频，全面地进行信息的发布和报道。需要注意的是图片需选择精彩、清晰、信息量大、新闻现场等有冲击力的图片，不用血腥、暴力、情色、有宗教和政治问题的图片。政务微博发布图片、文字等应尊重他人著作权，发布他人原创内容需注明来源。

2. 归类整理

政务微博发布的内容可以进行归类整理，要注重栏目设计、话题设置。要注意对所发布内容进行标签体系分类，用“##”表示该条微博所属的栏目类别或热门话题。通过每日发布内容的规律，培养用户的阅读习惯，提升内容实用度及用户黏性。各政务微博都应该设计自己的常规话题栏目，如“#今日头条#”“#××要闻#”“#××天气#”“#××美食#”“#警方动态#”等。同时，为突出重点，微博的第一句话应该是微博的核心信息，并用“【】”符号加以突出和区分。

三、注意发布规律

微博发布要注意发布时间和发布频率。

（一）发布时间

政务微博要勤于更新，使网民在各个时间段都有机会接触到政府发布

① 王娟，王钰．中国政务微博发展初探．新闻爱好者，2012（7）．

的信息。对于重要新闻、突发事件以及涉及民生的重要公共信息和热点事件要及时发布，充分利用微博平台短、平、快，秒速传播的特点实时发布信息，及时向广大民众开展宣传和舆论引导。各政务微博单位要畅通快速回应处置的渠道，应尽量缩短发布信息审批时间，保证政务微博发布时效性；对涉及本部门、本单位职能范围内的投诉、咨询、求助和意见、建议，要安排和协调本部门、本单位业务机构进行受理，并及时进行受理回复，向网民反馈受理和办理情况，对于有待核实和研究的事项，应尽快向网民反馈受理和办理情况。重要活动注意发布时间应避开上下班时间、午餐时间、休息时间等流量低谷。其他时间可发布一些轻松情感类的关怀信息，如问早安、下班注意休息等，从而与网友产生情感的互动作用。经过很多微博专家的研究发现，微博的高峰值往往出现在这三个时间段：9：00—12：00，16：00—18：00，21：00—24：00。这几个时间段是发微博的黄金时间段，也是一般人上微博的黄金时间。此外，根据活跃度比较，晚上最多，上午其次，下午稍少。[①]

（二）发布频率

发布信息不要过于集中，否则，短时间内发送大量信息，就会给粉丝刷屏的感觉，影响粉丝的微博体验，并且会淡化信息的集中关注度，从而分散关注度和转发量。微博发布频率最好控制在每30分钟到1小时一条为佳，每天按照5～15条的频率发微博，一天的微博数量尽量控制在20条以内。除特别重要的同城活动或微博直播现场发布会外，不能出现刷屏现象，官方账号每日需发微博5条以上，间隔至少在半小时以上。例如，“平安北京”有一次做直播活动，由于“太忘形”发了过多微博，形成了刷屏，结果一天“掉粉”1 000多个。[②]

四、注重沟通互动

微博构建了一个实时、双向、通畅的信息网络，有着庞大的应用群体。民众利用微博可以不受时空限制，方便地反映问题、意见和建议，表

---

① 王弘张．玩转微博：个人、企业、政府微博实用指南．北京：机械工业出版社，2012：24.

② 温薷．政务微博京城风行 政府与公众实现“双向发布”．中国新闻网，2012－06－12.

达自己的诉求，因此，微博是一个聚众的场所，是民声汇聚之地，是政府与民众沟通的新型工具。微博更便捷地使普通公众也能参与公共事务、共商国是，真正实现政府和民众的“微距离”对话沟通。政府也通过微博平台对社会新事物保持敏感，及时关注民众、媒体等的言论，汇聚民声、征集民意，使决策得到有效参考。

（一）形式与主题

各政务微博单位在进行日常话题策划中，要与时下热点话题、新型表现形式相结合，根据各自情况提前策划周期性互动活动主题，如组织线上征集意见、网友见面会等活动，强化政民双方的沟通交流。重大政策解读、重大事件应对时，各政务微博单位可以微访谈、微直播、微大屏等形式，加大政务微博发布的信息量，丰富表现形式，进一步扩大政务微博的影响力。

政务微博发展势头强劲，越来越多的地区开始注重通过网络发言，利用微博组织各种活动，加强政府与民众的沟通，实现民众的参政议政的民主权利。例如，2012 年以来，东莞政府利用微博“莞香花开”先后组织了“‘未来 5 年路　东莞怎么走’部门领导系列微访谈活动”“广纳良言，共谋崛起——‘时间问政’网友见面会”等活动。市委书记徐建华、市长袁宝成、市各部门领导积极参与，借助这些平台与网友进行沟通交流，取得了良好的效果，获得社会各界高度认可，进一步强化了东莞善解善待媒体和自信开放的良好形象。① 实践证明，积极与网民互动，邀请网民参与、见证政务活动，在叙述时体现互动的意向，并引导网民参与讨论，效果非常明显。

（二）注意事项

沟通互动时的注意事项如下：

1. 不要关闭微博的评论功能。

2. 不要轻易删除网民评论。

3. 慎重处理网民的诉求、问题及意见。对网民的合理问题需要“有问必答”；回应网民的意见时要注意措辞，不要“敷衍了事”；对网民的利益诉求个案应“有限回应”。

---

① 东莞抢占网络新阵地　传播城市新形象. 人民网，2012－12－14.

4. 理性对待偏激言论。对于网民的偏激言论，要以适当方式沟通，避免与网民激烈争辩，不要组织一边倒的正面评论，否则容易激起网民的反感。

【案例】 “上海发布”位列新浪政务微博年度影响力榜首

2012 年新浪政务微博报告对外发布，上海市人民政府新闻办公室微博“上海发布”位列该年度全国政务机构微博影响力排行榜第一。

在最新的新浪政务微博影响力排行榜中，凭借活跃度、传播力和引导力 3 个综合指标上的优异表现，“上海发布”连续 53 周蝉联周榜第一，位居 2012 年度十大政务机构微博和十大新闻发布微博榜首。

据了解，自 2011 年 11 月 28 日上线以来，“上海发布”发布信息 7 900 余条，内容涉及重大规划、重大项目、住房、交通、环保、民政、教育、卫生、社保等各个方面。无论是 2012 年 4 月 2 日上海闵行区 1.2 级地震、8 月台风“海葵”来袭等社会热点，还是 PM2.5 监测及数据发布、上海增加养老金、降低共有产权保障房准入门槛等民生话题，“上海发布”都及时回应社会关切，主动加强与网友互动，悉心提供实用资讯，得到广大网友的普遍认可。

一年来，“上海发布”还组织了 37 场微访谈，同时还将搜集到的大量网友评论和问题反馈给职能部门，助力日常工作。

在“上海发布”的影响和带动下，上海市政务微博群取得了突飞猛进的发展。截至目前，上海已有 1 400 多个各级政府部门、社会群众团体和公共服务机构开设微博，官方账号超过 2 000 个，总粉丝量约 3 000 万人次。除了“上海发布”外，“警民直通车—上海”“上海铁警发布”也进入了 2012 年度“十大政务机构微博”榜单，分别位居第八位、第九位。

【思考题】

1. 如何正确使用政务微博？
2. 如何使用长微博？
3. 政务微博的使用技巧有哪些？

第七章

从“本领恐慌”到微博名人

——党政干部个人微博管理

【内容提要】 党政干部开设微博已不是新闻，但是某些运营中的党政干部微博可能成为新闻。成功的官微有哪些可取之道？党政干部中的“微博达人”是如何使用和管理微博的？这些问题，我们试着从本章找到“注脚”吧。

【关键词】 自媒体　党政干部微博　借鉴

第一节　党政干部微博成功之道

“当你的粉丝超过100，你就好像是一本内刊；超过1 000，你就是个布告栏；超过1万，你就像一本杂志；超过10万，你就是一份都市报；超过100万，你就是一份全国性报纸；超过1 000万，你就是一家电视台；超过1亿，你就是中央电视台。”

——互联网上对微博影响力的形象描述

一、坦荡的襟怀

2011年3月初，中共十七届中央委员、新疆维吾尔自治区党委书记张春贤实名开通了腾讯微博，吸引了众多网友围观。此前，现任云南省红河州委常委兼宣传部长的伍皓第一个开通实名党政干部微博，浙江省委常委、组织部长蔡奇粉丝过百万……截止到2012年7月14日，中国已有30

名省部级以上官员开设微博，党政干部微博大量涌现。分析这些成功的党政干部微博，克服“本领恐慌”，第一要具备的便是坦荡襟怀。

（一）敢于示众

微博开启全面“自媒体”时代。在这被称为“自媒体”的时代，微博作为新兴的媒介以其显著的特点而呈现“井喷”式的增长。“知屋漏者在宇下，知政失者在草野。”微博时代，公开透明逐渐成为执政共识，网民对知情、参与、表达和监督的权利诉求也越发强烈。民主参与度、信息公开度越来越高，仿佛一切都被置于放大镜下。

《人民论坛》杂志一项关于“当代中国官员的‘网络恐惧’”的调查称，70%的受调查者认为党政干部患有“网络恐惧”症。在问及原因时，60%的受调查者表示“担心工作疏漏等不良现象被曝光，影响前途”，28%的受调查者表示“担心私人信息被曝光，影响正常工作和生活”。以微博为代表的新兴传播方式的确极大地释放了人们的社会表达，为每一个人都“安装”了向社会喊话的“麦克风”。这种新兴的传播方式造成了一种大众围观的社会格局。

被“围观”之下，党政干部开微博，首先就要有敢于示众的勇气。“党政干部开微博需要勇气，这种勇气来自于自身的坦荡和自律。”一位网友在微博中这样评论。上海市闵行区司法局法制宣传科科长杨华也在微博中写道：“我不一定时时讲真话，但绝不说假话；我不一定天天做好事，但绝不做坏事；我不一定月月高尚，但绝不卑鄙。”

蔡奇、金中一都把微博比作玻璃房，在玻璃房中透明公开是一种胆量，也是一种坦荡的境界。因为，在以微博为代表的自媒体时代，信息流动更为迅捷，意见表达更趋多元，“人肉搜索”的威力更是持续发酵。作为管理者的信息优势不再，意见权威被解构，时时处在社会的凝视和监督之下。蔡奇本人开通微博不久就说了这样一番话：“通过网络进行互动交流是种好形式。现在是信息社会，政府工作要适应形势。你做的事要叫人不知都难，还不如主动应对。公开是个法宝，一公开就透明，既可使工作得到公众理解与支持，又是接受社会监督过程。要做到公开并不容易，但只要面向基层百姓的没什么不能公开的。更在于随时听取意见改进自我为要。”①

① 张凡，鄂璠. 蔡奇的微博之道［J］. 小康，2011（8）.

党政干部应该直面微博，在党政干部与公众之间，不需要新闻发言人和一道道审查体系，党政干部要在微博的平台上学会直面公众。全国人大代表、湖北省统计局副局长叶青在微博直言：“省委书记管车轮子，省长管米袋子，市长管菜篮子。公车问题是腐败问题，应该由省委书记管。”类似敢于表达的话语在他的微博中屡见不鲜，使得叶青跻身于2011年“十大公务人员微博排行榜”第六位，被称为“中国最具个性官员”。

【延伸阅读】　　　　自媒体

按照学术的解释，自媒体是指普通市民通过数字科技与全球知识体系相连，提供并分享他们的真实看法、自身新闻的途径。形象一点说，自媒体就是人人都有麦克风，人人都是记者，人人都是新闻传播者。

（二）包容之心

坦荡的襟怀还意味着要有包容之心，能包容质疑、甚至是攻击和谩骂。微博是一个充满民众期待的草根言论语境，与党政干部和政府机构惯常使用的政治语态存在很大的反差，不少质疑因此而生。有数据显示，我国在各网站注册的微博账号达到约8亿个，微博用户每天发布的信息量约为2亿条。在微博深度影响社会舆论格局的同时，特别是微博成见族的存在，再加上对党政干部在微博世界的角色认同存在很多分歧，人们也感受到这个新兴舆论场自身的复杂。谣言之外，不负责任的攻击、谩骂，情绪化的表达等现象在微博中大量存在。

【延伸阅读】　　　　微博成见族

因价值观念和现实体验差异性，微博存在着庞大的成见族。事件来了，先看矛盾冲突的双方，如涉及成见对象，立即跳过事实甄别和逻辑辨析，进入到情感定位和声讨追责，而要命的是事后往往高概率地证明其跳跃思维相对正确，这种成见和现实的互动循环极大地震荡舆论生态，解套的关键在于现实改良。

——《2012第三季度网络舆情报告》武汉大学互联网科学研究中心

云南红河州宣传部部长伍皓（微博账号“伍皓红河微语”）感受颇深，

“谈公事，说作秀，谈私事，也招致冷嘲热讽”，为此他多次改变微博定位，从谈工作到谈家庭琐事及其女儿，直到现在的定位——“为了红河460万各族群众宣传推介红河”。

2012年5月，《决策》杂志在山东、江苏、安徽、浙江等省市开展了“官员需要哪些‘微素养’”的问卷调查，收回有效问卷241份。其中69.6%的开通微博者中，一半进行了实名认证。本次调查中，22%的受调查者认为党政干部首先应该具备“直面批评的包容心与纠错力”的领导素养，在所有选项中比例最高。

陕西省公安厅副厅长陈里（微博账号“陈里”）也认为党政干部开微博需宽广心胸。“官员开实名微博，就要对网络民意有大度的心胸，要学会接纳和引导。我有很坚定的铁粉，也有怀疑的、徘徊的粉丝。如果一个官员心胸狭窄，对一些网友采用屏蔽拉黑的方式，很多人会认为，这就是官员的霸气，本来认为你不好的就更有成见了，亲近的变得不亲近了，怀疑的变成对手。”①

党政干部面对质疑的时候，要相信微博本身具有“自我纠偏”的净化能力，谣言止于公开，止于言论自由。在面临微博信任危机或其他指责的时候，最好的方式是站在真实客观的角度正面回应。

金中一是浙江省海宁市一个县级市的司法局局长，在中国数量庞大的党政干部群体里，原本算不上什么引人注目的人物。但在互联网世界里，他却是一个不容忽视的角色。仅仅在新浪微博上，他就拥有众多粉丝。他坦言这是“一条微博一条微博地写出来的”，而且，他笑言：“他们都是‘有微博、有关注、有粉丝’的‘真粉丝’，没有一个是假的。”即使这样，他仍然被粉丝当面质疑“你天天发微博，会不会影响工作?”金中一这样回复道：“网络也是一个社会，党政干部就要与网民做朋友。要说实话，说真话，说人话。沟通多了，理解也多了，慢慢地就会聚起一定的公信力。这样，党政干部就能在网上树立起自己的正面形象，这本身也就是我们工作的一部分。”②

① 桂杰. 陈里：官员开微博要有宽广心胸［N］. 中国青年报，2012-12-02.

② 王运宝，徐浩程. 官员“微素养”［J］. 决策，2012（6）.

【案例】 **“打通任督二脉事件”**

“打通任督二脉事件”后续的发展是一个极好的例证。

“打通任督二脉”在微博上引起一片质疑后，甘肃省卫生厅最先回复这些质疑的微博出现在2012年5月23日下午4点。该微博称“今天有网友对我省开展真气运行法培训嗤之以鼻，甚至讽刺、挖苦之声不绝于耳……诸多国人不做调查研究却草率反对，一股躁风，一阵痛心……”

言语中露出恼怒的情绪。这显然于事无补，不久后，这条微博即被删除。事件的转折点出现在下午5点，刘维忠在其官方微博上对此作出了回应。

经历过2011年“猪蹄厅长”的舆论狂潮，刘维忠对于如何应对网络的质疑，可谓得心应手。

在回应中，刘维忠称，“我非常理解大家对于通过练习真气运行学打通‘任督二脉’的质疑。因为我们从小都看过很多武侠小说、武侠影视作品。在武侠小说的误导下，我们认为打通任督二脉是一件非常难的事情。我想告诉大家的是，从中医上来讲，打通任督二脉只是让气血更加通畅，身体更健康而已，并不是什么武功绝学”。

在其发布的“长微博”中，刘维忠调侃道，“如果您认为，打通任督二脉就可以飞檐走石，开辟碎石，天下无敌，恐怕要让您失望了。小说和常识的差别就好比，在小说的《三国演义》中，诸葛亮三气周瑜，周瑜被活活气死，在历史典籍《三国志》中，周瑜是病死的，诸葛亮是冤枉的。”

刘维忠的回复包容批评而不失幽默，直面问题又及时引导，少了个人情绪。此条微博发出来之后，转发与评论均超过千条。在1 100多条的评论中，讽刺、情绪化者仍然存在，但支持、理性化者开始增加，成为“打通任督二脉”事件的转折起点。

——摘自《官员“微素养”》(《决策》2012年第6期)

（三）自律其身

自2011年至今，微博反腐可谓风生水起、格外耀眼。在众多的反腐案件中均可以看到微博的身影。微博反腐俨然已经成为一种最新的反腐方式。

微博用户“山东眼”说：“不算微博控，每次刷屏，都会发现一个正在接受调查的官员。”

微博是反腐倡廉的“非正式制度”，正如《法制日报》的评论指出，

“任何正式制度要想良好运转，都必须要有非正式制度配合与支持，没有非正式制度，正式制度就是一杆挂在墙上的枪，只有美学作用，不会有实际用途。”[①]

党政干部开微博，本身是一件可喜并有意义的事情。它可以增加社会治理的透明度、互动性，网友应该多一些理解。对于社会上党政干部微博时常受到责难的现象，2012 年 3 月 7 日《南方都市报》做了一期《官员微博怎么了?》的报道，其中采访广东佛山中院院长陈陟云时，他坦言：“现在的官员心理压力非常大，官员首先也是一个有血有肉的普通人。”为此，陈陟云特别提到，社会和党政干部都需要自我减压，做到问心无愧就好。

二、准确的定位

“多栖”还是“专一”，这是一个问题。金庸的《射雕英雄传》中有个“华山论剑”的情节，天下五大高手决战于华山之巅，无论“东邪”黄药师还是“西毒”欧阳锋，都有自己最具竞争力的武功。党政干部微博如想成功，首先要确定自己的定位，以什么内容为自己的博文发表方向。学者认为，目前我国党政干部微博的开设现状，大致有三种类型[②]：

（一）普通型

普通型是指党政干部如普通微博用户一般，体验并使用微博这种崭新的沟通工具，发布、分享、评论的内容也以生活化、个人化的信息为主，把个人微博和官方微博区分开来。这类党政干部微博以潜水的居多。例如，广东佛山中院院长陈陟云的微博中，诗歌及人生感悟是最为热衷的话题，他从未在微博上以官方身份发言。这类党政干部微博往往是因为个人微博发表自己的看法比较随性，而官方微博的每一个字词都代表官方的正式态度，因此，对于更喜欢比较自我的表达的党政干部来说，这是他们融入网络生活的方式，一般这样的微博也没有进行认证，如果只看主页，人们只会认为这是一个普通网友。

（二）互动型

这类党政干部微博以亲民为主旨，拉近干群关系。和第一种一样，这

---

① 常梦飞. 对微博反腐不必妄自菲薄［N］. 法制日报，2012－12－08.

② 汪莅轩. 多元互动视角下官员微博行为探究［J］. 领导科学，2011（32）.

也是一类政治行政化、私人化高度混合的行为。现在，开微博的政府党政干部越来越多，党政干部微博的形态也各式各样。大众舆论给予此类行为的宽松度较高，通常不会引发过多严肃性的争论。

不过，也有很多人并不认可这两种党政干部微博。正如段兴焱（微博账号“段郎说事”）的一条微博中尖锐地指出：“近期有外地同事一再私信与我说想学我发微博，我再次建议他们别学我，真要想学，其实现在已有三种类型的政务个人微博可供学学：一是只说公开的案例，热闹热闹；二是只说下雨记得带伞，安民告示；三是只说养花养草，陶冶性情。这三种类型通俗、易学，特别是：不会因此劳心伤脾，不用担心被查经纬度。”

一项名为“您为什么关注官员微博”的微调查的投票结果表明，对为“官”者执政理念的了解是排在第一位的原因。人民网有关报告认为，党政干部在微博上有较强的象征性意义，渗透着党和政府的执政理念和政策走向。党政干部微博已经成为政府部门在传统信息发布渠道之外的有益补充，通过微博的方式，直接、直观、直面与网友交流、互动，有利于营造党政干部所在机构的良好形象和提升公信力。

（三）参与型

最能体现“政务公开、公众参与、行政监督”的是参与型微博。党政干部开设微博，主要是对与自身职位、专业高度相关联的信息、特殊事件的品评、处理，这种参与型行为对现实社会中的相关机构、社会舆论以及相关职业、专业领域有着重大且直接的影响。例如，廖新波最常谈的是医疗改革的问题，朱永新的微博中教育问题是不变的重点，叶青是公车改革的坚定拥护者……他们向公众呈现出“专业”的形象，而这与他们的职业密切相关。

正义网2011年评选的政法官员微博影响力排行中，公安部打拐办主任陈士渠排名榜首。2010年12月12日，陈士渠开通了自己的实名微博。截止到2013年6月24日，他发了8 100多条微博，粉丝超过416万，这位全国知晓度最高的警察，开通微博就是希望获取更多拐卖犯罪的线索，解救更多被拐卖的受害人，增强网民的反拐意识。他的博文几乎全部是围绕着“打拐”这个主题展开，正如他荣获央视颁发的“2011年度法治人物”时喊出的那句话：“我只愿天下无拐！”而他也未想到微博会产生这样大的影响力，也未预料到他会有如此多的粉丝。

三、良好的表达

官员微博首先必须是一个“有态度”的微博。这个“有态度的微博”体现在三个方面，一是“总能在舆情初显时，率先在第一时间发出最有价值的声音”，二是“既不盲从也不冷眼相观，更不‘五毛’或‘愤青’，而是积极地从良知和道义作出负责任的回应”，三是希望官员微博“总是思维开阔、察纳雅言，彰显人格的力量”。

——清华大学公共关系与战略传播研究所社会化媒体实验室高级研究员 侯锷

（一）准确运用话语权

伦敦经济学院媒体智库 POLIS 的负责人贝克特称：“人们不习惯一直被‘传播’，在社交媒体的使用中，对所有人都有一条学习曲线。”而对于政治家们来说，这种学习显然更加迫切。一名领导者应该具备的基本素质就是善于沟通。网络沟通不同于传统的人际沟通，它无须考虑恰当的时间、地点、时机、话语方式，只要以更从容的态度、更多样的方式、更平实的话语、更随意的时间选择进行网络沟通，更加强调以理服人，用客观事实及亲民话语决定网络沟通中的效力。一般而言，党政干部个人微博可就自己所负责领域的热点事件，做出最专业的解读。这种解读是民众对于党政干部话语权的信任，也是对党政干部智慧与真诚的挑战。正如广东省卫生厅副厅长廖新波说的那样：“来到这个位置上，就应该表达，掌握好话语权。在如今这样的党政干部政治生态里，在整体噤若寒蝉的环境中，用好话语权比唯唯诺诺、不表达自己的主张好一点。”廖新波对于与“医”有关的话题，都能及时作出反应。他在微博中呼吁“请给救护车让路”，并使用长微博进一步阐明自己的观点，截至 2012 年 12 月 16 日被转发了 779 次，激起网友的强烈共鸣。

（二）与时俱进的媒体观

1. 不缺席

互联网越来越成为重要阵地，成为社会沟通交流的必经渠道。党政干部对网络的驾驭可以体现出他的基本素质与工作能力，远离网络就远离了 4.57 亿网民这一群体。“在这个大众麦克风的时代，希望更多政府机构推开微博这扇窗。”这是一位网友对政府部门提出的殷切期望，也应成为党政部门和党员干部的主动行为。党政干部微博既代表了政府的官方声音，也可以个人角度对热点事件进行权威解读。对于其他领域的热点事件话题，建议不要轻易发布自己的观点。因为党政干部不仅代表个人，更代表政府，一旦发布有失公正甚至错误的言论，很容易被网民及媒体质疑。

2. 说真话

段兴焱（微博账号“段郎说事”）对社会现实直言不讳、态度真诚、关注热点、贴切民生，被众多网民围观。

（三）更加平民化、人情化的语言素养

在《决策》杂志的调查中，19.5%的受调查者认为党政干部应该具备“更加平民化、人情化的语言素养”。在微博上，浙江省委组织部部长蔡奇被尊称为“蔡叔”，也是公认的把“正能量”和“亲民语”结合得近乎艺术的党政干部。在他的微博上，可以看到“蔡叔”对网络流行体得心应手的使用。

“说套话”“打官腔”“耍太极”显然与微博的草根性质格格不入，这也是对党政干部个性化、人性化表达的最大考验。蔡奇强调说亲民语言的重要性：“现在不是权势而是粉丝的时代，在充满草根色彩和民间化表达的微博语境里，即便是党政干部也要‘不讲官话大话而讲百姓听懂的白话，否则谁听你的?’”① 在蔡奇的微博中，对民生热点的调侃深得人心，文字简单，语言朴素，但加以独具匠心的组合排列，配合标点符号的使用，读起来声情并茂，如同一盘色香味俱全的大餐，如图 7.1 所示。

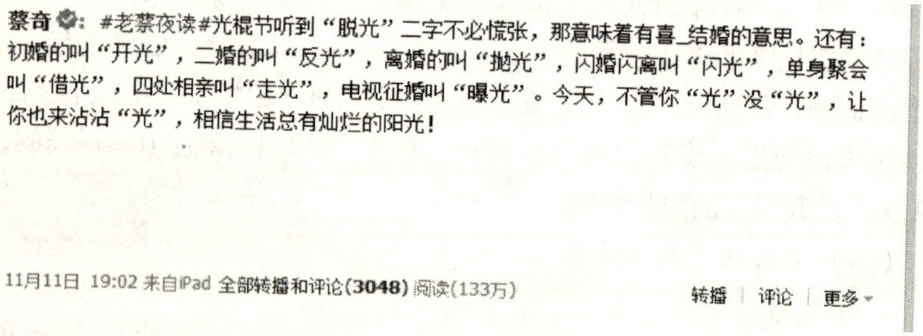
蔡奇：#老蔡夜读#光棍节听到“脱光”二字不必慌张，那意味着有喜_结婚的意思。还有：初婚的叫“开光”，二婚的叫“反光”，离婚的叫“抛光”，闪婚闪离叫“闪光”，单身聚会叫“借光”，四处相亲叫“走光”，电视征婚叫“曝光”。今天，不管你“光”没“光”，让你也来沾沾“光”，相信生活总有灿烂的阳光！

11月11日 19:02 来自iPad 全部转播和评论(3048) 阅读(133万)

转播 | 评论 | 更多

图 7.1　蔡奇微博摘录

① 谢良兵，陈勇，马莉. 政府机构和官员的微博热［J］. 理论导报，2011（7）.

因此，党政干部微博中的“意见领袖”如果不能苦心经营其微博，讲究网络政治沟通方式、方法，少讲官话、多讲民语，民众也不会在网络新媒介微博中给党政干部任何面子，毕竟微博是一种网络媒介，更需要平等的官民对话，才能获得一定程度的微博影响力。

四、突出个性，加重个人色彩

党政干部微博的发展与党政干部自身的真性情、真水平密切相关。越来越多个性化党政干部微博的出现，说明网友不仅看重党政干部开微博，还希望党政干部微博开出特色。国外政要在微博上几乎都注重树立个性化、立体化的形象，这与国外政治传统有关，他们在亲民化的同时，尽量避免千人一面。我国的党政干部微博现在也在努力呈现阳光、乐观、有生活情趣的公务员形象。

例如，浙江省衢州市柯城区区长祝晓农（微博账号“祝晓农”）的微博语言风格非常活泼，会在微博上亲切地和网友互道早安，也会用非常“正式”的语气汇报工作，还经常分享自己的心情日记，如图 7.2 所示，充分体现了她微博上所贴的“看书、旅游、爱睡觉、瑜伽、美食”的标签，受到网友的好评。

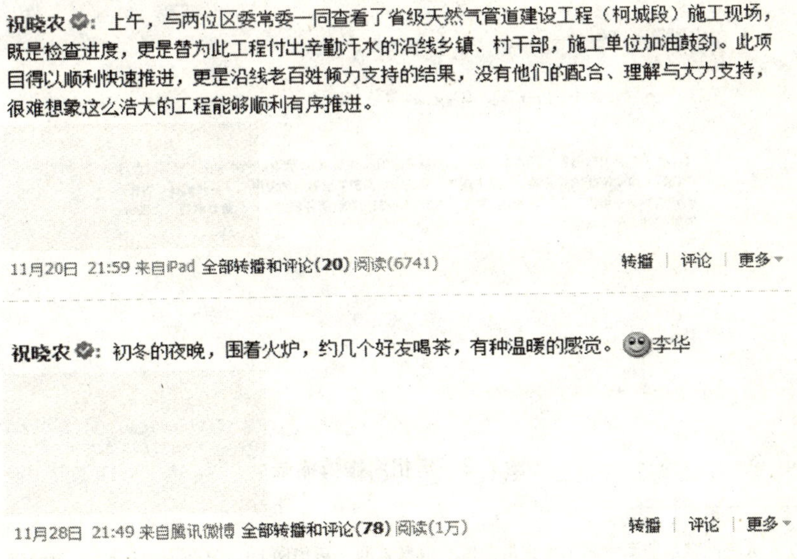

图 7.2　祝晓农微博摘录

党政干部通过个人微博所表现出的诸多内容，如价值倾向、理想信念、观点、人格魅力等因素，会影响网友对其所属政务部门的认知，这种认知可能是积极的，也可能是消极的，如果党政干部微博展现的是“正”能量，就会直接强化甚至带动网友产生关切、信赖及情绪，而这种综合认知将最终移转为政府的整体形象。

庹祖海现任文化部文化市场司副司长，他的微博在2011年人民网舆情监测室推出的“十大官员微博”排行榜中名列第7，被评价为“年轻的学者型官员，不仅畅谈文化工作，还充满个人情趣，感觉像个老朋友般亲切”。①他会认真地和网友交流有关文化方面的信息，点评电影，交流教育孩子的经验等，如图7.3所示。截至2013年6月25日，他的粉丝已有167万之多。

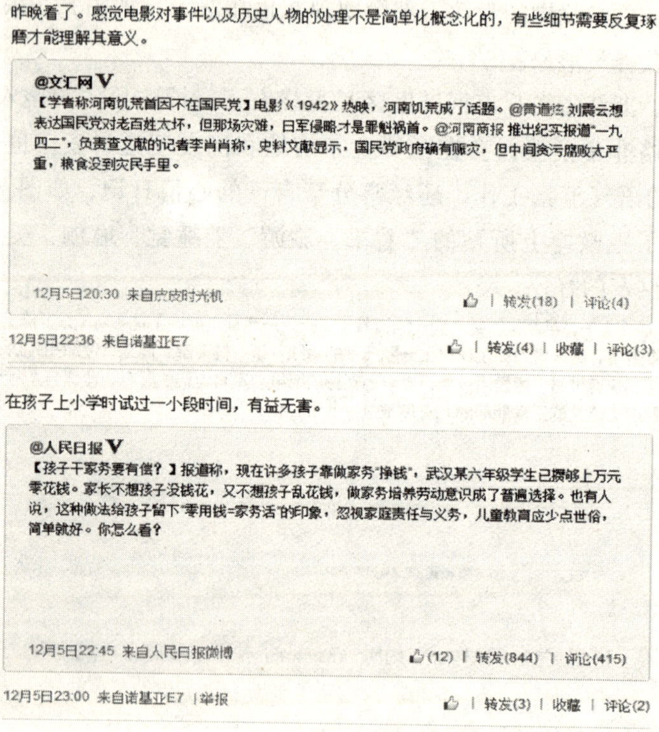

图7.3 庹祖海微博摘录

① 人民网舆情监测室. 十大官员微博. 信息来源：新华网 http://news.xinhuanet.com/2011-03/28/c_121239627.htm

五、善于运用微博的“溢出效应”

溢出效应是指事物一个方面的发展带动了该事物其他方面的发展。在党政干部开通微博应对传媒挑战的同时，微博也在改变着生活中的很多方面，如干群关系、社会风气、大众舆论等，甚至地方知名度。

红河，一提起这个地名，估计博友首先想到的就是“伍皓红河微语”。伍皓是把微博当作地方宣传阵地的代表人物，支持者认为他“一心扑在红河的宣传上，不遗余力”，反对者觉得他的微博是“给红河做广告”。伍皓在他的微博“伍皓红河微语”中对红河的宣传真称得上是不遗余力，利用一切可用资源，如 2012 年《中国好声音》节目火了之后，里面有位来自红河的“哈尼王子”，伍皓的微博中多次提到他，如图 7.4 所示。

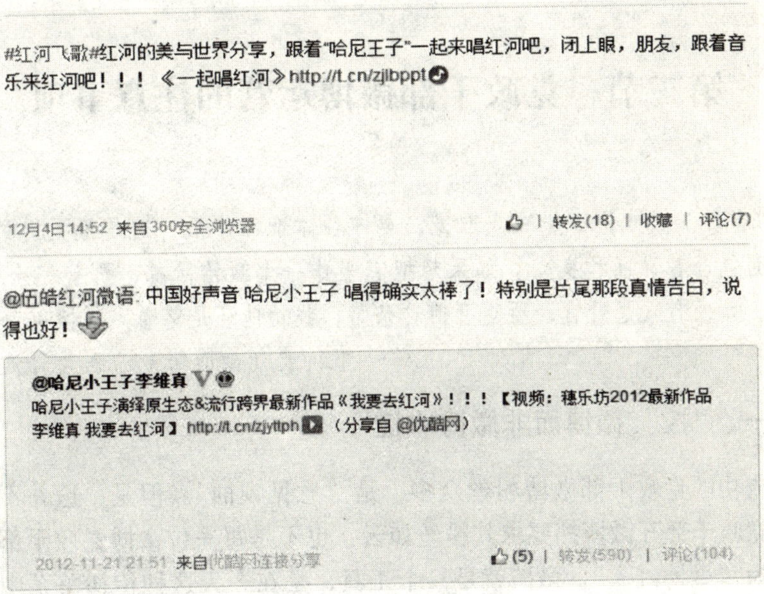

图 7.4　伍皓微博摘录

微博可以改良社会。以免费午餐为例，“邓飞”等从意见领袖转化为行动领袖，积极呼吁，通过网络筹款，辅以线下实施，招募志愿者，全程跟进善款开支和乡村运作计划，占据道德高地，引发媒体广泛赞誉，产生体制内外对比效应，促使官方更快做出改良决定，教育部等部门大力推进营养改善计划。[①]

现在，党政干部微博更应该充分利用微博的这一特点。“微博打拐”是2011年微博最大热门话题之一。陈士渠积极参与民间发起的“随手拍”活动，除了转发微博上的乞讨儿童信息外，他还通过微博回复博友对于打拐工作的一些疑问，并及时指导地方警方办案。而2011年公安部打拐专项行动1号案——贵州“4·09”系列打拐专案的正式告破，缘起失踪被拐儿童的家长在陈士渠微博上的留言。通过微博平台，公安部打拐办将已获得的1 500余条拐卖犯罪线索发往各地警方核查。而在这其中，又有不少线索是留在陈士渠的个人微博里的。

微博的潜能正在逐渐发掘中，党政干部微博使用得当，能让140字释放“政”能量，微言大义，政通人和。

第二节 党政干部微博运营的注意事项

“官员开微博，不能哗众取宠，要守住本职和本质，这是最关键的，因为里面包含着责任和良心。如果想把它当作一个政治阶梯，那就完全错了。同样，如果有人想升官，要走开博这条路，我劝他还是悠着点，慎重为妙。”

——廖新波（微博账号“医生哥波子”）

一、“控”微博而非微博“控”

成功的党政干部微博粉丝众多，是“意见领袖”。但是，这并不是说每个党政干部开微博都要求其粉丝如云，也不是每一位微博党政干部都需要成为“微博红人”。微博就是一个工具，是在今天这种传播关系中所使用的新工具。

一切传播关系，从本质上讲都是一种社会关系。微博、微信、微群、微吧等，既是新的传播工具，也是个人情感表达的新媒介。它们不但是人人可以发声的“麦克风”，更可以成为领导干部倾听呼声、接触民意的新

① 武汉大学互联网科学研究中心．2012年三季度网络舆情报告．2012－11．

渠道。正如习总书记2012年12月7日视察腾讯公司时指出的那样：“网络提供的建议很有价值”，关键问题是“我们怎么去适应互联网”。它在改变传统的人际关系形态的同时，也影响着人与人之间的沟通模式。因此，党政干部开微博，势在必行。

但是，党政干部开微博，绝不是要党政干部要变成微博“控”，而是要“控”微博。这主要体现在以下三点：

（一）控内容

领导干部需要站在微博这个工具层面之上，关注在工具里宣传什么内容，宣扬什么理念，做了什么事。微博不是纯粹的个人流水账，也不是完全随着别人喜好走。党政干部微博要做好“我要表达的”和“老百姓想看的”之间的平衡。在符合自己个性特点的前提下，多发些老百姓想看到的内容，同时穿插一些想让大家知晓的信息。

（二）控发展

政府机构官方微博、党政干部个人微博，可在初期根据相关规律发博，快速提升自己的影响力。待运营一段时间，有了一定影响力后，可根据自己的工作生活习惯调整发布内容，引导粉丝自己去获得感兴趣的内容。

（三）控态度

对领导干部而言，自媒体时代最重要的态度就是要站稳群众立场，在心里装着百姓，强化百姓意识，培养百姓情怀，把微博朝向亲民为民的机制建设。

二、掌握“微语言”

微博的字数一般在140字，微博交流的核心是互动。无论发微博、评论、转发还是私信，都是互动的方式。从结构上来讲，“微语言”照样可以分为开头、中间、结尾三部分。开头吸引人，中间清晰有条理，结尾突出重点。

（一）浅显的文字表达

突发报道、批判言论、哲理思辨、名人感受是微博世界里的主流。微博彻底改变人们的阅读习惯，信息传递的快速、碎片化、非线性、粉丝拥护导向的特点，正冲击着传统阅读。围绕党政干部微博应该如何表达的问题，浙江省委常委、组织部部长蔡奇的经验是：“少谈概念多讲事实，少谈抽象多讲具体，少谈外头多讲身边，少谈枯燥多讲有趣。”例如，段兴焱对朝鲜发射卫星的新闻所做的点评，把复杂的国际关系用生动有趣的话语描述出来，如图 7.5 所示。

#今日休闲#：弟淘气，常用弹弓惊扰四邻，哥爱恨交加。某日，弟又扬言要用弹弓打人窗玻璃，惹四邻纷纷不满，不几日，一邻忽传出好消息，说弟准备撤下弹弓了，哥自鸣得意：还是哥暗中周旋得好哇。岂料，次日即传出弟已用弹弓打破别人玻璃一块，哥只得深深地叹几口气：深表遗憾！

今天07:52 来自新浪微博　　(10) | 转发(454) | 收藏 | 评论(217)

图 7.5　段兴焱的微博

（二）多媒体文字受欢迎

微博的 140 个字，可以是纯文字内容，表意清楚干练，能够引人思考。受网民欢迎的微博，都是"声情并茂"的，视频、图片等元素综合杂糅在一起，图片和视频比文字更具冲击力和说服力。例如，"伍皓红河微语"的这条微博，被"传媒老王"大加赞赏，认为是微博语言的范例，伍皓的回复也充分展示了他的幽默，如图 7.6 所示。

被拍砖拍多了，慢慢就成专家了。久病成医，也是这个理儿。//@冯善书：伍皓是传播学的专家。这是很多所谓专业人士都难以望其项背的。//@传媒老王：仅就这条围脖的写作形式而言令人叫绝！视频、音频、文字都有了！内容上宣传党、宣传地方，发布最新信息又与个人紧密相连！仅此不得不为伍皓鼓掌

@伍皓红河微语

http://t.cn/aWAaLM 《2011上半年度中国政府微博排行榜》：今年上半年度热度最高、最受关注的中国政府官员微博为红河州委常委、宣传部部长伍皓，紧随其后的是全国人大常委、民进中央副主席朱永新与吉林省政协党组副书记、副主席林炎志等。http://t.cn/heRvhd

2011-7-18 10:21 来自新浪微博　　| 转发(68) | 评论(28)

2011-7-18 16:12 来自新浪微博　　| 转发(12) | 收藏 | 评论(7)

图 7.6　伍皓的微博

这条微博充分使用了各种资源，而且网址链接放在了微博前面。因为若表述完信息之后再放链接，粉丝会觉得自己已经知道这个信息，不愿再去点击链接了，并且，加入链接也充分彰显了微博是互联网的一部分这个

事实。微博不是一座信息孤岛，信息之间的相互链接有助于网友快速找到原始信息或相关信息位置，帮助读者扩大阅读范围。

（三）设置专栏，便于关注

党政干部写微博时，如果发表的信息类型很多，可以通过设置"专栏"的方式，分门别类，便于管理，也便于博友阅读。段兴焱（微博账号"段郎说事"）的微博主页被分为"断章取义""时事点评""今日休闲"等小栏目，读起来就像看一张报纸。其中的"时事点评"与"断章取义"以辛辣、到位的点评最为人所知，并被媒体大量转载。蔡奇在腾讯开通的微博，专栏设置更为详细，如图 7.7 所示。

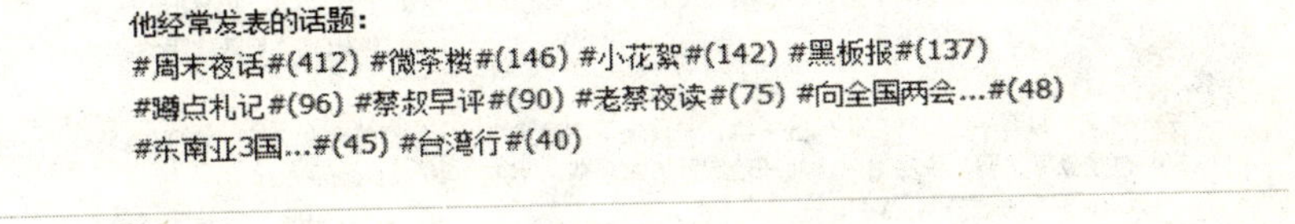
他经常发表的话题：
#周末夜话#(412) #微茶楼#(146) #小花絮#(142) #黑板报#(137)
#蹲点札记#(96) #蔡叔早评#(90) #老蔡夜读#(75) #向全国两会...#(48)
#东南亚3国...#(45) #台湾行#(40)

图 7.7　蔡奇的微博专栏设置

朱永新，现任全国人大常务委员，民进中央副主席，中国教育学会副会长，苏州大学教授、博士生导师，他在多家媒体平台都开通了微博，主要发布的话题有"走读新教育""我的晨诵""教育闲思"等，如图 7.8 所示。

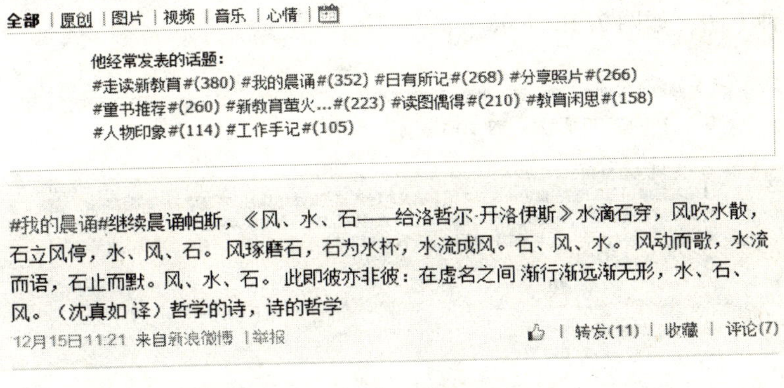
全部 | 原创 | 图片 | 视频 | 音乐 | 心情 |

他经常发表的话题：
#走读新教育#(380) #我的晨诵#(352) #日有所记#(268) #分享照片#(266)
#童书推荐#(260) #新教育萤火...#(223) #读图偶得#(210) #教育闲思#(158)
#人物印象#(114) #工作手记#(105)

#我的晨诵#继续晨诵帕斯，《风、水、石——给洛哲尔·开洛伊斯》水滴石穿，风吹水散，石立风停，水、风、石。风琢磨石，石为水杯，水流成风。石、风、水。风动而歌，水流而语，石止而默。风、水、石。此即彼亦非彼：在虚名之间 渐行渐远渐无形，水、石、风。（沈真如 译）哲学的诗，诗的哲学

12月15日11:21 来自新浪微博 | 举报　　　　| 转发(11) | 收藏 | 评论(7)

图 7.8　朱永新的微博话题

（四）一事一微博

微博的字数有限，语言要简短，言简意赅，清晰准确。不要每次都强求把 140 个汉字用完。最好是一条微博表达一个完整的信息，或一条微博

讲一个故事。

如果需要连续发布若干条微博才能表达清楚，可以在每条微博开头设置类似“#话题#”，或者“【标题+序号】”等形式，让博友清楚哪些信息归属同一系列。例如，陈永博把重要新闻全部放在“第一时间”这样的标题之下，如图7.9所示。

第一时间：河南信阳一男子今晨持刀砍伤22名小学生和1名民众，嫌犯已被控制，伤者无生命危险。武汉庄胜崇光百货中午发生大火，伤亡情况尚不详。
12月14日15:53 来自iPhone客户端
(1) | 转发(1) | 收藏 | 评论

第一时间：据新华社报道，朝鲜“光明星3号”卫星昨天发射成功，卫星进入预定轨道。韩国紧急召开国家安全保障会议。日本没有对卫星采取拦截措施。我在:http://t.cn/zja61QR
12月13日08:28 来自iPhone客户端
| 转发(1) | 收藏 | 评论(1)

第一时间：习近平近日在广州战区考察，号召全军牢记坚决听党指挥是强军之魂，能打仗、打胜仗是强军之要，依法治军、从严治军是强军之基。我在:http://t.cn/zja68w1
12月13日08:25 来自iPhone客户端
| 转发 | 收藏 | 评论

图7.9 陈永博的微博

同样是表达的内容很多，如果本人微博偏重于理性分析，或者本条微博适合理性分析时，用数字编号标示清楚。例如，四川德阳新闻办公室副主任邓建华（微博账号“安崇民”）在评价人民网一则消息的时候，就使用这种方法，如图7.10所示。

第一要制度建设规范反腐，第二也真不能简单否定公民网络举报，第三举报者据实别忽悠，第四么、转评前辨识要清楚。“四股”。

@人民网观点频道 V
【法制日报：网曝出好干部也有意义】网友曝越来越多,这是无法阻挡的反腐趋势,对网络反腐不必轻易贴标签,既不能认为只有网友曝才能反腐,也不宜片面否定它。推动反腐事业行进,离不了网络反腐,也离不了体制创新。反腐不能只靠网络而没有制度跟进,制度建设与创新才是最根本的反腐之策。http://t.cn/zjSi9gi
12月14日16:13 来自人民网
| 转发(8) | 评论(5)

12月14日16:17 来自新浪微博 | 举报
| 转发 | 收藏 | 评论

图7.10 邓建华的微博

廖新波评价查韦斯一则新闻时，既要点明评价的信息内容，又要表达自己的观点，为此他也选择了使用数字标号来表明的方式，这样一目了然，如图7.11所示。

连任三届的委内瑞拉总统查韦斯身患癌症靠镇静剂止疼过日。本月8日他电视告知国人，承认病重将到古巴继续接受治疗，考虑到手术失败公开讨论依法准备接班人。依我观点有四：1对绝症的乐观从容的态度；2国家领导人健康状态的公开有助稳定；3国家领导人选择古巴治疗，说明古巴医学技术不一般；4国事公开。

12月11日07:33 来自新浪微博 |举报　　(1) | 转发(57) | 收藏 | 评论(26)

图 7.11　廖新波的微博

（五）“虎头豹尾”法

速食时代的阅读习惯决定了微博写作必须重视第一句话，充分激起粉丝的阅读兴趣。例如，陈里评论微博作用的一条微博，开头便是“微博是发给天下人的短信”，立刻能够引起博友们的共鸣，如图 7.12 所示。

连任三届的委内瑞拉总统查韦斯身患癌症靠镇静剂止疼过日。本月8日他电视告知国人，承认病重将到古巴继续接受治疗，考虑到手术失败公开讨论依法准备接班人。依我观点有四：1对绝症的乐观从容的态度；2国家领导人健康状态的公开有助稳定；3国家领导人选择古巴治疗，说明古巴医学技术不一般；4国事公开。

12月11日07:33 来自新浪微博 |举报　　(1) | 转发(57) | 收藏 | 评论(26)

图 7.12　陈里的微博

微博的最后一句话要点题，用醒目的字提醒大家，或者抛出问题进行互动，如图 7.13 所示。

蔡奇：#蔡叔早评#总书记习近平考察深圳入住普通商务套间而非总统套房，保留酒店原有物品，不买新的；会议室不摆鲜花；自助餐。这种清廉、低调的作风为全党做出了表率。各级都应从小事入手，在改进作风方面拿出实际行动。如开会表彰不戴鲜花、不请礼仪小姐、不宴请....这里也向网友们征集意见，看哪些该改？

昨天 07:58 来自iPad 全部转播和评论(**2192**) 阅读(42万)　　转播 | 评论 | 更多

图 7.13　蔡奇的微博

三、生动有加，“卖萌”适度

中山大学传播与设计学院副教授张志安认为：“官员开微博首先要学会‘听话’，即倾听网友的意见、建议。在真诚的倾听中读懂民意，并以此作为政策制定的参考；并学会在微博上‘说人话’，不讲刻板、空洞的‘官话’，而是以通俗易懂的真话与网民进行互动交流。”① 党政干部在这种互动中，最主要的是倾听和沟通，从众多党政干部微博的运行之道可以发现“不伺候官话”已经成为各方关于党政干部微博的共识。

（一）学会“萌语言”

2012 年 5 月，《决策》杂志在山东、江苏等省市开展了“官员需要哪些‘微素养’”的问卷调查，有 19.5% 的受调查者认为党政干部应该具备“更加平民化、人情化的语言素养”。新浪微博在发布的全国首个《政务微博运营规范手册》中，建议党政干部开微博时顺应网络语言的特点“适当‘卖萌’”。

【延伸阅读】 **“萌”**

2010 年出现了“萌”，本来是读者看到动漫美少女的“热血沸腾”，后来“萌”变成了形容词：“您怎么可以这么萌!”直到“卖萌”出现，它最终尘埃落定为名词，掀起全民卖萌高潮。2012 年 1 月 1 日“卖萌”搜索量达到最高峰，在爷爷奶奶和孙子孙女聊天时熟练使用“卖萌”的今天，这个词还会存活很久。

——《南方都市报》

“卖萌语言”受到欢迎，特别是政法微博“卖萌”亲民获肯定，像段兴焱（微博账号“段郎说事”）语言犀利风趣，善用网络流行体，粉丝众多，2011 年 11 月 5 日发微博“距离 30 万粉丝只差一千多了，有点小激动。话说我的粉丝素质之高，影响之大，远非僵粉所能 PK 的，估计至少以一敌百……”可以明显感受到他的兴奋。在“名表门”持续发酵和“元芳体”开始流行的时候，段兴焱发了这一条微博，如图 7.14 所示。

---

① 大批官员触“网”人“微” 广东官员微博上很潮. 人民网. http：//gd. people. com. cn/n/2012/1031/c123932 - 17655561. html. 2012 - 10 - 31.

#今日休闲#：傍晚，表叔来到休闲广场，巧遇元芳，遂上前搭讪：“元芳，你对俺的事怎么看？”元芳：“表叔，你这能耐大去了，按说你这天大的秘密他知、我知、天知、地知，就是你本人和有些人佯装不知，我看此事必有蹊跷。”表叔颇有些得意：“所以说，无论你怎么看，都是瞎子点灯——白费蜡！”

10月17日15:00 来自新浪微博　(2) | 转发(165) | 收藏 | 评论(50)

图 7.14　段兴焱的微博

廖新波在微博中对网络流行用语也是随手拈来，运用自如，如图 7.15 所示。

我在#中国广东省广州市-越秀区#，相隔数月，一直惦念的这位老人终于出现了，拐杖助她一步一步往上行，轮椅带着她走了一段又一段。阿姨，孝顺儿子抬着轮椅在前面，给力。http://t.cn/zja6lAd（来自 @图钉）

广东省,广州市,越秀区,东风东路 - 显示地图

12月13日08:20 来自图钉拍照分享　(6) | 转发(57) | 收藏 | 评论(79)

图 7.15　廖新波的微博

党政干部微博语言使用近乎艺术的，当推蔡奇。有人称蔡奇的微博腔调“是动作，是点评，是情景剧，让人亲历作者的场景经历、感情节奏、明了关键词慨叹重点，像浮凸体一样明了意义，像草书一样错落有致”。[①] 这种特点在他的专栏#老蔡夜读#中发挥得淋漓尽致，如图 7.16 所示。

蔡奇：#老蔡夜读#一张反映城市上下班高峰期公交拥挤状况的“公交乘客表情图”早已爆红网络_呲牙大笑、哭泣、折磨、眩晕等QQ表情，生动形象地描绘出乘客们各种状态。不少网友忍不住咆哮：公交族真的伤不起啊！！司机怎么无动于衷啊！！怎么不多开几班公交车啊！！若公交拥挤状况得到改善，百姓肯定叫好！！！

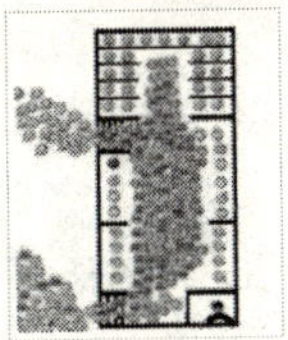

12月13日 21:01 来自iPad 全部转播和评论(767) 阅读(16万)　转播 | 评论 | 更多

图 7.16　蔡奇的微博

① 鄂璠. 微博官员脸谱［J］. 小康，2011（8）.

事实证明，党政干部善用网络用语，极易获得网友认同。究其原因，在于这种语言风格改变了党政干部在网友中的固有印象，同时也满足了网友对于信息开放和有趣的诉求。看到原来正襟危坐的党政干部们也玩起原本自己熟悉的“淘宝体”“元芳体”之类的“卖萌”，粉丝立刻产生心理认同。党政干部一“卖萌”，粉丝跟着调侃变成了一件过瘾且无害的事。遇见讽刺或可笑的字句，@一下这些敢说敢做的微博，也成了一种习惯和寄托。像伍皓在微博中用“吃货”一词看似哀怨实则得意地表达了对红河的自豪之情，如图 7.17 所示。

央视《舌尖上的中国》，又在播咱云南红河建水、石屏的烤豆腐！这个时候播这个节目，不是馋人么，随时受不了！州委宣传部与央视联手制作这个节目，红河人个个是吃货的坏名声算是享誉全国了，唉！

10月7日22:39 来自iPhone客户端　　(1) | 转发(27) | 收藏 | 评论(24)

图 7.17　伍皓的微博

【延伸阅读】　**2012 年微博流行词**

切糕

突然之间，“切糕”这个词火了，网友们掀起了恶搞切糕的热潮。从“切糕恒久远、一块永流传”到“美联储欲购入切糕稳定金融局势”，充分显示了网友的想象力。网友表示希望有一天，“切糕”可以被解读为“亲切的糕点”。

你幸福吗？

在央视《走基层百姓心声》特别调查节目中，当记者把话筒递向打工者问，“你幸福吗？”打工者愣了下神，回复说“我姓曾”。这不知是机敏还是质朴的回答，俨然成了 2012 年的年度“神回复”。

甄嬛体

这不是一个词，这是一种风格。《甄嬛传》热播之际，网友纷纷仿效剧中人的腔调，语者半文半白，语调不急不缓，口气不惊不乍，形态从容大方，“甄嬛体”想必是极富立体感和画面感的一种语体，真真叫人欢喜，想来倒也不负《甄嬛传》大热一场。

表哥、表叔

网友在微博上爆料陕西省安监局原局长杨达才手戴多块贵重手表，后经调查，杨达才确实存在贪污腐败问题。因戴名表被“击倒”的杨达才被网友戏称为“表哥”。自此以后，“表叔”“表哥”“房叔”“房婶”等词汇逐渐成了网民称呼“可疑”党政干部的标准用语。

舌尖上的×××

随着央视节目《舌尖上的中国》火爆上映，“舌尖上的”一词被越来越多地使用。舌尖上的皮鞋，舌尖上的航空母舰等，没有哪个时代的食品如当下丰富，也没有哪个时代的食品如当下这么让人不放心。我们最需要的，也许是“舌尖上的良心”。

——“腾讯微博 2012 年度热门盘点” http://z.t.qq.com/rmpd/wlch.htm

（二）“卖萌适度”

微博不是秀场，形式是次要的，关键是内容，能不能对服务对象有作用，能够让受众接受最重要。2011 年“官微”大面积上线，党政干部在微博上“卖萌”，从而提升影响力的例子不胜枚举。2012 年上半年，虽然政务机构微博的粉丝数呈现加速增长，而党政干部微博粉丝数的增长速度却首次出现了减缓态势。舆情专家认为，这在一定程度上表明，经历了“政务微博元年”，在政务微博进入青年期后，仅靠新鲜感和诚挚的态度已经不能完全维持民众的兴趣和感情，成熟的机制和完善的体系发挥出了更大的作用。专家认为，2012 年的“政务微博”已经度过了试水阶段，应当进入实干应用、服务民生的“成熟期”。党政干部不能完全网言网语化，要有符合自己身份地位的语言语境特点。所发布的内容一定要“接地气”，要通俗易懂，让网民认为党政干部是以平等的关系同他沟通、聊天。

四、掌握时间的艺术

“美食微博，通常出现在下午4点半到5点，或者晚上10点多，因为‘这是大家最饿的时候’。”“晚上8点到9点，是网民集中上网的时间，适合发趣味性信息。至于周末，可能大家正在逛街，是‘爪机党’，这时微博以好看的图片为主，配上简单抒情的文字。”

——赵伊汉（“南京发布”管理员）

（一）公私分明

党政干部开微博，还必须注意网友可能质疑党政干部没把精力花在工作上。这也是党政干部微博与一般微博的不同之处。不仅如此，党政干部微博在时间上还有许多需要注意的事项。很多党政干部发微博会选择在一个比较固定的时间，党政干部应该利用业余时间写微博，例如，蔡奇写微博用的都是早中晚休息的碎片时间；北京市政府新闻办主任王惠（微博账号“北京王惠”）几乎每天坚持发几条微博，也是主要利用业余时间。

（二）回复及时

1. 回应民意

微博为党政干部微博“意见领袖”提供了畅所欲言的空间。党政干部微博的主要内容应该就是公共政务处理（包括政务信息的发布与处理、政情通报、日常工作、政策解答、发起民调等）和个人的生活感悟（包括读书学习、休闲娱乐、兴趣爱好、情感心声等）。通过原创发文、转发、评论、回复、私信等方式与网民进行互动交流，接收并处理网民的意见、建议、想法、咨询、投诉等。

例如，甘肃省卫生厅厅长刘维忠，既回答网友寻医问药的帖子，还要组织甘肃千名中医“微博问诊”，与网友的互动也非常频繁，如图7.18所示。

2. 及时释疑

党政干部通过微博开辟了服务管理的新天地，在提供深度政策解读、发表个性化言论、引导大众舆论和社会舆情方面都起到了很大的推动作用。[①] 面对网民的质疑，一定要及时释疑。在“微博时代”，即使公布了全

① 盛惠莉. 影响有影响力的人——怎样有效利用官员微博“意见领袖”[J]. 湖北经济学院学报：人文社会科学版，2012（6）.

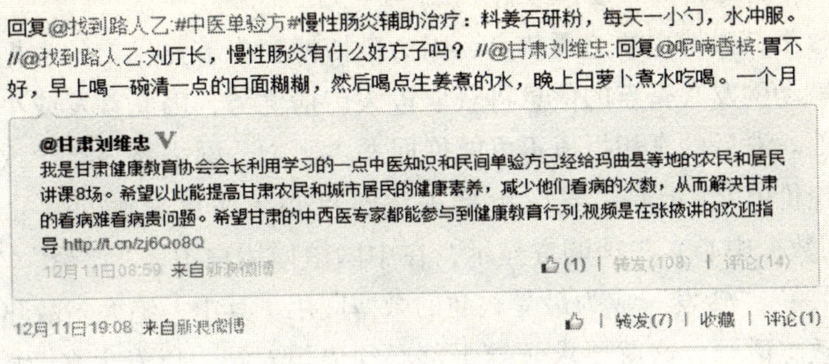
回复@找到路人乙:#中医单验方#慢性肠炎辅助治疗：料姜石研粉，每天一小勺，水冲服。//@找到路人乙:刘厅长，慢性肠炎有什么好方子吗？//@甘肃刘维忠:回复@呢喃香槟:胃不好，早上喝一碗清一点的白面糊糊，然后喝点生姜煮的水，晚上白萝卜煮水吃喝。一个月

@甘肃刘维忠 V
我是甘肃健康教育协会会长利用学习的一点中医知识和民间单验方已经给玛曲县等地的农民和居民讲课8场。希望以此能提高甘肃农民和城市居民的健康素养，减少他们看病的次数，从而解决甘肃的看病难看病贵问题。希望甘肃的中西医专家都能参与到健康教育行列.视频是在张掖讲的欢迎指导 http://t.cn/zj6Qo8Q
12月11日08:59 来自新浪微博　(1) | 转发(108) | 评论(14)

12月11日19:08 来自新浪微博　| 转发(7) | 收藏 | 评论(1)

图 7. 18　刘维忠回复网友咨询

部的真相，也还是会有一部分公众继续质疑或批评。质疑朝向悬疑的转型过程中，必将造成网民“怀疑一切”的心态。质疑的力量有时会成为推动社会进步的助推器，但当质疑泛滥，会带来高昂的运行成本，这将令整个社会不堪重负。同时，质疑本身也是一种民众期待，更是一种民意诉求。例如，段兴焱和网友针对网络监督的一个讨论，如图 7. 19 所示。

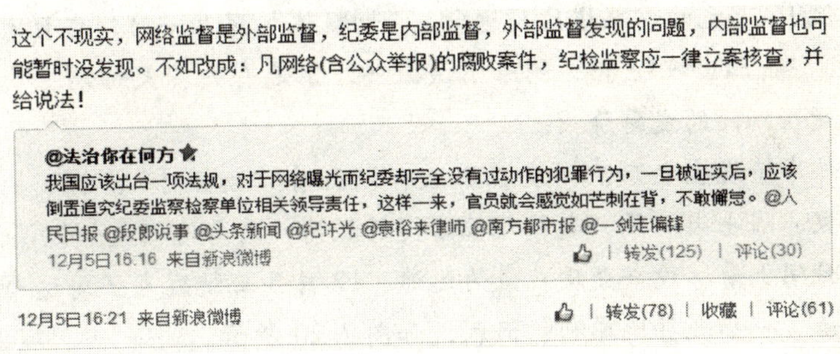
这个不现实，网络监督是外部监督，纪委是内部监督，外部监督发现的问题，内部监督也可能暂时没发现。不如改成：凡网络(含公众举报)的腐败案件，纪检监察应一律立案核查，并给说法！

@法治你在何方
我国应该出台一项法规，对于网络曝光而纪委却完全没有过动作的犯罪行为，一旦被证实后，应该倒置追究纪委监察检察单位相关领导责任，这样一来，官员就会感觉如芒刺在背，不敢懈怠。@人民日报 @段郎说事 @头条新闻 @纪许光 @袁裕来律师 @南方都市报 @一剑走偏锋
12月5日16.16 来自新浪微博　| 转发(125) | 评论(30)

12月5日16:21 来自新浪微博　| 转发(78) | 收藏 | 评论(61)

图 7. 19　段兴焱与网友的讨论

针对微博民众诉求的相应行为反应，针对自身及主要负责机构的相关行政管理行为的补充、解释等；针对自身职位、专业、机构的影响力，对相关领域的见解、指导性建议等，这三类具体行为都是“领导层”在微博上需要直接面对的具体决策性问题，做与不做，做好与做不好，已经不能简单地用想与不想来决断了。这关乎党政干部微博存在的价值与意义。①

① 汪莅轩. 多元互动视角下官员微博行为探究［J］. 领导科学，2011（32）.

（三）追逐热点　谨慎表态

党政干部微博也要追逐热点，因为微博博弈中首先发出的占据道德制高点、触动网友兴奋点的信息将获取极大传播优势，因此首发或小时级并发很重要。滞后的真相报道不可能挽回恶劣影响，网络新热点导致老消息丧失议论价值①。但是，党政干部关注热点必须注意表达的分寸。DCCI（互联网数据中心）一项调查显示，在中国微博用户中，“评论”“关注”“热门话题”“转发”成为最受欢迎的微博应用。其中，绝大多数热门话题是政治敏感话题，这就要求领导干部必须谨慎对待。以发生在2012年12月的切糕事件为例，可以看到几位知名党政干部微博的表现。

【案例】

2012年12月3日上午10：21，“岳阳公安警事”有关切糕事件的微博一发布，立即引发大家对切糕的关注。

2012年12月3日下午“新周刊”发布了一张切糕图，并称之为硬通货，“天价切糕”随即演变成网络舆论焦点，众多网友对此信息发表评论，网民调侃16万元的切糕堪比硬通货，“切糕体”风靡一时。在巨大的舆论压力下，“岳阳公安警事”删除了该微博，但是有关“天价切糕”的舆论却依然处在汹涌的发酵阶段。

这件事情发生之后，网友在狂欢、调侃着“切糕体”，以下挑选了蔡奇、陈里、陈士渠、段兴焱等几位名博的微博，看看他们是如何评价的。

从时间上看，段兴焱反应最为迅速，12月5日就发表了对这个事件的评价，语言一如既往地犀利、讽刺，如图7.20所示。

#段章取义#：切糕再昂贵也成不了领导盘中餐，茅台再便宜也成不了百姓杯中物。
12月5日10:47 来自新浪微博
(4) | 转发(198) | 收藏 | 评论(79)

图7.20　段兴焱的微博

接着，陈士渠针对“新疆发布”的一条微博发表了对这个事件的看法，正面表达，如图7.21所示。

---

① 武汉大学互联网科学研究中心. 2012年三季度网络舆情报告. 2012－11.

陈里和蔡奇在12月6日发表评论，两人视角各有不同。陈里针对的是政务微博发布的注意事项，点明的是“公信力”，如图7.22所示。而蔡奇则是对整个事件做一个盘点，其中主观评价隐藏于表达文字之下，如图7.23所示。

新疆是中华民族的一粒明珠。 //@新华视点:新疆维吾尔自治区人民政府新闻办公室官方微博回应“切糕”事件

@新疆发布 V
【切糕、切糕，肿么了？】图文请看长微博。：切糕、切糕，怎么了 切糕满天飞，宝马撞了也会飞。一天两天不停吵，淳朴新疆躲不了。切糕真名“玛仁糖”，传承千年有名堂，各色干果汇奇...

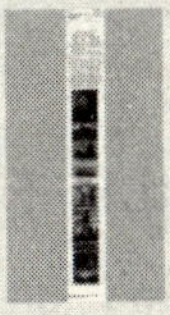

12月5日17:42 来自新浪博客　　(73) | 转发(13229) | 评论(3229)

12月5日19:59 来自iPhone客户端　　| 转发(42) | 收藏 | 评论(23)

图7.21　陈士渠的微博

【“切糕微博”被切，切伤公信力】在微博这样的公共话语平台上，政府微博是用来疏通民情民意，而不是通过删除微博来推卸责任的。尤其是涉及敏感问题的信息发布，政府工作人员更应该耐心细致，勇于担当。如不能保证发布信息准确无误，政务微博不仅形同虚设，更会伤害政府的公信力。

12月6日06:30 来自iPhone客户端 | 举报　　(2) | 转发(194) | 收藏 | 评论(38)

图7.22　陈里的微博

蔡奇：#蔡叔早评#岳阳公安发布一条民事纠纷处理信息，引发对“天价切糕”的关注，随即演变为网民狂欢的新话题，”切糕体”由此走红，借此对社会不公现象进行嘲讽、调侃。如用切糕来控诉高企的房价；又称保时捷若撞翻切糕车,车主会弃车逃逸。还有的说：以后谁要给官员送礼一律上切糕。天价切糕引起太多联想。

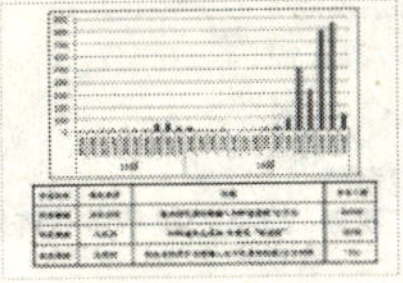

12月6日 08:00 来自iPad 全部转播和评论(798) 阅读(14万)　　转播 | 评论 | 更多

图7.23　蔡奇的微博

五、完美细节

在微博上，最先进入博友眼睛的就是微博的首页，博友通过短暂的时间就形成了对该博主的第一印象。第一印象是很难改变的，所以务必要做好前期的准备工作。不同微博服务商提供的自我介绍信息不完全相同，但通常都包括头像、昵称、简短的自我介绍、标签等几个部分，供访问博主首页的网友认识博主、了解博主。下面讨论需要从哪些方面注意，把细节做好。

（一）昵称

1. 直接用真名：对于党政干部微博来说，直接用真名比较好。

2. 修饰语 + 真名：如“伍皓红河微语”“侠骨柔情的杨华”。

3. 网名：如嘉兴海关海宁办事处副主任陈美中的微博“众星共之”，广东省卫生厅副厅长廖新波的微博“医生哥波子”等。

当然，党政干部微博昵称形式多样，从 2011 年正义网评选的十大最具影响力的政法官员微博中可见，以上三种形式都有，如图 7.24 所示。

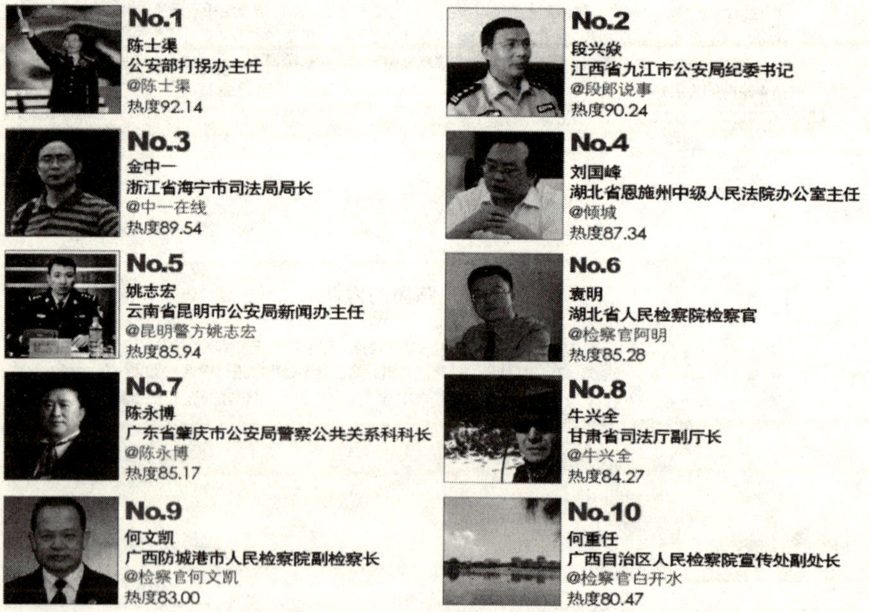

图 7.24　2011 年十大最具影响力的政法官员微博（资料来源：正义网络传媒研究院）

（二）头像

目前开通的党政干部微博中，对于头像的选择一般有以下几种类型：

1. 自己的照片

对于党政干部来说，选头像时，要选一张比较有代表性的照片，照片形状最好是正方形。照片中，自己的脸部要足够大，有足够的辨识度。如王惠的微博头像就是自己的照片，如图 7.25 所示。

图 7.25　王惠的微博头像

照片中，自己的脸部要足够大，有足够的辨识度。最为典型的应该是廖新波的微博头像，如图 7.26 所示。

图 7.26　廖新波的微博头像

2. 本人最具辨识度的特写

如共青团中央组织部副部长褚峰的微博头像就是自己的眼睛的特写，如图 7.27 所示。但是，选用这类照片做头像时像素要足够清晰。

图 7.27　褚峰的微博头像

3. 漫画性质的本人形象

如公安部打拐办主任陈士渠的头像是一个怀抱婴儿的警察漫画，如图 7.28 所示。

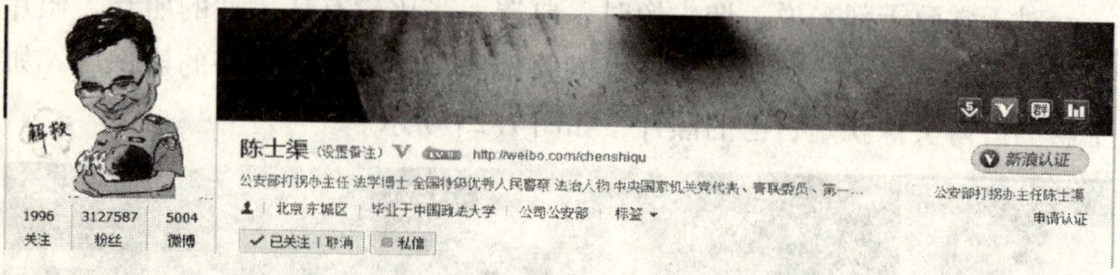

图 7.28　陈士渠的微博头像

4. 其他图片

也有的党政干部没有选择自己的照片，而是选择风景名胜或者其他比较有趣或者有内涵的图片当自己的头像。如庹祖海的微博头像，如图 7.29 所示。

图 7.29　庹祖海的微博头像

（三）注重自我介绍

自我介绍有几种风格可供参考。

1. 交代身份

如叶青的微博自我介绍只有一句话“全国人大代表，湖北省统计局副局长”，点明身份，其他不多说。陈士渠的微博则在自我介绍的同时也说明了自己的成绩：“公安部打拐办主任，法学博士，全国特级优秀人民警察，法治人物，中央国家机关党代表、青联委员、第一届青年五四奖章标兵，央企青联委员，政务微博第一名”。

2. 履历介绍

可介绍自己的成长经历、工作现状、生活喜好、脾气秉性等。如共青团舟山市委书记解延海在腾讯微博中的自我介绍是：“出生在繁华上海，成长在青藏高原，奉献在舟山群岛；喜欢喝牧民家的酥油茶，也喜欢吃渔民家的咸蟹浆；真诚待人、用心做事；热爱生活、热爱事业，智商不高但信仰执着，遇到感动会流泪的性情中人。”

3. 诉说心声

如陕西省公安厅副厅长陈里的自我介绍是：“推【陈】出新，能【里】能外。关注民生，痴心不改。”既与自己的姓名巧妙结合，又点明自己的关注点。

四川德阳新闻办公室副主任邓建华（又名安崇民）的自我介绍是：“说人话，办民事；按法律规则说话，在个人职责范围内办事。若有错失，自己承担。”

4. 宣传地方

如伍皓的自我介绍是：“唯美红河，你我他，共分享。”突出地方，淡化个人特色。

有的党政干部在多个平台开通微博，自我介绍可以一致，也可以有不同版本。如海宁市司法局局长金中一的“中一在线”，在腾讯微博的自我介绍是“全国十大公务人员影响力微博，中国政法大学政法宣传与舆情研究中心研究员”，在新浪微博的自我介绍则是“标语书法家、车窗摄影家、低级政治家、无股资本家、搭车旅行家、茅庐建筑师、乡村规划师、贫农园艺师、无照旧律师、事后评论员、法治营销商、破旧网民”。

（四）贴好标签

标签就是为自我和微博内容选的最合适的关键词。如陈里的标签如图7.30所示。

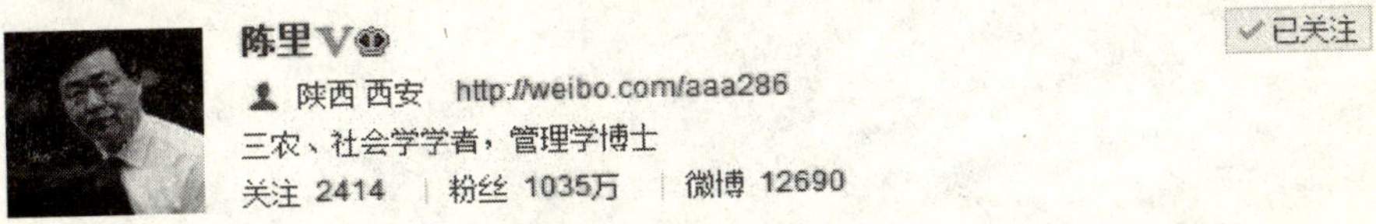

图7.30 段兴焱的标签

标签能够帮助用户结识具有相同爱好的博友，同时也帮助用户搜索感兴趣的话题和人。

（五）发布工具

如今，人们发微博的渠道空前扩展，除了传统的依靠计算机终端以外，还可以借助手机等移动设备发布。微博的出现，让手机和计算机终端实现无缝对接。例如，湖北统计局副局长叶青主要使用新浪微博桌面发布微博，浙江省组织部部长蔡奇则多通过 iPhone、iPad 等发出，而江西省九江市公安局纪委副书记段兴焱发布微博的形式多样，有通过新浪微博桌面发布的，有通过政府版微博发布的，还有通过 Android 客户端发布的。

微博在手机中的优势高于桌面，原因在于充分利用碎片时间是微博区别于其他媒体的核心特征，微博的随手拍、现场报是微博生生不息的动力源。Google 发布的针对中国城市智能手机用户的调研报告指出，智能手机已经成为中国城市居民日常生活中不可或缺的一部分，中国城市的智能手机普及率已达到总人口的33%，唯一的缺点是手机应用独占界面，切换应用不方便。

【思考题】

党政干部微博运营的注意事项有哪些？

第八章

“微信息”如何形成“大舆论”

——微传播时代如何做好舆情引导

【**内容提要**】微博如雨后春笋般迅猛发展，微舆论的多面性传播特征，使政务微博面临亟待解决的舆情引导问题。本章仔细分析了微博舆情的多面性特点和传播特征，结合典型案例和政务微博发展现状，详细论述了微博舆情引导的原则、策略和方法。

【**关键词**】政务微博　舆情引导　原则　策略

第一节　微舆论的“斯芬克斯之谜”

——微博舆情的多面性

微博作为媒体新形态改变了舆论生态格局，微舆论对现实社会的影响也越来越大。

一、微博舆情的传播新特点

微博作为一种自媒体，使得人们发布信息、表达观点的门槛进一步降低，微博舆情表现出下列特点：

（一）微舆论形成快速且扩散性强

微博使用简单方便，用户易于获取与发布信息。内容表达上，一条微博最多140个字的“碎片化”语言，切合了现代社会快节奏的生活方式，特别是通过手机可以实现随时随地传递信息，进行实时交流互动。与传统媒体相比，微博更方便和快捷。与传统的线性传播方式相比，微博的网状传播方式可以实现一对一、一对多、多对一、多对多的交互传播。这种“所有人面向所有人”的传播，意味着每个人都有可能成为影响信息传播和流动的关键节点。

因此，微博互动的结构与机制已经变得更加灵活多样。有人认为微博互动有链状、环状和树状三种结构模式，这三种结构模式使微博传播的速度呈几何级数迅猛扩散。

（二）微舆论议题设置草根色彩浓

在微博上发布言论，除了有字数限制外，几乎没有其他的限制条件。传统媒体中的“把关人”缺失，“把关机制”失效，使微博舆论实现了真正的“意见自由”。

作为自媒体的微博，消除了传播者和接受者的界限，极大地激发了平民大众的表达欲望。这让大众从“旁观者”转变成为“当事人”，形成了“人人即媒体”的传播格局。更为重要的是，微博的使用者摆脱了议程设置的束缚，拥有了更大的话语空间。他们可以随意表达自己想要表达的观点，关注自己感兴趣的人和事件，寻找自己感兴趣的各类信息，充分展现自己的愿望和诉求。毋庸置疑，微博舆论议题的开放和自由，使微博用户体验到了前所未有的挣脱束缚的愉悦，实现了内心的意愿和追求。因此，微博具有自由传播、平等传播、互动传播和实时传播等特点。这种打破传统媒体议题垄断的传播方式，为大众平民所喜爱和接受，从而使得微博发展更加日新月异。因此，舆论生成的随机性进一步增大，发展方向更加难以掌控。

（三）微舆论的时效性和现场感更强

微博较强的时效性和现场感增强了信任度和诱惑力，是吸引广大民众的重要特质。正由于微博可以通过手机随时随地不受限制地发布信息，并能及时地和他人形成互动交流，因而与博客、论坛等其他形式的网络舆论相比，微博具有更强的时效性。2010 年 2 月温哥华冬奥会开幕式前 6 小时，格鲁吉亚无舵雪橇选手库玛丽塔什维利在一次训练中意外受伤，抢救无效后死亡。新浪体育记者吕敏第一时间在微博上报道了自己的所见所闻：“格鲁吉亚今天失去一位运动员，他们还是坚强地参加开幕式！全场站立掌声给他们鼓励，舞者停止跳舞，罗格庄严肃穆地站着！身处现场我觉得心里难过。”虽只有寥寥60多个字，却有极大的现场感和感染力。这种较强的时效性和现场感，能让用户第一时间感受到事件现场的氛围，通过图片、声音、影像的呈现，使微博在舆论影响上更具有说服力。

（四）微舆论具有极强规模性和群体性

微博所特有的“信息裂变”传播模式，会使被关注的舆论焦点凸显极致，信息的交互所产生的力量是一个惊人的裂变过程。例如，在“我爸是李刚”事件发生后，与李刚有关的微博短时间内就达52万多条，充分显示了微博传播的威力。正是这种信息的快速裂变式扩散，使得微博舆论很容易产生群体性效应。此时，信息的传播不再是以往的一对一或一对多的传播，而是将一条信息传给一乘以多再乘以多个人，最终形成意见交流的链式互动，从而影响舆论的生成。当一条重要新闻、评论在微博上受到追捧时，会迅速发生链式反应并在用户中快速扩散和传播，获得持续的关注和舆论反应，从而形成强大的舆论，这种舆论又对事件起到了推波助澜的作用。微博庞大的用户群和快捷的传播速度，使事件的受众面迅速扩大，最终可能演变成群体性事件，最终把网络上的舆论热点变为社会公共舆论的热点。例如，2010年4月11日，《都市快报》宣布通过微博直播天台五名孩子遇难事件新闻发布会，引起网友围观，粉丝多达684 064人。

（五）微舆论传播呈现碎片化

由于微博140字的字数限定，其内容和信息量也受到了限定，因而呈现出“碎片化”的特点。这种只言片语的信息传播特点，限制了复杂的内容传播，不过它也迎合了现代社会快节奏的生活方式，节约了时间，提高了效率。虽然微博的信息是琐碎的，但是这些单独的琐碎语言和某些重大事件相关联的时候，这些碎片化语言就像一块块拼图，当参与事件信息发布评论者甚至经历者将这些拼图拼凑在一起，就会呈现事件的真实面目。而这种大量的琐碎信息在同一主题下的集中，就可行成强大的新闻事件源，并进而汇集成为热点话题，成长为一种新型的话语权。显而易见的是，在微博中虽然大都是琐碎信息，但是大量的相同新闻关键点和词汇集合，就会让这个话题成为焦点，帮助人们在其中快速提炼出新闻观点。

微博文本语言碎片化的特征更有利于受众通过网络各抒已见、展开讨论。而微博的多级传播模式扩大了碎片化信息的舆论影响，看似三言两语的微博就这样对舆论的形成和发展趋势有了重要的制约作用。

（六）微舆论信息泛滥失真大

微博传播的快速裂变使受众可以获得更多的信息资源，但它独特的传播功能也会让看似微小的内容形成爆炸式传播，而这种信息的极度扩散也必然给互联网带来一定的负面影响。由于使用微博并没有太多的限制，所以绝大多数信息通常会在没有经过核实的情况下进入传播，这就很难保证信息的准确性和真实性，甚至有虚假和恶意信息搅混其中，势必会将有效信息埋没，以致无法甄别和提取有用信息。同时，由于手机技术的进步，当遇到突发事件时，微博手机用户可以直接进行现场拍摄，并几乎在同一时间上传至微博，而其他微博用户可以在接收到这一信息的第一时间阅读、转发和发表评论，从而实现了评论与信息发布真正同步化的状态。但不容忽视的一个问题是，这必须得有一个基本前提，那就是微博发布者发布的信息是真实可靠的。如果失去了这一前提，很有可能导致虚假信息或恶意信息的传播，这就不利于微博舆论的健康发展。更为严重的是，微博传播的虚假、恶意信息极易扰乱舆论环境，造成舆论混乱，进而引发更多的社会问题，从而影响人们的生活和社会秩序的稳定。和多数自媒体一样，微博所传播的信息经常会受到信息真实性的质疑。不可否认，微博舆论的无法审核和限定，会给错误的舆论以滋生和繁衍的温床。微博中随意散播的虚假、恶意信息会引发错误的舆论导向。而一旦这种有害的舆论大肆蔓延，就会给人民和社会造成巨大的伤害和损失，这不能不引起人们的高度重视和警惕。

二、当前微博舆情生态的表现

微博内容非常丰富，这里以2012年上半年新浪微博信息为标本，就微博类型做一个分析，如图8.1所示。

上述分析有一个值得关注的现象是原创内容占比接近20%，而且时政类信息占到5%，也是一个很高的比例，说明与政府及领导干部相关的网络舆情处于高位运行的状态，网民关注度高。微博舆论监督功能越发强大。根据艾瑞咨询集团发布的研究报告，从微博用户使用微博主要目的的角度来看，了解信息、发表意见等也是用户开微博最重要的目的，如图8.2所示。

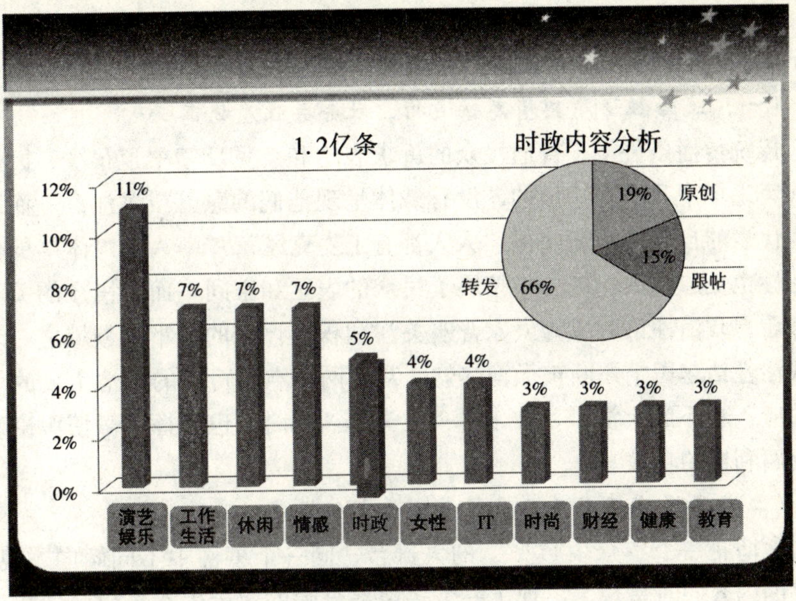

图 8.1 新浪微博内容分析（排行前 11 名分析）

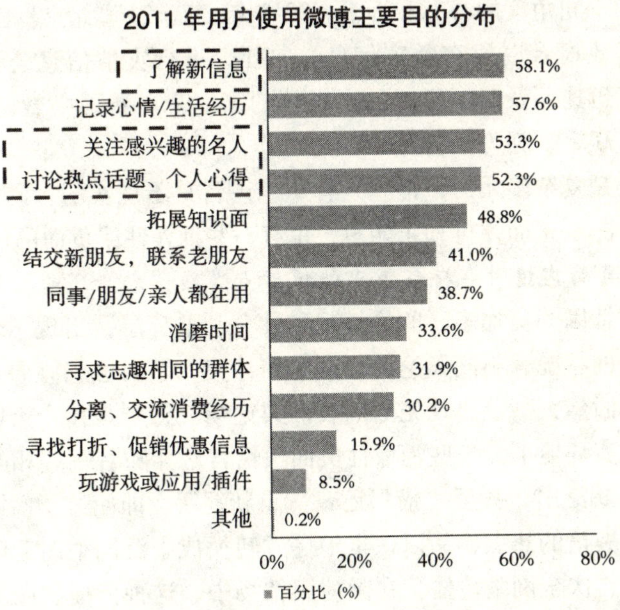

图 8.2 2011 年用户使用微博主要目的分布（资料来源：艾瑞咨询集团：《2011—2012 年中国 SNS 和微博用户行为研究报告》）

若详细就微博舆情做一个现象性描述，目前我国的微博舆情体现出了以下一些特点：

（一）政治性话题舆情高位运行，社会关注度极高

传统传播条件下，普通民众的诉求表达和意见反馈渠道很少，因此在正式舆论场中几乎是缺位的，没有载体呈现他们的意见或关注点。而以微博为代表的自媒体真正使得“人人都有了麦克风”，“一人一媒体”的传播便捷性也更加突出，进一步拓展了民众的表达和空间。而就民众的关注内容来看，政治性话题成为大家普遍关注和积极评论的最重要领域之一。各种政治性话题舆情不断被微博热炒，甚至网络空间特有的舆情生成的“次生效应”也不断上演，一波未平一波又起。同时 也发挥了微博舆论监督和反腐利器的功效。

（二）微博舆情混杂正负能量碰撞交织场景

微博是一个“众生喧哗”的大舞台，同一个事件中不同倾向、观点、态度的内容同时呈现，出现了一个多声部合唱的舆论生态局面。微博正负能量呈现出碰撞、交织状态，任何热点话题在微博中都有正负方面的信息，融合了不同角度的心态和诉求。2012 年“7・21”北京暴雨酿成灾害，微博成为了政府及时发布救灾信息，向社会进行灾情信息公开的互动平台，发挥了迅速、及时、便捷的自媒体的正能量。暴雨中微博守望相助，正能量海量积聚，强力辐射。

舆论场是复杂多元的，指望只有一个声音是不现实的。同样针对这次暴雨成灾，除了正面评价和正能量，也有一些批评性或负面的议论。

（三）负面舆情时常跨越集中传播节点满网“转世还魂”

网络舆情因为更加多元的价值观和社会利益分层，出现了较之传统舆论更为复杂的状况，不同舆论场相互争锋冲突，不同思想倾向和观点立场的舆情冲突激烈，甚至出现完全割裂的舆论场。特别是在今天舆论环境日趋复杂的现实环境下，一些消极性负面舆情常常会随着一些相类似“节点性”事件不断泛出，甚至“借尸还魂”重新复活，即使过了活跃期依然可以成为网络舆情的热点，从以往集中爆发转换成了泛网络时起时没，基于某些诱因就再次全网络传播。在微博舆情场中，这种传播状况更是经常出现。例如，在 2012 年北京“7・21”暴雨灾害之后，北京市红十字会号召市民捐款，却遭遇到前所未有的抵制和唾骂在诸多丑闻频发背景下，官方

慈善机构信用日下。网民用“捐你妹”这个网络语言来调侃，表达了网民对红十字会捐助倡议的不信任感。正如网友所说，“捐你妹”不排除就是对慈善缺乏公信的愤懑。另一方面，“捐你妹”表达最多的还是想做慈善者得不到最佳慈善路径的无奈。政府管理中北京属地网站关于捐款的负面信息已被强力挤压，但由于各地网络管理部门监管不均衡，出现了外地网站负面信息倒灌的现象。2012 年 8 月 2 日，腾讯网就转发了原来已经消失在网络空间的文章《红十字会回应网友调侃 不懂“捐你妹”啥意思》，经过新闻报道后，“捐你妹”一词再度被炒热。显然，新一波的舆情再次将负面内容的传播推向了一个新高潮。

（四）理性思想频繁交锋，非理性泡沫“吐槽”不断

网络作为不同思想发生、交流、交锋的平台，带来了民间思想的活跃，也使得各种声音的冲突被放大，各种文化潮流都在网络上发出不同观点，“你方唱罢我登场”，有的更是“各吹各的号，各弹各的调”，共识难以形成。

（五）境内外敌对势力动作不断，夹杂反党黑客恶性攻击

网络没边界但有国界，网络空间也是意识形态斗争的阵地，网络内容传播安全关涉国家文化安全问题。因此，网络空间的矛盾和斗争也是一个不争的事实，互联网作为现代最活跃的信息通道和载体，必然是各种意识形态对垒和境内外敌对势力争夺的思想阵地，加剧了世界范围内不同思想文化的相互激荡。网络传播弱化了发展中国家对发达国家信息舆论宣传防御的能力，信息基础设施的落后也进一步加大了“南北”信息鸿沟。当前互联网流通的信息中，80% 以上的网络信息和 95% 以上的服务信息由美国提供。中国在整个互联网的信息输入和输出流量中，仅仅占到 0.1% 和 0.05%，美国等西方国家占据了互联网传播的制高点。关于西方国家的政治制度、价值观念和生活方式的各类信息恣意传播，对社会主义主流价值形成了冲击。能否以先进技术传播先进文化，让互联网成为传播先进文化的有效载体，“关系到社会主义文化事业和文化产业的健康发展，关系到国家文化信息安全和国家长治久安，关系到中国特色社会主义事业的全局”①。因此，要主动利用好网络的传播优势，为扩大社会主义文化价值传

① 胡锦涛. 以创新的精神加强网络文化建设和管理，满足人民群众日益增长的精神文化需求. 人民日报，2007-01-25（1）.

播力和影响力创造条件。在微博空间里充斥着各种与我国主流价值观相违背甚至反对我国基本政治制度等的反动内容，有很多甚至借助黑客技术等技术手段发送信息，颠倒黑白，对于我国文化安全和社会稳定都是具有破坏性的，要坚决给予回击和清除。

第二节　政务微博舆情引导原则

一、当前我国网络舆情发展趋势

自从网络发展成为一个“社会化媒体”，它的社会性舆论平台的影响力越来越大，网络围观不仅是一种文化现象，而且成为了社会舆论生成的重要源头，对现实社会生活的影响力空前，围绕领导干部的网络舆论热点新闻事件层出不穷。网络成为了社会舆论监督的重要载体，同时给领导干部提出了新的挑战。

网络作为新兴的媒体形态，改变了传统的媒体生态环境，由过去的单一媒体传播变成了今天的多媒体全媒体传播。因此，如何把握好新兴媒体的传播特点和比较传播优势，更好地利用网络媒体促进政府信息公开，借助层出不穷的各种新媒体形态手段，掌握网络舆论生成的规律，提高各级领导干部在全媒体传播环境下的媒体沟通和主动引导舆论的能力，就成为网络社会领导干部的执政能力和领导能力的重要体现，也是领导干部必备的重要媒介素养。

（一）网络新媒体从边缘走向主流

新媒体是相对于传统媒体而言的，是传媒行业采用新技术产生变革的结果，是一个相对变化着的概念。新媒体独特的传播模式带来了政府媒体管理模式变革的必要性和高难度，随着技术推动下的各种新兴媒体的出现和影响力的日渐扩大，传统媒体的边缘化趋势加强，传统的媒体格局和舆论环境已经发生了巨大的变化。

2007 年以来互联网发展的一个重要特征就是互联网媒体性作用的进一步增强，网络新媒体步入了主流媒体的行列，网络舆论的社会影响力越来越大。据CNNIC最新调查数据显示，截至2012年6月底，网络新闻使用率为73%，用户规模达3.92亿人。互联网已经发展成为网民获取新闻资讯的主要媒介之一。手机上网、微博等新兴网络媒体的快速发展，使网络新闻的来源更加丰富；网民获取新闻资讯的渠道更加多样，社交网络在新闻资讯传播中发挥越来越重要的作用。随着新闻传播渠道的更加多元化和高度融合，网络新闻内容的生产和消费行为迅速扩展，未来网络新闻市场将更加繁荣。网络媒体作为一种新媒体形式的成熟形态，较传统媒体的信息渠道优越性尽显无疑。

（二）社会性媒体改变了舆论生态格局

网络作为新媒体的出现和日渐扩大的影响力，给传统的媒体传播格局和管制模式带来了巨大冲击，我国舆论生态格局因网络新媒体的出现发生了根本性改变，如今网络已经成为各种社会舆论生成的最重要载体。根据CNNIC发布的《第31次全国互联网络发展状况统计报告》，截至2012年12月底，截至2012年12月底，我国网民规模达到5.64亿，全年共计新增网民5 090万人。互联网普及率为42.1%，较2011年年底提升了3.8%。应用更加广泛多元，参与性更强。网络舆论社会影响力越来越大，网络舆论影响着现实社会的发展和走向，网络媒体也在十余年的发展中从边缘走向了主流。网络和依托于网络的论坛、社区、社群网站（SNS）、微视频、微博等，都已经成为新闻传播的重要载体。因此，提升全媒体时代的舆论引导能力，是领导干部应当具备的执政能力，提高网络舆论引导的主动性是虚拟社会管理的重要任务和内容。

1. 形成新的交流环境

网络正在形成一个瞬间完成传播、全方位包围人们头脑的新的交流环境；可以实现全球互联互通，传统的时空距离消失了，完全意义上的地球村进一步成为现实；每一个人都可能成为传播者，传播机构和个体受众的区别缩小了，传播者与受众的界限消失。

2. 媒体生态更加复杂

网络成为一种崭新的媒体，数量庞大、传播渠道多样；传统媒体面临被边缘化；当前传统媒体格局和主流舆论阵地面临深刻影响，舆论引导难度明显增大。

3. 传播主体更加多元

运营商实现由基础网络运营商到综合信息服务提供商的战略转型；网

络媒体个人趋势明显，“个人媒体”进一步发展。据 CNNIC 统计，截至 2012 年年底，我国已有网站 268 万个，网页数量达到 1 227 亿个，比上年增长 41.7%，我国博客用户规模已经达到 3.72 亿人，使用率达到 66.1%。我国微博用户规模达到 3.09 亿，在网民中占 54.7%。

4. “受众”分化更加明显

人类的文化传播经历了小众传播、大众传播、分众传播的过程。现在，人们获取信息的途径、接受信息的方式、信息需求的类型、选择媒体的偏好等分化更趋扩大。

（三）冲击舆论调控机制

网络社会的形成和网络媒体的成熟，使舆论渠道更加多样，舆论主体更加多元，加上商业利益渗透等因素，舆论引导的难度不断加大，也给引导的有效性带来挑战。

1. 对传统的舆论调控机制的冲击

网络媒体的出现，营造了一个“无所不在”的“5A”网络环境。通过网络媒体，“任何人（Anyone）”可以在“任何时间（Anytime）”“任何地点（Anywhere）”，通过声音、文字、图像等“任何媒体（Any media）”传播“任何信息（Any message），舆论生态环境已经发生了巨大的变化，对正确的舆论引导提出了新的挑战。

2. 信息来源多元

根据 CNNIC2013 年 1 月发布的《第 31 次中国互联网络发展状况统计报告》显示，截至 2012 年 12 月，博客在网民中的使用率达到 66.1%，用户规模达 3.73 亿人。博客的增长与即时通信、SNS、微博等国内社交网络应用的快速发展密切相关。2012 年 12 月，国内微博用户规模约 3.09 亿人，在网民中的使用率为 54.7%。手机网民中手机微博的使用率达 65.6%，人数 2.02 亿，手机微博的快速发展带来了手机端信息生产和消费行为的快速拓展。微博作为快速发展的新兴网络应用，对互联网产业将产生深远影响。第一，微博正在发展成为重要的新闻源，使新闻媒体的传播形态发生变化；第二，微博与即时通信、博客、社交网站用户的高度重合，将对其他社交网络应用市场产生较大影响。

3. 冲击媒体发展环境

网络的开放自由、价值分化挑战舆论引导机制。在当前全媒体传播条件下，舆论生态环境的巨变也冲击了传统舆论引导机制。传统的“把关人”缺失和“把关机制”失效，舆论更加多元，加大了虚拟社会管理中的舆情监测和引导难度，引导的有效性往往难以达到。

（四）网络舆情对公共事务和政策的影响日渐深入

网络的发展，对政府管理变革产生了深远影响。它推动政府职能的转变，加快服务型政府建设，而且提高了政府工作的透明度。信息网络技术所塑造的网络空间，不仅仅是一个物理的技术空间，更是一个自由无边界的社会生活空间。特别是网络空间主体间的交互性能量促使政府创新工作机制，网络问政也因此成为公共管理的创新形式，成为了我国实行直接民主的一种新形式。

新媒体环境下，网络舆情以其主体的多元化、议题的广泛化、民意表达的直接化等特征，为我国政策、法律法规的健全和完善提供了重要依据，为政策法规的科学化和民主化进程提供了有力的佐证。传统的政府管理模式中，民众参与公共决策的渠道很窄，民意表达也不够通畅。随着互联网的发展，网络成为公民表达诉求和意愿的重要渠道，也成为政府了解社情民意的重要窗口，这样，政府制定决策的方式就会更科学、更切合实际。可以想见，随着中国社会的民主进步和新媒体的迅猛发展，网络舆情对公共事务和政策的影响会越发深入。

二、政务微博舆情引导原则

如今，微博已经成为一个社会对话的重要平台，成为基于公众参与的社情民意表达与沟通平台。同时微博也更加凸显既有媒体属性，强化社交属性。网络社交已经成为中国一种流行的生活方式，微博独特而富于吸引力的传播特征，带来了公民意见“表达”的泉涌。然而微博因“把关人”缺失和规范管理的难度，使部分不实传言和虚假信息被广为传播，甚至会成为突发和热点事件的舆论中心，于是，以微博为代表的社交平台正在成为新媒体时期信息的聚集中心和社会舆情的集散地。政务微博除具备普通微博特点之外，还有政务公开、汇聚民意、引导舆论等功能。由于舆论多元和虚假信息泛滥，微博更需要凸显政府的权威声音，通过政务微博对舆论的传播进行恰当的引导，以保证公民合理的舆论表达和网络内外传播的正常秩序。政务微博对舆情的引导必须遵循以下原则：

（一）坚持党性原则，牢牢把握正确的舆论导向

江泽民同志在《关于党的新闻工作的几个问题——在新闻工作研讨班上的讲话提纲》中曾经指出："我们的新闻工作是党的整个事业的一个重要组成部分。因此不言而喻，必须坚持党性原则。"胡锦涛同志《在人民日报社考察工作时的讲话》中强调，"要牢固树立政治意识、大局意识、责任意识、阵地意识"；"要坚持团结稳定鼓劲、正面宣传为主，唱响主旋律，打好主动仗"；"要增强政治敏锐性和政治鉴别力，严格宣传纪律，做到守土有责，在重大问题、敏感问题、热点问题上把好关、把好度。"坚持新闻工作的党性原则是搞好新闻工作的前提和保证。实践证明，党性原则是社会主义新闻事业的灵魂。坚持党性原则，坚持正确的舆论导向，是提高舆论引导能力的首要条件。

（二）坚持"黄金四小时"原则，准确及时

随着微博的出现，网络舆情热点事件的生成时间进一步缩短，特别是一些容易受到网友关注的事件，微博空间里往往一个小时之内就可以初步形成热点性事件倾向。这也给政务微博引导舆情带来了更大的压力。政务微博要及时准确地把事件传播出去，不能在事件发生后处于一种"失语"状态，否则就失去了政务微博的重要意义。事件发生后政务微博要第一时间发出报道，第一时间分析评论，努力在受众中形成第一概念。除了发布及时，更要注重正确的方法，要注意早讲事实，重讲态度，慎讲结论，以免因为不该出现的失误而误导了舆论，造成消极影响。

政务微博要加强"准确化、及时化"，在对事实进行严格核实的基础上及时发布正确信息。避免假大空的官僚主义作风，避免成为花瓶似的"僵尸"微博，更避免不负责任损害政府形象的庸俗化信息。政务微博理应成为基层民声的"扬声器"、辟谣引导的有力工具、网络问政的畅通桥梁。

（三）坚持事件处置与媒体沟通并行的原则

网络舆情的引导特别强调事件处置的恰当性条件，没有现实事件的正确处置，单纯依靠舆论引导很难取得实效，必须把事件处置和舆论引导并行，才能够取得实效。

（四）坚持话语表达与新闻传播适应一致的原则

媒体沟通的语言要准确，不过早定性，慎用"不明真相""别有用心"

等提法，不可仓促使用过于政治化的语言等。因此，要引导网络舆情，必须熟悉了解新媒体传播的趋势规律，弥合传统舆论场与新兴舆论场的割裂状态，避免传播失灵失效。一要了解网络传播规律，懂得网络语言，懂得什么是博客、播客和微博等互联网知识。二是弥合两个舆论话语体系的割裂问题。官方话语体系和认知体系，与老百姓的民间话语体系、认知体系出现了巨大的矛盾和反差。两种话语体系的不统一、无交集，造成了沟通上的障碍和信息的不对称。三是避免官方舆论的传播失去了政府所期望达到的部分或者全部效果。四是发挥主流媒体对舆论的引领作用，避免完全受到网络舆论的左右，本想传递正确信息的良好愿望，却因为不了解网络语言，缺乏必要的技巧、办法，无意中起到了负传播效应。

此外，必须坚持公开性原则、坦诚性原则、情感性原则、第三方原则等，唯有坚持与新媒体传播相适应的新的传播规律和传播理念，才能够更好地借助政务微博等新媒体形式引导舆情。

第三节 政务微博舆情引导策略

2013 年 1 月 22 日，在由新浪网主办的“2012 媒体微博高峰论坛”上，人民网舆情监测室发布了《2012 年新浪媒体微博报告》（以下简称《报告》）。《报告》显示，截至 2012 年年底，新浪微博平台认证的媒体账号已超 11 万个。[①] 由此可见，微博已经成为中国第二大舆情源头，仅次于新闻媒体报道，中国舆论的重心迅速向微博转移，网民爆料的首选媒体更多地转向微博。面对如此现状，政务微博对网络舆情的引导就成为亟待解决的问题。对网络舆情若不及时加以引导，极易造成微博舆论环境的失衡，引发负面效应，更会对社会的安定和谐产生负面影响。

一、网上舆论引导要形成“合力”，需要建立多部门联动机制

网络传播弱化了社会管控的能力，信息容量的无限，传播载体的无

① 河南日报新媒体部. 媒体微博发展的现状与思考，2013－04.

形，信息受传数量的海量，都使得全面及时控制网络的可能性受到了挑战。应对和引导网络舆论不单单是传统政府格局条件下管理舆论的党委宣传部门一家的事情，而是涉及多个政府部门。要建立网络管理联动机制，构筑起内容管理、网络管理、安全管理一体化的协同配合工作机制，建立联席会议制度，不同的网络管理部门，根据职责要求，把网络管理常态化，加强和相关部门的协调，理顺因分工而出现的监管空白和职责交叉问题。涉网机构之间协同配合，建立健全日常情况通报制度和联系处置日常工作机制；舆论管理部门要联络指导互联网信息内容管理部门、互联网行业发展管理部门、打击网络违法犯罪工作部门，以及重点新闻网站、电子政务网站、商业门户网站等单位，通报重大情况，组织联席会议；建立党委宣传部门、互联网信息内容管理部门、互联网行业管理部门、重点新闻网站等单位参与的舆情汇集和研判机制，对网上舆情进行会商研判，及时发现倾向性问题，提出引导和管理意见；对重大突发事件进行专题研究，安排部署应对措施。

因此，舆论引导和管理的机制需要创新，不能依靠传统的思维和管理模式。否则，在舆论生态和格局已经发生了根本性变革的前提下，原有管理方式就失去了有效性和针对性，网络虚拟社会的舆论管理必须遵循网络传播的特点和规律，做到有的放矢才能够有效管理。

二、突破传统观念束缚，把握网络舆论生成的特点和规律

网络舆情强化了对各级领导干部的社会监督，也倒逼各级领导干部提高应对包含网络舆情在内的现代传播媒介的新闻素养。在现实社会中，围绕党政干部的网络舆情所产生的各种“新闻危机”层出不穷，应接不暇。党政干部“恐网”“惧网”的心理非常普遍。人民论坛在 2010 年 5 月做过专门的调查，结果显示有 78% 的受调查者认为干部具有“网络恐惧症”，不熟悉，不了解，不会有效实现网络沟通。而网络舆情的密切跟踪分析和恰当及时的引导引领，也是提高各级领导干部执政能力的一个重要方面。因此，在重视网络舆情的同时，也必须切实提高网络舆情的应对能力、技巧和方法，适应网络时代全媒体传播的现实需要，把网络管理、舆情应对和媒体沟通作为干部学习培训的重要内容，提高电子政府建设的网络问政能力。

三、发挥传统媒体和新兴媒体互动叠加效应，共同引导舆论

媒体间相互借力，能量互补，是全媒体时代舆论生成的一个新动向。网络空间里可能被关注的舆论热点和影响性大的事件，从成为网民的关注点开始，被不断跟帖、发帖、转帖地反复强化，就加大了成为舆论热点事件的概率，而传统媒体凭借公信力强的优势适时加入报道，往往促使网络舆论社会影响的生成。同样来自传统媒体的新闻，也可能因网络介入，在短时间内放大了舆论效果，产生强大的舆论效应。传统媒体和网络媒体要共同设置议题，引导引领舆论方向，发挥传统主流媒体的政治舆论主渠道作用。胡锦涛在2008年6月20日考察人民日报社时强调，要从社会舆论多层次的实际出发，把握媒体分众化、对象化的新趋势，以党报党刊、电台电视台为主，整合都市类媒体、网络媒体等多种宣传资源，努力构建定位明确、特色鲜明、功能互补、覆盖广泛的舆论引导新格局。还要在以下几个方面做到：第一，做好政府门户网站和重点新闻网站建设。政府门户网站是各级行政机关公开政府信息的重要平台，是政府信息发布的官方法定渠道之一。同时，重点新闻网站要成为构建舆论的主体力量，主流网络媒体要成为网络舆论引导的主渠道。第二，设立网络新闻发言人，组织网络新闻发布会，积极参与网络空间重大问题的舆论疏导和信息发布。第三，综合利用多个网络舆论引导载体，立体化多渠道展开舆论疏导工作，保证网络信息互动实现方式多样化、便利化。可以直接借助回复论坛、留言板上的网民诉求，写作博客等新媒体形式，直接与民众沟通交流。借助移动传媒，建立手机平台，以全新的理念抢占手机舆论阵地。也可以开通政府微博，把微博作为政府信息公开和新闻发布的新平台。

四、壮大网络文化队伍，鼓励体制内“意见领袖”争取话语权

舆论宣传领导部门要造就培养一批网上名编辑、名版主、名专栏主持人和有影响的网络评论员，广泛吸收高素质的传统媒体编辑记者、大中专院校师生、离退休干部等各方面人士，以及网络文化协会等各种社会组织，让大家参与到网络文化建设中来，充分发挥其引导作用。组织网络评论员有针对性地对一些网络舆论事件进行舆论引导，主动出击，第一时间

发出自己的声音，引领网民理性看待有关问题，平息网民情绪，消除不负责任的信息对政府形象的消极影响。

调动网络编辑、论坛管理者、版主的合力，强化论坛管理，共同推动网络舆论的有序发展。论坛是民声汇集的地方，是网络舆论形成的主要发源地。针对各种网络群体，如各类 QQ 群、SNS 等，积极探索网络虚拟社区管理的新办法，发挥“新意见阶层”或“意见领袖”的作用，主动引导舆论。

领导干部要主动发声，借助新媒体形式做“意见领袖”，往往能够收到很好的效果。由于微博的井喷式爆发，舆论的重心迅速向微博转移，网民发布并传递信息的第一选择便是微博。因此，政务微博应该时刻关注民众的舆情动向，及时了解民生民情，梳理各方面信息，及时发布官方信息，并加强与网民的互动。政务微博管理人员要提高媒介素养和责任感，主动参与微博传播，充分掌握和利用微博的传播特征和运用技巧，使政府的权威性和生动活泼的表达方式有机结合起来，并在和网民的互动中，及时有效，上通下达。注意研究微博的舆情监测和预警机制，提高政府的社会管理能力和公信力。2011 年 3 月，人民网舆情监测室发布了《中国党政机构和官员微博发展报告》，根据综合影响力分别评出十大党政机构和官员微博，这些微博长期浸淫网络舆论环境，用网友接受的语言和形式交流，兼之权威的身份，在发生突发事件或重大舆论热点问题时，借助他们的微博引导舆论往往能够起到很好的效果。

五、注重团结和培养意见领袖，引导舆情方向

由于微博意见领袖有大量粉丝，因此，他们针对社会热点问题、公共事件发表言论时，往往会有大量粉丝追随，其观点直接影响大批粉丝的认知和舆论走向，甚至会改变公共事件在现实中的走向。这种微博意见领袖的号召力使舆论场产生病毒式发酵，很难掌控。因此，政府等社会管理部门要团结微博上的意见领袖，加强与他们之间的交流和沟通，同时也要培养自己的意见领袖，在应对重大的突发舆情时，有效发布权威信息，引导微博舆论，切实做好社会管理工作。

【案例】

“会理县政府”利用新浪微博，将“领导PS悬浮事件”转危为安

事件回顾：

作为2011年微博热门话题，四川会理县三位县领导“PS悬浮视察照片”事件，不仅引致微博大量转载，更引发了对会理县领导的PS恶搞狂潮。四川会理县PS事件的影响范围迅速扩大。仅用了不到48小时，作为“领导悬浮视察照”的始作俑者，四川省会理县便成功地化解了汹涌的舆情危机，并借机推介起当地旅游资源，完成了一次漂亮的“逆转”，被评为政府危机公关成功样本。

从一开始的全民声讨，再到“PS风潮”，会理县如何利用新浪微博进行危机公关？

公关方案：

A. 利用新浪微博，承认PS属实并且道歉，但同时澄清检查工作确有其事。

B. 利用新浪微博，发布未经PS过的原图，并且感谢网友的关注与批评。

C. 两条微博均被网友自行转发，会理县坦诚的态度受到网友一致好评。

后续宣传：

A. 负面新闻平息后，会理县政府的官方微博开始用图文并茂的方式，在微博上发布会理风光等内容，介绍会理的旅游资源。

B. 大多数网友不仅对会理县政府的做法表示赞赏，更表示有机会要去会理旅游。

利用微博，积极回应、坦诚面对、持续关注，转“危”为“机”。

数据分析：

发布时间	内容	回应	转发量	评论数	网友认可度
6月27日 18：24	由于我县工作人员的失误，在政府网站上发表了一张PS过的照片，他对于新闻真实性的理解有误，使得我县在网络上受到了更多的关注。在此，会理县政府对于广大网友的关注表示理解，并希望对此事道歉，并澄清		487	519	3.62

续表

发布时间	内容	回应	转发量	评论数	网友认可度
6月27日 18：27	分享图片：会理县政府“领导照片事件”当事人道歉声明	连发三条微博致歉，还原领导考察图片	2 025	1 762	3.84
6月27日 18：40	分享图片，此处为被PS的、领导考察现场的原图，欢迎网友们批评指正，感谢网友们的关注和批评，今后我们会在工作中以此为鉴，更为谨慎努力地工作		17 532	8 226	3.18
6月29日 13：50	分享图片：会理置县于西汉武帝元鼎六年，因“川原并会，政平颂理”而得名，现有文物点301处，有省级文物保护单位4处，州、县级文物保护单位41处，于1992年被四川省人民政府公布为首批省级历史文化名城。现分享一组图片（未PS），欢迎各位网友到会理旅游观光	借事件推广当地旅游及赛事	393	319	4.25
6月29日 17：47	6月28日晚，中国·会理“昆鹏杯”WBC世界拳击理事会洲际拳王金腰带争霸赛隆重举行。这次赛事是WBC第一次在中国县级城市举办的大型国际拳击赛事，是中国迄今为止举办规模最大、参赛国家最多的一场国际职业拳击赛事		42	62	4.02
平均网友认可度					3.782

引导效果走势如图8.3所示：

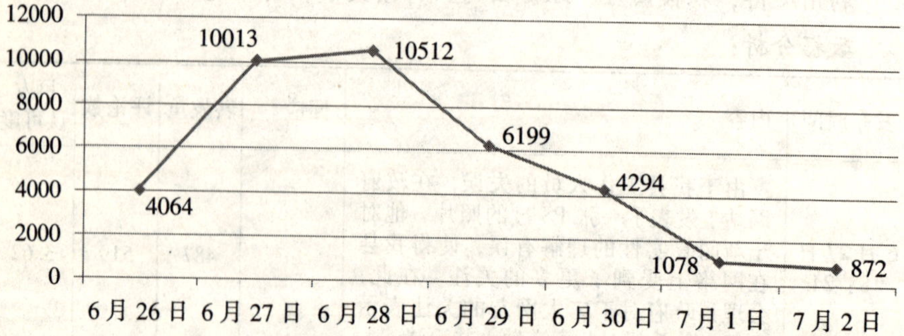

图8.3 引导效果走势图

第九章

组织层面的政务微博管理策略

【内容提要】 政务微博已发展成为政府政务公开、为民服务、了解民意、政民互动的重要平台。为更好地运用多种手段参与政务微博的观察、研究和分析，建立对政务微博的绩效评估体系尤为重要。各部门只有全面认识政务微博在运营中存在的风险，才能找到确保政务微博健康发展的应对之策。

【关键词】 管理现状　绩效评估　运营风险　应对策略

第一节　我国微博管理现状与机制

毋庸置疑，随着3G、智能手机等互联网技术的进一步发展，微博用户也越来越多，但这蓬勃增长的趋势是一把双刃剑，若管理不慎会带来一系列社会问题。如何正确发挥微博舆论监督作用，化解其存在的问题，需要各方面共同努力。

一、微博管理发展现状

伴随着微博的发展，越来越多的党政机构和党政干部开通了微博，政务微博已发展成为政府政务公开、为民服务、了解民意、政民互动的重要平台。各地也相继出台微博管理相关规定。

最早的是北京市人民政府新闻办公室、北京市公安局、北京市通信管理局、北京市互联网信息办公室制定了《北京市微博客发展管理若干规定》，于2011年12月16日公布，并自公布之日起施行。其中规定：建立健全微博客信息安全管理制度；根据微博客用户数量和信息量，确定负责信息安全的机构，配备具有相应专业知识和技能的人员；落实技术安全防控措施；建立健全用户信息安全管理制度，保障用户信息安全，严禁泄露用户信息；建立健全虚假信息揭露制度，及时公布真实信息；不得向未经电信业务经营许可或者未履行非经营性互联网信息服务备案的网站提供信息接口；不得制造虚假的微博客用户；对传播有害信息的用户予以制止、限制，发现构成违反治安管理行为，或者发现涉嫌犯罪的，及时向公安机关报告。

最大的微博运营商新浪网于2012年5月8日正式发布《微博社区公约（试行）》，这是国内首个微博社区公约。同时新浪将管理措施具体化，推出用户信用积分的概念，反映用户信用等级，初始信用积分80分，上限为100分。按照分数高低，微博用户信用分成四个等级。其中，超过90分为高信用，60分以下为低信用。如果账号存在违规行为，新浪微博将扣除一定的信用积分。如果信用积分低于60分，用户的相关页面将显示“低信用”图标，积分为0则将被删除账号。此外，信用积分还设立恢复机制，微博账号2个月内没有违规行为，信用积分将恢复到正常值。

广东省政府应急办2012年5月8日开通了全国首个政府应急办官方微博。省政府应急办印发《广东省政府应急办微博管理办法》，主要包括组织架构、信息审核与发布、安全保障等有关内容。其中规定，微博由省政府应急办主办，省气象局协助管理，以“主动传播，互动服务”为宗旨；建立健全微博信息编发管理制度，规范信息采集、审核、编辑、发布、审查、跟踪、反馈等工作；省政府应急办微博发布信息内容主要包括突发事件预警信息、突发事件情况通报、应急管理工作情况通报、应急管理知识等。

少数民族地区也针对自身微博管理特点制定了相应规定。例如，新疆维吾尔自治区人民政府2012年正式对外公布的《新疆维吾尔自治区政府系统政务微博客应用管理规定》中明确规定：“各级人民政府及所属部门特别是与民生息息相关的部门应当积极开设和运用好政务微博。”“把政务微博作为联系群众、服务群众的重要渠道，作为宣传科学理论、传播先进文化、弘扬社会正气和正确应对舆情的有效方式。”《规定》要求，政务微博管理部门应当及时发布信息，积极地处理和回复评论，认真规范地转发和评论信息。对于通过政务微博反映出来的职责内的问题，要按照国家相关法律法规和规范及时给予解决，并将处理结果及时在政务微博中发布。同时明确，政务微博的发布内容包括属于本地区、本部门信息主动公开范畴的信息，有利于推进政务工作的宣传信息，方便群众学习工作生活的信息，澄清事实、应对舆情、维护政府良好形象的信息，以及其他非涉密的可以向社会公众公开的信息。政务微博发布信息可采取视频、图片、文字、表情、网站链接相结合的形式，应尊重他人著作权，发布他人原创内容需注明出处或带有明显转载标识。在符合规范的前提下，要减少使用僵硬语言，尽量使用网络亲民语言。并且强调，政务微博转发、回复评论时，应当注重与网民平等交流、虚心倾听民声，坚持用事实说话，以理服人，保持良好心态，通过阐明事实，寻求网民理解。要注重及时转发上级部门及业务密切关联的政务微博中的重要信息，保持政务微博相互之间的及时互动。同时还应积极加强与微博上有影响力的博主的交流沟通，促进微博应用的良性互动。明确信息发布内容、采集审核程序、开展互动规范和发布时限要求等，确保全面、准确地发布信息；监测、搜集和研判网民广泛关注的热点舆情，回应关切、解疑释惑，对网上谣言、不实传言及时澄清，并定期对网民关心的热点问题按重要程度、类型、对应部门加以记录，填写问题通报单，及时反馈给相应部门，督促解决；规定了突发事件和危机应对时的信息发布工作，明确不同类型的事件发生后信息发布的流程、方式、时限、口径等；信息发布出现问题时，应当及时更正、公开致歉，并及时澄清问题和发布事实真相，以诚恳的态度修复形象、维系公众信任。

二、微博管理存在的主要问题

（一）对微博的认识不到位

目前领导干部对信息化发展趋势及信息化发展对执政能力的影响缺乏正确认识，有的重视不够、认识不深，有的反应过度、防范过多。截至目前，互联网日益成为民意表达的主要渠道，公众越来越多地倾向于在互联网上表达态度，发表看法，这就要求各级政府和领导干部通过网络问政主动了解社情民意，由被动应对向主动沟通转变。然而部分领导干部长期受过去传统观念的影响，政府信息公开的观念还没有真正树立，以人为本，为民服务的意识还比较淡薄，在思想意识方面和技术能力方面对政务微博的使用和网络问政认识不足，在具体工作中对网络问政重视程度不够。有的领导干部认为，与网民打交道是宣传部门的事，与政府的中心工作关系不大，只要抓好经济建设工作就可以了；有的领导干部对互联网的传播规律认识不够，对政务微博和网络问政的内涵认识不足；有的领导认为网络是民众宣泄不满、发泄牢骚、指责政府、谩骂党政干部的场所，对待网络一直持有一种敌视和否定的态度，关注民生意识不够，不愿意也不敢坦诚面对网民的批评指正，更没有意识到微博也是民众参与政府活动的一种较好的方式；即使有的地方政府机构开通政务微博，也仅仅是做表面文章，更新的内容比较陈旧，与民众的互动性不强，甚至关闭评论功能，组织大量人力删除网友的评论等。

微博问政为政府信息公开提供了一个新的渠道，使得政府和党政干部的言行置于群众监督之下，增加了政府透明度。一旦党政干部出现言行不当，就会引来网友的迅速围观和拍砖，因此，有不少党政干部认为微博可能迅速传播自己的负面信息，不敢触及微博问政，畏难情绪较重。目前，微博已经成为舆情的主阵地，政府应对微博舆论的压力上升。2011 年就出现了多起党政干部由于微博应用不当造成严重后果的事件，给个人和政府形象造成了负面影响，所以大部分党政干部对微博应用保持警惕态度，对微博这个新工具存在恐惧和抵触心理，这就造成部分党政干部害怕微博问政。

广大党政干部必须清醒地认识到现在微博发展势头已经不可阻挡，逃避和堵截微博舆论已经不切实际。如果大部分党政干部选择逃避，政府不能大张旗鼓地宣传政务微博，可能会导致政府失去微博话语权，加剧体制内舆论场和民间舆论场的分歧，甚至在极端情况下可能会导致负面舆论及网络谣言迅速积聚，酿成严重后果。在互联网高度发展的当今信息社会，领导干部应该与时俱进，充分认识到网络运用已成为一种潮流和必然趋势，也是创新社会管理方式的重要内容。

（二）功能和定位不明确

党政干部开通微博的法律法规及相关规范需进一步明确。目前开通政务微博的政府机构和公务人员处于自发状态，一般与本部门的工作性质及其工作人员的计算机应用水平有密切关系。目前政府和学术界对政务微博并没有给出统一界定，特别是党政机构微博和党政干部微博之间的定位和功能不清，各微博网站对政务微博的界定范围也存在差异，对政务微博特别是对公务人员微博的实名认证过程存在一定漏洞。公众对政务微博的认识也还处于模糊状态。虽然目前有很多党政干部微博是对政府机构微博的一个很好的补充，在现阶段也解决了一些实际问题，但是从长远发展的角度来看，如果不规范党政干部微博使用，容易让民众混淆党政干部的个人行为与职务行为，对政府管理产生负面影响。虽然政府机构开通了微博，但从总体上看，仍有部分机构对微博的定位和使用缺少清晰认识，影响了微博的使用效果，进而影响政府形象。有相当一部分政府机构并没有把微博作为一项常态工作对待，表现为信息发布不及时、信息更新无规律。有的微博开通以后就没有发言；有的微博时而一天发几条，时而几天甚至几周没有信息发布；有些政府机构并没有针对微博的即时性等特点发布消息，而只是把政府网站上的信息在微博上重复发布。特别是在应对突发事件的能力方面明显存在不足。

对于微博的日常使用，相信大多数政府机构都有一整套措施和手段来保障，如信息内容、发布时间、审批流程等。这些都是政府作为主体把信息推送出去，以方便社会公众了解、获取。但一旦出现突发事件，政府作为被动方，需要通过微博等渠道来迅速应对，变被动为主动，推动事件处理向可控的方向发展。对自然灾害、犯罪、谣言、群体等突发事件的处理，或是针对本单位负面消息的处理，时效性是第一位的，而微博的快速传播特性恰好能满足这一要求。然而，由于经验不足、考虑不充分、机制不健全等原因，本应第一时间迅速发布的信息，还要囿于层层审批的陈规，显示出政务微博对突发事件应对能力的不足。另外，由于微博注册开通简单，信息发布门槛低，官方机构用户名被抢注的现象也频频发生，从而官方和个人微博混在一起，容易引起网友的误会，影响政府形象和公信力。而政务微博是个极其严肃的平台，必须保证其唯一性。

（三）运维机制不完善

政务微博伴随着网络技术的发展与建设服务型政府的步伐，出现在不少政府机构，微博问政似乎成为一种趋势。微博的兴起是以不破坏社会政治秩序为基础的，在微博面前，既有的社会和政治秩序遭遇空前挑战。微博是一种现代化的工具，虽然存在触碰政策底线的问题，但不能简单地限制它，而应该科学地引导它。对于微博这种新兴媒介，以堵为主的把关方式所起的作用已经越来越有限。国家和政府应贯彻以疏为主、引导优先的把关策略，建立一套科学体制，此乃当务之急。目前，政务微博基本上处在各级政府及其部门或者个别领导和公务员自我管理的层面上，相应的管理运作机制还没有制定和形成，如政务微博的注册条件、注册程序、微博备案、信息发布审查机制、博友微博留言回复机制、偏激反动言论认定标准、删帖审查决策机制、微博突发意外事件处置机制和政务微博评比机制等，都亟须进行制度化构建。目前，我国网络传播立法建设远远滞后于网络传播本身的发展速度，也落后于西方发达国家的网络立法发展程度。有专家认为，应该对微博的现状和特点进行系统调查，出台一些更加符合实际的法律法规。虽然建立有效的内容监管体系确实有难度，但如果个人、微博推广商以及国家的监管部门等各方都能做好相应的自律和监管工作，兴利除弊，微博完全可以得到良好有序的发展。微博问政作为新生事物，在日常管理方面还存在许多问题，针对微博问政的管理机制还没有健全。首先，对于如何发布信息、发布内容、发布流程，如何答复网民、引导舆论等方面都缺乏制度性规范。有的政务微博账户由多人轮流维护，造成信息混乱、观点矛盾。其次，目前政务微博的命名存在不规范性，政府机构或公务人员微博的命名随意性比较大。有以机构名称全称命名的，有以简称命名的，有以地方名称加地方特点命名的，有的政务微博名称与机构名称没有明显的相关性，公务人员的微博名称更是随心所欲，很多名称不符合公务员形象。虽然政务微博命名应具有亲民特性，但如果过于随意，会影响其权威性。政务微博名称混乱现象不利于公众识别其真实性，不利于政务微博的推广和宣传。现实法规对微博管理相对滞后，既不能适应目前监管的要求，也不能适应其持续有序发展的要求。

（四）跟风现象较重

政务微博的发展在刚开始是滞后于微博的整体发展水平的，但是随着微博的迅速发展，党政机构比较迅速地意识到微博这一新媒体的重要性，一些地方政府和部门开始使用微博，也取得了比较好的效果。但目前还有很多政府部门的微博开通是一种跟风，并不是因为工作需求而主动开通使用。很多政务微博开通后，公众关注度低，即便是有些政务微博看似受众比较多，发文量大，但仔细分析这些微博的实际效果，发现其实际服务功能很少，之所以关注度高，是民众对政府和干部开通的微博好奇心重，对新事物的发展有比较高的期待，甚至存有看热闹的“围观”心态。目前政务微博的主要功能还是信息发布和互动，实际应用比较少，所以如果政务微博不能保持持续的发展势头，提升政务微博的服务功能，公众可能会对其失去兴趣，甚至对政务微博产生质疑，可能会重现目前部分政府网站不作为反遭质疑的现象，质量比较低的政务微博有可能会成为社会舆论的攻击对象。

（五）有效互动沟通不足

每一个政务微博都是一个代表政府形象和管理服务功能的窗口，但仍有不少政务微博自说自话，当作例行公事一般每天发布几条信息，而对网民留言不闻不问，影响网民参与的积极性。目前的党政机构和党政干部微博，更多的还是以信息发布平台作用为主，而在与网友互动及解决具体问题方面做得不够，与网友的期待存在相当距离。有相当比例的政务微博，在开通不久就沦为“空壳微博”：它们既不回应网友反映的问题，也没有原创。有的把一条新闻拆成 5 段发布，有的把规章制度一条一条往上贴，甚至还有的仅在开博时发过一条微博，之后就再无更新。这样的微博只是一些党政干部赶时髦和讨巧的道具。

领导干部以什么态度对待微博，在微博上发表什么内容，以什么心态和语气发表内容，都会受到媒体和民众的关注，并对当下的社会心理发生影响。当政务微博开通，甚至在方兴未艾时，博友仿佛看到了一扇行使自由言论权和参政议政权的大门打开了，积极性空前大幅度提高，因此，政务微博上就自然出现了博友们的或褒奖或贬斥的言论意见和建议等。然而，很多政务微博对这突如其来的强势舆论却表现得尤为消极被动，不少政务微博对于博友的提问建议采取拖延、敷衍甚至置之不理的态度。

微博只是形式，是技术手段。政府部门开辟政务微博最终要解决的是如何形成一个良好的网络问政机制的问题。政务微博如果没有与博友的交互和网络问政的回复督办等延伸，那么必将缺乏生命力，其形式意义也大于其实质功能。

（六）发展地区分布不均

人民网舆情监测室对党政机构微博样本的地域分布分析显示：东南沿

海地区政务微博明显占据多数，约400个；中部地区政务微博78个，西部地区为151个，中西部地区相对滞后。[①] 这与各地经济社会发展水平以及媒体发达程度、网络普及程度等指标都比较相符。而四川和云南则在西部地区中较为领先，体现出了两地对网络的重视程度，一个重要的原因在于这些地区的领导高度重视。例如，2009年年底，云南省委宣传部副部长伍皓成为国内首位实名开微博的厅级高官；新疆维吾尔自治区党委书记张春贤也是最早开通微博的高级党政干部。西部地区政务微博相对于中部地区数量较多。广大中部地区的政务微博数量则相对较少的原因是：中部地区随着经济发展加速，社会问题和社会矛盾凸显，但基层政府的公共管理往往还是传统的居高临下模式，领导干部对利用互联网倾听民意、化解民怨，还有个较为漫长的认知和学习过程。

第二节　政务微博管理绩效评估

清晰的定位直接决定了微博在政府工作中所应发挥的作用。微博是Web 2.0时代最具代表性的应用之一，它拥有其他应用无法比拟的信息传播速度和覆盖公众的特性。因此，如果能把微博和政策制定、应急管理等工作充分结合，将有助于提升政府执政能力和服务水平。互联网的互动性和开放性非常适合充当政府与民众交流的补充渠道，微博会继续成为政府和公众表达意见的重要平台。

一、实现微博管理常态化、制度化

政务微博的良好运行需要多方努力配合。对政务微博工作内容做建构，建立健全微博报备认证监管、联动协作、考核评估等一系列工作制度，实现微博运行常态化管理。使政务沟通变得更加畅通有效，使回应社会关切变得更加及时主动，使服务群众变得更加便捷高效。

① 吴根平. 我国政府微博发展现状及对策. 信息化建设，2011（10）.

（一）“微博营销”的做法

如何获得更高的粉丝数、转发数和评论数，如何通过微博更好地汇聚民意、集中民智、解决民生，都是应该关注的地方。此外，还应当建立一支专职负责政务微博“营销”工作的团队，这将有利于提升政府利用互联网开展各项工作的效果。企业在探索微博营销方面，已取得一些有益的尝试可供政府借鉴。

【延伸阅读】　企业微博营销

微博营销以微博作为营销平台，每一个听众（粉丝）都是潜在营销对象，每个企业利用自己的微博向网友传播企业、产品的信息，树立良好的企业形象和产品形象。每天更新的内容可以是与粉丝交流，或者是粉丝所感兴趣的话题，这样就可以达到营销的目的。

（二）建好专门的管理团队

例如，广东省公安厅“平安南粤”微博有自己的管理团队，这一团队位于公安厅顶楼的办公室，每天做着官方微博、平安南粤网等网络的维护工作。政府机构部门开通政务微博后，也应建立自己的微博管理团队，让微博的建设工作常态化。

（三）管理内容制度化

注重畅通诉求渠道，建立长效机制，固化微博问政模式。政府机构部门主管，特别是人力资源部门，应根据实际情况，对政务微博的管理内容做一个工作说明设计，使政务微博的管理团队有效工作。政务微博管理工作的内容可参考表9.1①。

① 人民网舆情监测室. 2011年新浪政务微博报告. 2011－12.

表 9.1　　政务微博管理工作内容

内容		说明/举例
基本工作	政务政策公开	《云南省奖励和保护见义勇为人员条例》正式实施
	专业知识传播	检察院发布法律知识和新闻案例的微博
	城市形象宣传	云南名牌产品已达 401 个
	互动交流	“银川自来水”回复“宁夏长青”：我们的工人正在加班加点，停水和施工都需要时间，请大家谅解
	活动资讯	【东莞科学馆免费开放】时间到明年 1 月 2 日，带上小朋友一起去玩儿哦
	生活小贴士	东莞东站春运火车票 28 日开售
	转发同行微博	转发同行部门发布的和自身工作相关的微博
高级工作	回复网友求助	对网友们的提问、疑惑及时回复解答
	发布网友提供的信息	对网友“@”、私信的信息，及时筛选甄别，而后转发、发布
	工作意见整理	对网友们的意见做整理，及时传达给主管部门和上级
	政策意见搜集	政府政策制定前，发布微博告知网友，听取意见
	政府应急管理	富宁县委县政府就公款购表之事作出回应
	开展“微访谈”	东莞市交通局畅想未来发展

二、制定使用指南，推动规范发展

应充分借鉴国外政务微博使用经验，总结分析国内政务微博的成效和教训，探索建立政府内部快速处理与反馈机制，尽快出台相关指导意见或指南，促进政务微博规范发展。

英国是推动政务微博规范化发展最有代表性的国家。英国政府早在 2009 年就发布了《政府部门 Twitter 使用指南》，供各级政府部门参考。虽然这份指南不具有强制性，但仍然具有很强的借鉴意义。该指南共有 20 页，提供了一套比较完整的政务微博管理及使用的方法，正文包括四个部分：使用 Twitter 的目的及评价方法；Twitter 使用过程中的风险管理；有效管理和使用 Twitter；推广 Twitter。其中有几方面内容值得特别关注：（1）注重“意见领袖”的力量。指南建议一方面要高度重视关注“意见领袖”的留言内容，另一方面要和他们保持良好的关系，借助他们来宣扬政府的施政理念。（2）注重微博使用效果评价。既然政府机构开通微博是一个普遍趋势，那就应当把政务微博纳入政府日常工作，像其他工作一样需要绩效考核，来评估其使用效果。（3）注重发布内容要求。指南根据政务微博的特点，从多样化、人性化、发布频率、时效性、可信度等多个方面，对政务微博信息发布的机制提出建议。（4）注重微博推广。指南建议通过门户网站、页面索引、社交媒体、关注“意见领袖”、电子邮件等多种渠道，来宣传推广政务微博。

美国也针对微博账户的安全性对微博运营商提出了一些要求。奥巴马 Twitter 账户被盗之后，美国相关监管机构联邦通信委员会（FCC）指控 Twitter 在实际运营过程中，并不能有效保证所承诺的隐私保护和安全性。虽然 FCC 最终没有对其进行处罚，但要求 Twitter 要采取措施确保安全性，并每两年进行一次安全检查。此外，美国国防部也制定了互联网应用的使用要求，列出了国防部各级机构及雇员在使用 SNS 等应用时的注意事项。

印度修订《信息技术法》：印度通信与信息技术部有权查封网站和删除内容，网站运营商须告知用户不得在网站发表有关煽动民族仇恨、威胁印度团结与公共秩序的内容，对在网上散布虚假、欺诈信息的个人处以罚金或最高判处三年有期徒刑。印度的这些法律规定，旨在从立法层面进一步规范网站。

在全球范围内，韩国是首个强制推行网络实名制的国家。2006 年 12 月韩国国会通过了关于网络实名制的法律。目前，韩国日均访问量超过 10 万人次的 100 多个主要网站都要实行实名制，网民将个人的真实姓名和身份证号码等信息进行记录和验证后，才能在这些网站留言、发布照片和视频。但实名制在实践中也有其弊端，容易造成个人用户信息的泄露。

三、纳入政府部门政绩考核

条件成熟的政府可以把微博管理作为本政府机构部门工作成绩考核、奖励的额外内容，甚至作为常规性政绩考核的一部分，以激励各机构部门努力建设微博，和民众保持良好的沟通。注重微博使用效果评价，把政务微博纳入政府日常工作，像其他工作一样需要绩效考核，评估其使用效果，避免跟风、作秀、开“空壳微博”等。建立定期通报制度，在政府工作总结会议上对微博管理出色的机构部门给予点名表扬，对微博管理工作差、态度不认真的机构部门给予批评。上级管理者对各政府机构部门之间微博运营情况做对比，以此为依据，对运营良好者给予额外的工作奖励作为激励。考核内容应该依据之前提及的微博管理内容，如民意搜集情况，回复市民疑问的情况；是否能有效利用微博辟谣；是否能有效引导公众舆论方向；是否能利用非官方微博来处理社会问题（见表 9.2）。①

表 9.2　　　　政务微博考核设计设想

考核内容		指标	完成情况	考核内容		指标	完成情况
微博建设	粉丝数量			影响力	评论数量		
	微博数量				转发数量		
	公告数量				私信@数量		
	……				……		
基本内容	政务政策公开			高级内容	回复网友求助次数		
	互动交流				意见整理次数		
	生活小贴士				“微访谈”开展次数		
	……				……		
管理人员	到岗情况			民众满意度	服务态度		
	工作态度				好评率		
	培训次数				网友评分		
	……				……		
					……		

四、合作开发评价、排行系统

可与微博运营商合作开发政务微博的评分系统，如星级评价功能等，对于工作好的政务微博可以评为 5 星，对有恶意炒作、鼓吹行为的不评星

① 李鹏，张远瑶．政府微博客信息交互的应用策略．学术研究，2012（9）．

或差评。开发粉丝排名页面，对于博友的评论，有价值的、对政府工作有用的意见和想法，政务微博可以给予评分，分数实行累计算法。然后在政务微博页面做一个排名显示，定期对分数排名高、上升速度快的粉丝给予奖励，鼓励更多的微博用户关注政务微博，对政府机构工作提出建议和意见。在网上开展“最佳政务”政务微博评价活动，由使用过的网民对微博做评价。在外部监控上，要尝试建立专门的政务微博监控的技术措施机构等，要开展对政务微博的社会评价和批评，以不断提升政务微博的质量和水平，使具有中国特色、中国风格、中国气派的政务微博为社会管理创新提供优质服务。

【案例】新修订的《佛山市南海区政务微博考核管理办法》出炉，创新“微政时代”社会管理

政务微博考核：严查“僵尸粉”“假转发”

为了创新“微政时代”社会管理形式，经过3个月试运行的《佛山市南海区政务微博考核管理办法》，经过精心修订后，从2013年1月起正式实施。区委区政府表示，政务微博工作考核今年将与年终绩效考核挂钩，各镇（街）和区重点民生部门每个工作日不少于1条微博，原创数、转发数、评论数、被评论数等量化指标都被纳入考核内容中，并杜绝“僵尸粉”“假转发”等行为。

同时，2012年南海区政务微博工作年度考核出炉，前五名依次是微博“梦里水乡”“南海公安”“孝德罗村”“潮涌灯湖—南海桂城”“南海西樵”。

民生部门需每日发微博。在新修订的《佛山市南海区政务微博考核管理办法》（以下简称《办法》）中，信息发布与报送、网民咨询与投诉受理这两大块仍是考核的内容。

《办法》中规定，各镇（街）和区重点民生部门每个工作日不少于1条微博，如南海民政部门、南海交警大队、南海教育局等。同时，各政务微博要建立网友咨询回复机制，对网友提出的相关咨询要在收到咨询后1个工作日内给予初步回复，5个工作日内要初步办结。

尤其是，“南海微力”转办的群众投诉如需要其他部门协助解决，其他职能部门需配合解决，从源头上化解行政缺位问题，提升政府的执行力和公信力。

严查“僵尸粉”“假转发”。随着政务微博的推广运用，微博活跃度一直都是考核和评比的标准。《办法》中明确，原创数、转发数、评论数、被转发数、新增粉丝数等量化指标都被纳入考核内容中。

不过，南海有关部门介绍，虽然新增粉丝数纳入考核内容，但政务微博考核将通过新浪微博严查“僵尸粉”和“假转发”，以确保政务微博真正成为倾听民意、疏解民困、汇聚民智的交流平台。

同时，《办法》中明确，信息发布和报送的考核内容从原来的70%、30%调整为90%、10%。政务微博的信息报送体现为“南海发布”提供原创信息，量化指标是报送量和采用量。

政务微博考核纳入年度绩效。值得关注的是，《办法》中还明确，从2013年起，将建立与年终绩效考核挂钩机制，各镇（街）、各部门政务微博工作情况作为年终绩效考核的重要参考指标。

对于考核中发现的严重违法违规行为，造成重大影响的，考核机关将启动行政问责程序，追究主要负责人责任。同时，将建立月度通报制度，将各镇（街道）、各部门月度考核和年度考核得分及排名按周期通报，对连续3个月考核得分排名前三名的单位，给予通报表彰；对于年度考核排名倒数后三位的，予以通报公示。

如何“织”好官微？

【冠军】梦里水乡

组团队“织”官微　线上线下搞活动

里水镇官方微博“梦里水乡”如何“织”出年度考核冠军呢？在昨日的政务微博大会上，里水镇团委副书记林月新侃侃而谈。

“运作好一个政务微博，靠个人力量是不够的。”林月新说，“梦里水乡”首先组建了一个专业化的工作团队，负责日常的选题策划、信息编辑和与粉丝互动。同时，微博内容以百姓喜闻乐见的信息为主，上午的信息绝不拖到中午发。尤其是在官微的语言上，始终坚持贴近生活、通俗易懂、温和平稳的语言风格。

“穿什么鞋”“走什么路”“到什么点”，里水镇微博从“生态里水”到“南海里水”到“梦里水乡”，早已将政务微博塑造成一个有血有肉的里水人形象，用“服务、推广、倒逼”的功能，尝试将政务微博办成一张镇街品牌名片，让更多人了解里水。

与普通官微不同的是，@梦里水乡定期举办线上线下微博活动来保持微博的生命力，先后策划了与珠姐同行、晒度假计划、十大文明窗口评选等微博活动，吸引里水本土的粉丝参与之余，也让全国的网络了解到了里水，关注了里水。

【亚军】@南海公安

语言“接地气”　“织”出警民和谐

随着春运来临，1月25日，@南海公安发布了这样一条带着暖意又有特色的晚安微博：随着春运的来临，旅途中的安全问题也要引起亲的重视。没事的时候，看看这段防扒顺口溜：候车上车有贼眼，钱包坤包放在前！列车中途停靠前，检查行李再休闲！停靠车站购物时，装好钱包很关键！自带娱乐消遣品，莫因贪玩丢大件！夜间旅途要注意，管好行李再入睡。

这样的提醒微博，@南海公安几乎每隔几天就会发一条，还有“微信息”发布服务民生，“微走访”汇民情聚民智，“微举报”征集破案线索……不仅给“粉丝”们带来了温馨，这样“接地气、暖人心”的语言风格，更让@南海公安“织”出警民和谐。

在昨日的政务微博会议上，@南海公安获得南海政务微博年度考核第二名。不仅如此，2012年南海公安微博被推荐参选公安部评选的全国优秀公安微博，在十月、十一月的全区政务微博考核中排名第一、第二。现在，@南海公安累计发帖数7 830条，粉丝数近20万，在全国县级公安机关微博中排名第一。

微言大义

@upside - down - duck：微博是一个很直接、便捷的平台，祝愿越办越好，切实惠民。

@南海西樵：感谢过去一年粉丝们的支持，2013年@南海西樵将努力做得更好！

@南海区市场监督管理局：工作有了新的、更高的要求，督促我们需要更加努力的工作。在自学的同时，建议再组织些更具体，更专业的培训和经验交流，促进大家共同提高。

@灯湖泛舟：愿百尺竿头更进一步！奖励政务微博的同时，是否能奖励一下个人微博呢？让个人微博也成为宣传南海、汇聚民意的平台。

五、引入独立第三方评价

为确保政务微博安全可靠，政府可通过加强与新浪、搜狐、腾讯等微博运营企业的合作，建立严格的政务微博申请流程及认证标准。建议参考党政机关网站设置专有标志的做法，统一政务微博认证标识，方便广大网民辨认。此外，还应充分关注以政府机构命名的“虚假”官方机构，尽量能够从源头上控制“虚假”政务微博的产生。

第三方评估的最大特点就是能够较好地保证中立态度，关注公众影响，这是政府自身组织的评估无法取代的。第三方评估组织主要有三类：由国际或国家组织进行的相关评测，由学术机构进行的相关评测，由管理咨询公司和 IT 服务企业进行的相关评测。目前在国内，在政务微博监测分析方面比较有名气的是人民网舆情监测室、上海发展战略研究所。政府的相关机构可以委托这些第三方机构，对本地区的政务机构微博做活跃度、引导力、传播力、亲和力研究，进而进行绩效考核。

第三节　政务微博运营风险与安全应对

微博服务作为新型的社交工具，在为使用者带来便利的同时，无疑也产生了前所未见并无法准确预知的风险，随着微博服务功能的完善和社会介入程度的深入，如何应对越来越频繁显现的各种风险，使政务微博安全运行显得尤为重要。

一、政务微博面临的风险

从我国情况来看，自 2009 年微博服务风靡以来，不少政府机构和党政干部陆续参与。在政务微博影响力与日俱增的同时，一些风险也无可回避地显现。例如，少数党政干部在微博上的不严谨言论引得各方穷追猛打。

政府机构及其工作人员对于微博的使用，无论在言论尺度、管理规范等方面都存在风险，其影响既体现在组织层面，也体现在个人层面。具体说来，可分述如下：

（一）盗号风险

政务微博与政府网站等其他电子政务平台最大的不同之处在于，后者基本是由政府专职部门独立运行维护，而前者则是嫁接在新浪、腾讯等微博平台上，由外部公司负责处理，因此，政府难以有效把控平台的安全性和稳定性。账号被盗是国内外政务微博都曾遇到过的问题，可能反映在几个不同的层面：首先，发布内容本身泄露。在政府机关内部信息密级执行不严格的情况下，未经授权的内部信息外泄尤其需要引起警惕。其次，身份信息泄密。政府机构或公务人员的微博账户在注册过程中留下的身份信息也存在泄密风险。最后，登录平台泄密。目前各大微博平台竞相以“开放”为号召，非官方的登录接口越来越多见。在未知某些登录端口底细的情况下轻易使用，极容易造成账户密码、IP 等信息的泄露，甚至引发更为严重的黑客入侵事故。

国外的 Twitter 就曾发生过政府部门和党政干部微博被“盗用”的情形。2010 年 3 月，法国警方逮捕一名涉嫌破坏 Twitter 服务器的黑客，该名黑客曾在 2009 年 1 月窃取了美国总统奥巴马的账户密码，留言说：“建议参加民调者可参加 500 美元汽油抽奖。”在俄罗斯，一名冒牌的名为“Kermlin Russia”（俄罗斯克里姆林宫）的账号出现在 Twitter 上，且颇受“粉丝”追捧，其发言内容与俄罗斯总统梅德韦杰夫针锋相对。2010 年 11 月，负责灾难事故管理的印度尼西亚总统顾问安迪阿里夫的账号被黑客入侵，黑客谎称印尼首都雅加达周五将遭遇海啸袭击，造成了全国性的恐慌。国内微博也有类似情形，全国政协常委曹小红在参加“两高工作报告讨论”时指出，曾有人假冒自己开微博，接连发布不实消息。

不过，随着微博平台的日益完善和技术安全性的提高，微博盗号现象将越来越少。而从政府自身角度考虑，一方面应有安全意识，采取微博网站提供的各种账户安全措施，保护好账号和密码；另一方面，如果遇到盗号情况，也不要惊慌，应立即与运营商联系，尽快恢复账号，并及时在微博上澄清说明，尽可能减少不良后果。

（二）挨骂风险

网络上的丰富思想意识、多元价值取向表达相对活跃，微博是群众表达观点的重要渠道之一，其中对党和政府的工作有建议、意见或者情绪性的表达都是十分正常的事情。政务微博允许网民转发和评论，悠悠众口难以管束，由此遭到批评，甚至挨骂，都是可能的。

2011年7月4日，中国红十字会正式开通官方微博，一言未发，粉丝数就已近万。在发布第一条微博后，红十字会遭到了网民近乎漫天的声讨谩骂，其中高呼“还钱！”者不在少数。不过红十字会政务微博的开通有其特殊性，它正是为了应对“郭美美事件”带来的舆论危机而开设的。在事件造成的负面影响下，网民对红十字会有较强的不信任感和排斥心理，政务微博正好成为了众多网民发泄不满情绪的“垃圾桶”。不可否认的是，在目前传统媒体新闻管理相对有效的前提下，社会舆情的诸多戾气都在通过网络通道肆意发泄。微博是强调对话的渠道，一旦政府机构或党政干部个人开通账户，就必须考虑如何直面可能存在的言语攻击。其实此类现象已不鲜见。无论是较早使用微博的前云南省委宣传部副部长伍皓，还是近期登录新浪微博的《环球时报》总编辑胡锡进，都无法回避此类尴尬。

正是从情绪宣泄的角度看，在类似全国性的舆论焦点事件中，即便是挨骂，政务微博也能起到公众情绪减压阀的作用，如果因为惧怕挨骂而不开微博，或者不允许转发评论，删除网民留言，则可能任由更强大的舆论声势在微博上蔓延，而且有损党政机关公正、公开、宽和、大气的形象。因此，与其掩耳盗铃，不如敞开胸襟，广开言路接受群众的“骂声”。毕竟。“爱之深则责之切”，只要摆正心态，党政机关就可把群众的批评声作为自己不断改进的压力和动力。

（三）失言风险

微博是言论开放的自由平台，部分网民习惯将生活中的浮躁、冷漠、焦灼、愤怒、狂躁等负面情绪投射其上，寻求共鸣，其中也包含一些一味批判、指责政府和体制的情绪性言论。而政务微博开通后，网民在寻找发泄渠道的过程中，就很容易将矛头指向代表官方身份的政务微博。面对网民的“拍砖”“挑刺”，如果政务微博的管理人员同样也控制不了个人情绪，加之因缺乏严格的内容审核机制而陷入与网民的情绪化辩论之中，就会既失言又失态。

党政机关的公信力和良好形象需要日积月累的养成，而一句不当言论就有可能对其产生不良影响。2011年11月，一名记者在个人微博中发出了一则采访车祸现场反挨打的消息，消息发出后，广州交警的官方微博“广州交警”却以“真相都没搞清楚，就乱咬”回应当事人，如此出言不逊，立刻惹怒了当事人和网民，引发围观。虽事后省厅“平安南粤”出面致歉平息事态，但仍产生了一定的负面影响。

（四）“个性”尴尬

微博服务，从其自身的传播特质上看，它无法以新华社或者党报面目呈现在其他网友面前。作为强调对话和反馈的媒体，无论是政府机构还是党政干部个人微博，都需要用活生生的、口语化甚至拉家常的方式来讨论问题、交流意见。倘若强制统一规定一两种简单的模式化、类型化的回应方式，则会显得“官僚化”而难讨欢喜与人气。如何做到立场一致而又语言生动、沟通顺畅，会成为政务微博成功运作的关键考验。

总之，政务微博代表权威，象征公信。一言一行都处于公众监督之下，一旦发布不当言论或者谩骂争论，就会引火上身，激化矛盾。因此，在微博上遭遇观点异己者时，为政者须有容人的气量，和有理者说理，不与无理者对骂。与盗号和挨骂风险相比，失言风险是政务微博可以主动规避的。只有摆正心态，理性对待，循循善诱，政务微博才能成为官民互动、理性交流的美好平台。

二、政务微博安全应对策略

据 Twitter 平台专门账户的分类统计，目前在 Twitter 上开设微博的各国政府机构、国际组织遍布全球，政府和公共机构对微博的涉入已是全球性浪潮。尽管政务微博在具体运行中存在诸多风险，面对汹涌而来的社交媒体潮流，政府机构已无法回避也无可回避，只能积极寻找安全应对之策。

（一）把一个部门“独唱”变成多部门“合唱”

如今民众获得的信息是跨界的、可对比的。大家的价值观越来越多元，审美水准也一直在提高。这也对政务微博提出了更高要求。要想做出一些能从真正意义上提升沟通体验与效果的创新，可以从以下几方面尝试：

1. 安排专人专职负责微博的日常管理与运营

各部门应尽快建立起完善的政务微博管理架构，明确领导决策、运营管理、信息提供三个层面的职能，结合功能定位，选择在经验和能力上与政务微博管理最符合的一个部门或多个部门来负责微博运营。领导干部应具备正确的微博意识，落实好人、财、物。应对各级领导干部进行培训，使他们能真正了解政务微博的特性、作用与意义，并将政务微博有机融入到部门的日常工作之中。有条件的部门应考虑安排专人专职负责微博的日常管理与运营，避免语言风格、应对能力等方面的巨大差异。若尚无条件，可考虑固定人员兼职或轮岗人员专职等方式，保持微博日常管理团队的稳定性。应加强对政务微博管理人员的专业培训，推动微博管理人员的专业化，并注重发掘和培养年轻人来进行政务微博的管理工作。政务微博合理的日常运营管理开支，包括软硬件投入、日常运营费用、通信费用、培训交流费用、人员开支等应纳入预算管理，设立专项资金，以确保管理工作的持续性。

2. 建立和完善相应的政务微博配套制度和机制

包括信息采集、审批发布、运营维护、舆情监测、绩效评估等，以规范政务微博的日常管理和运营。应完善信息采集机制，开辟主动获取信息的渠道，扩大信息搜集范围；优化传统信息审核与发布流程，对信息进行分类，在审核程序上区别对待，并做好应急预案；运营维护应以常态化建设为目标，确保在微博高度活跃的时间段内管理人员能落实到位；建立舆情监测和反馈机制，了解舆论走向和热点情况，随时准备应对网友的疑问；设定合理的绩效评估手段，须结合部门特点和发展状况开展评估工作，不能单纯以粉丝量或简单的横向比较来评判政务微博管理人员工作的优劣。要完善安全保障机制，建立相应的规章制度，一是在设立微博时同步完成认证，以防有人冒用政府名义发布虚假信息；二是在设置密码时不应过于简单或随意，尽可能主动提高安全系数；三是在部门内部应明确各类信息的保密程度，哪些可以公开发布，哪些不能公开发布。

3. 要逐步完善政务微博体系建设，提升微博互动质量

政务微博的体系建设涉及部门内、系统内和跨系统三个层面。在开设初期，为吸引粉丝关注，激励内部管理的积极性和相互沟通，可动员内部工作人员多对机构主微博账号进行关注、评论和转发，以扩大影响力，完成自身体系建设。在运营一段时间后，就应融入整个政务微博的大体系，实现系统内外相关信息同步共享，相关行动协调配合，既可节约资源，同时也有助于提高政府的行政效率。同时，重视不同政务微博之间通过转发粉丝的建议或诉求，使问题切实落实到相关部门，也可提升政务微博的互动质量。

【延伸阅读】 **媒介素养**

媒介素养指的是人们面对媒介各种信息时的选择能力、理解能力、质疑能力、评估能力、创造和生产能力以及思辨的反应能力。提高媒介素养包含三个层次内容：一是新闻从业者应该提高自身的媒介素养，应以微博作为新闻的来源和线索，而非事实本身；二是提高意见领袖的媒介素养，发挥他们在舆论监督中的积极作用；三是提高网民的媒介素养，培养他们对信息的甄别能力、理性明辨是非的能力。

（二）掌握传播规律，建立有效传播机制

当前政务微博存在的诸多问题，究其原因在于，维护人员尚未真正掌握微博的传播学规律，甚至不少政务微博并没有专人维护，而是由政府部门工作人员“兼职”管理。政府部门不能仅仅将政务微博看成是“时尚时髦的举动”，而要将网民反馈的问题交给职能部门解决，有“气场”的政务微博才能受欢迎，这样才能让政务微博问政的功能实至名归。

1. 与运营商的专业合作

政务微博建在新浪、腾讯等运营商的平台上，其建设、运行、管理和维护在很大程度上依赖于运营商提供的服务和技术支持。因此，要维护政务微博的稳定性和安全性，就需要充分开展与微博运营方的合作互动，共同防范风险。尽管多家主流媒体网站也在推广其微博战略，但不可否认的是，其中绝大多数微博用户都集中在商业微博平台，尤其是新浪微博和腾讯微博。因此可以说，鉴于新浪、腾讯等拥有的庞大用户群，利用好这些平台可以事半功倍，而放弃这个平台则无疑是放弃了宣传战线的重要阵地。事实上，新浪、腾讯等商业微博平台在强大的数据库支撑基础上，对于话题的控制能力和灵活性都有目共睹。

作为国内众微博的主流平台，新浪、腾讯、搜狐等门户网站微博和新华网、人民网等重点新闻网站微博拥有庞大的用户群及媒体资源。与此同时，这些运营平台也都在不断进行各种技术创新，为进一步丰富政务微博功能提供必要的技术支持。以新浪微博为例，一方面，运营两年多以来，它已经完成多次技术升级，功能日趋丰富和完善，并在信息安全方面加强了预防和监控，平台的稳定性和安全性也在不断提升；另一方面，它已对2万多家政府机关及干部个人微博进行了实名认证，建立起良好的沟通网

络，并在多起社会舆论事件中积累了较为丰富的应对经验。

2. 善于发挥传统媒体的舆论引导作用

虽然近年来，新媒体发展迅猛，并成功“抢走了”电视、广播、报纸等传统媒体的部分“客源”，但传统媒体依然是传媒业的主力军，在舆论引导和社会监督等方面的作用依然是不可撼动的。同时，目前传统媒体与新媒体的融合也日益密切，如广州报业集团、南方报业集团纷纷成立新媒体事业部，其下报纸纷纷注册网站、开通官方微博。一方面政府应该重视传统媒体这方面的作用，另一方面传统媒体也利用自身的权威性和新闻采编的内容优势，积极引导社会舆论，第一时间粉碎谣言，净化舆论环境。

3. 善于利用新媒体，占领舆论制高点

为了更好地保证政务微博的安全性，党政机关应加强与微博运营商的合作互动，建立日常沟通机制，尤其在重大突发事件发生时，更需要及时开展密切沟通与合作。2011 年，“小悦悦事件”发生后，广东省委政法委、广东省人民检察院及时联合新浪微博，邀请网友献计献策，倡导见义勇为精神，保护见义勇为者，主动担起了政务微博的社会责任，传播了正面主流价值观。复旦大学新闻学院传播学系主任廖圣清就说，前些年，政府信息公开的一个重要标志是普遍建立新闻发言人制度，近年来，政务微博的开通是另一个里程碑。

4. 发言人要学会和网民说话

问政者也好，被问者也罢，两者能处理好在博弈中的关系和策略，则可互相促进，共达目的，反之，则两败俱伤。发言人现在需要增加一个新本领，就是学会和网民说话。

发言人的工作是有边界的，既不能缺位，也不能越位。发言人遵循的原则最重要的是准确，而不是新鲜。例如，在梁林故居被拆除的时候，北京市东城区政府并没有在微博上公布太多信息，也没有面对质疑第一时间作出回应。梁林故居事件过后，在鲁迅故居面临拆除的时候，西城区的政务微博“北京西城”就公开面对网友质疑，与网民来来回回进行了很多交流，先告诉地址在何处，又表明要拆的东西是 20 世纪 70 年代的建筑，后来又放了照片。最后，采纳专家和老百姓的建议，“保留故居，不拆除了”，这种循序渐进的做法很不错。

（三）账户开设定位准确，既传递信息又表示关怀

政务微博在“网民问政”和“政府施政”之间搭起了桥梁。在多起公共新闻实践中，政务微博存在着更新频率低、缺乏与网友的互动等问题。因此，应当加强互动，拓宽微博问政之路，让政务微博问政的功能实至名归。

1. 内容发布要体现行业和部门特点，不宜大而全

内容越针对具体事务，犯错误的概率就越低，沟通效果也会更加有效；权威信息原创发布，大众话题则转发评论。考虑到政务微博内容的规范、严谨要求，比较权威、专业的内容可以原创形式发布，而比较轻松、随意的内容可以“转发”方式适当评论。根据微博使用热度，把握发布节奏和更新频次。有媒体调查发现，用户对于微博的日常使用呈现出一定的规律性。一般来说，微博上有几个高峰期：8：00—10：00，大家在上班路上，微博是很好的消遣；12：00—13：00，是午休时间，会形成第二个使用高峰期；而在18：00—20：00，或者20：00—22：00，又形成更新和使用微博的小高峰。针对用户的使用特性和热度，为追求较好的转发效果和关注度，政务微博应积极利用高峰时段，并协调好每天的原创、转发数量。同时，和政府上下班时间相对应，政务微博可考虑将每天的第一条微博和最后一条微博的发布时间相对固定下来，内容以问候为主，从而逐渐在关注者心理层面形成惯性，有利于维持和扩大政务微博的吸引力和忠诚度。图文搭配，注重多媒体的呈现效果。从现有部分政务微博的运作来看，其表达习惯和表达方式已经越来越适应网络特质，但整体上依然显得严肃有余而活泼不足。这方面，灵活使用图片和视频，往往能够起到事半功倍的效果。不同部门的微博账户，如果能够在文字中配发一些和本职工作、业务相关的多媒体内容，不仅信息量大增，其转发量往往也会大大提高。举例来说，交警部门可以配发一些较有特点的交通路口，环卫部门可以配发环卫工人凌晨的第一班岗。此举不仅能让老百姓进一步了解政府各个部门的工作情况，也在润物无声地激发广大市民“城市是我家”的情感，“官民”距离也能有效拉近。

2. 网络互动使用亲民话语，注重真诚平等的沟通风格

政务微博未来恐怕要做的第一件事，就是如何理顺政府内部信息的发布机制，把政府要发布的各种信息作为一个“整体”进行通盘考量。尤其

需要避免的是在没有任何策划、准备的情况下，各个部门在信息发布上各自为政。政务微博除了提供信息之外，还具有教育、说服和沟通的功能。所以，在发布信息的同时，还应该要传递出解释信息的框架。传统的说教式做法，或者只是简单地给出一堆材料让大家自己去理解，不仅不可取，而且风险大。而沟通的最佳状态是，在传递和解释信息之后，让对方感到能够在理解的基础上认同政务微博传达的理念和信息，然后做出自己的选择。

监测和把握微博舆情，即时回应争议话题。要研究探索微博舆情的监测及分析方法，对于由部门本职事务引起的舆情动态需要在持续跟踪的基础上，即时、有节奏地进行回应。这样，既可以保证话语空间，防止话语权旁落，又能及时澄清质疑、化解矛盾。此外，还要增强风险意识，针对具体部门的特点和特定时期的状况，预估公众心理和民意特点，加以防范和引导。积极利用微博平台搜集信息反馈，在实际运作中促使其成为政府舆情监测的重要手段。正因为微博具有其他媒体平台并不具备的互动优势，政务微博上来自社会、民间的即时信息反馈应该成为政府机构倾听民意、预测民情的重要参照，并在此基础上客观把握社会大众的舆情动态，从而优化、促进政府的行政工作。

3. 优先鼓励基层、服务部门开设政务微博

结合部门特性，推动具体业务部门以及和民生密切相关的部门先行先试。微博在中国的兴起不过两年多时间，运营政务微博更是政府部门面临的全新课题。因此，面对新的信息沟通平台，“鸵鸟心态”固然应该摈弃，“一哄而上”也是值得警惕的另一个极端。从保证运作实效、保障健康发展的角度考虑，具体业务部门以及和民生密切相关的部门先行参与，在取得一定经验之后循序渐进再行推广是稳妥之策。政务微博不能仅仅成为部门信息公开的“告示板”，特别是一些和老百姓日常生活紧密相关的政府部门，应该把服务摆在首位，使微博平台成为虚拟的百姓接待窗口。因此，可优先鼓励基层部门、服务部门开设政务微博，摸索和积累经验。合理配备人手，可安排轮流值班。政府机构开设的官方微博，相对缺乏个性。因此，为尽量使政务微博人格化，可考虑配备人手，在账户信息页实名公开值班人员身份，使公众更多感觉到在与真实、平等的人，而非庞大的机构进行交流和对话。

4. 平台运营上对突发公共事件和自然灾害设立专门账户

在处理突发事件方面，专门账户比一般性的以部门机关面目呈现的账户具有更强的针对性，更便于搜索，有利于信息更快地转发和传播。据媒体报道，在美国纽约州猪流感肆虐之际，公共卫生部门专门在 Twitter 上开设了以“纽约州猪流感”为名的账户，用来发布相关信息、追踪疫情、救助受害民众。

5. 加强心理培训和疏导，面对质疑保持淡定

开设政务微博后，政府、党政干部及维护微博的工作人员都将更加贴近地接触网络民意，而网络毕竟是鱼龙混杂、相对自由的表达空间，很难保证舆论的完全理性，出现一些抱怨、批评都很正常。由此，需要加强心理培训和疏导，使维护人员始终保持淡定、从容的心态。

（四）制定管理性文件，建立常态化机制

1. 健全法律法规，堵住谣言产生的源头

尽管当前新浪推出了国内首个《微博社区公约（试行）》，北京市出台了《北京市微博客发展管理若干规定》，但缺乏全国层面的法律体系。没有法律约束，犯法成本过低，也是微博上谣言满天飞的一个重要原因。因而当务之急是健全我国的法律体系，完善我国公民的信用体系，对利用微博制造谣言者或者别有用心者进行事后惩罚，从源头上杜绝不良消息的产生。

在新的社交媒体话语权日渐壮大、传播优势日渐凸显的情况下，政府相关部门可以针对性地制定全面面向新媒体的政府信息公开操作条例，从而使得政务微博能够在《中华人民共和国政府信息公开条例》和具体操作条例的指引下规范运作。制定适合当地发展的政务微博管理规定，已经十分必要，它有利于微博的规范化管理。在这个问题上，有人已经走到了前列。例如，宁夏银川市就曾正式发文要求全市所有政府部门开通新浪微博，编制政务微博学习手册，组织培训，建立政务微博交流群和政务微博考评体系，通过制度实现政务微博的规范运营。从当前银川市各级各部门政务微博运营情况来看，这一管理文件已收到良好的回应。因此，从战略决策上重视政务微博，制定适合本部门、本系统的政务微博管理文件，从制度和组织层面保障政务微博的安全运营及持续性发展，是党政机关做好政务微博工作的重点。

2. 健全运行管理机制

健全运行管理机制，可以有效降低政务微博的运营风险。实际上，回顾众微博开通以来，为民解决的实事难以计数，几乎没有任何一个政务微博因成为网民“泄愤”之地而夭折，相反，如果某个政务微博饱受批评，那基本都是由自身缺乏相应的管理机制以及工作不到位所导致的。

在微博时代的大背景下，党政机关可以顺应微博问政的发展趋势，认真权衡利弊，打消疑虑，开通政务微博，同时制定政务微博战略，在体制上进行疏通，在制度上提供保障，在管理上贡献策略，确保政务微博的安全稳定运营。

【思考题】

1. 试举例说明政务微博管理的现状和挑战。
2. 试叙述政务微博管理的国内外最新应对策略。

后　记

网络发展和新媒体传播给政府管理带来了很多的挑战，微博出现更是深度改变了传媒和舆论生态格局，也给公务员能力结构完善提出了更多更高的要求。《政务微博：使用与管理》一书，紧紧围绕政务微博的使用和管理，在全媒体传播格局下就政务微博的传播特点和政府挑战、政务微博的建立流程和运营管理、组织和个人的微博使用、微博舆论引导、微博与社会管理等重点内容进行了深入研究。

《政务微博：使用与管理》站在公共管理和政府工作人员能力提高角度，专门针对政府部门和政府工作人员了解和使用政务微博内容展开，凸显了以下几个特点：

一是注重政策性、应用性。本书针对政府工作人员日常工作中可操作层面的内容，做了重点介绍，篇幅比重大，突出了实用性。

二是本书语言雅俗共赏，简洁实用。在描述叙述中带出思想，夹带议论，案例中见解观点，理论分析与现象描述相结合，做到生动、具体、形象、可读。

三是注重案例分析。每一部分中不仅有最新的、典范性的案例，还就理论问题进行分析解读。

四是内容丰富，形式多样，可读性强。正文部分结构包括［章题］［内容提要］［关键词］［案例］［思考题］［延伸阅读］［名词解释］等版块，结构丰富。每一章大都引用了一些最新的发展和调查数据，还有图片、表格等内容，富有视觉阅读效果。

全书提纲和编写体例由国家行政学院高宏存负责设计改定，李荣菊对提纲形成做了大量工作，李宇参与了提纲的修改完善。各章写作具体分工如下：导言为刘翠霞（国家行政学院院刊室副编审、传播学出站博士后）；第一章为官盱玲（江西行政学院文史教研部副主任、教授）；第二章为于正（中共农业部党校培训部助理研究员、传播学硕士）；第三章为王井（中共浙江省委党校舆情研究中心讲师、传播学博士）；第四章、第五章为李宇（国家行政学院社会和文化教研部副教授）；第六章为李荣菊（河北行政学院社会和文化教研部副教授）；第七章为张芹玲（山东行政学院行政管理系主任、教授）、朱晓文、宋菲（山东行政学院行政管理系讲师），这是他们在研的山东省社科规划课题，课题名称“微博力：政务微博与网络舆论引导”（批准号：12CXWJ03）；第八章为高宏存（国家行政学院社会和文化教研部副教授、文化产业管理出站博士后）、姜力菲（中国语言大学传播学学士）；第九章为李凤（中共交通运输部党校教学部助理研究员）、翟一博（武汉市委党校党建部主任、博士）。

写作过程中，本书主编分别就不同章节提出了修改完善意见，各位作者不厌其烦、精益求精，都做了多次修改，在此向各位作者表示谢意。李荣菊老师协助主编进行了全书的统稿和统一体例的加工工作，特别向她表示谢意。

此外，本书在写作过程中，本书编委、人民网微博事业部对外合作主编谷江曼女士提出了很好的建议，在此致谢。

编　者

2013 年 9 月